# O INTERESSE PÚBLICO CONSTITUCIONAL

## NUMA FORMULAÇÃO À LUZ DE PRESSUPOSTOS TEÓRICOS, CONTEXTOS E FATOS NO ÂMBITO DOS DIREITOS FUNDAMENTAIS

Dados Internacionais de Catalogação na Publicação (CIP)

B238i Barbosa, Jandeson da Costa.

Interesse público constitucional : numa formulação à luz de pressupostos teóricos, contextos e fatos no âmbito dos direitos fundamentais / Jandeson da Costa Barbosa. – Porto Alegre : Livraria do Advogado, 2022.

192 p. ; 23 cm.

Inclui bibliografia.

ISBN 978-65-86017-44-1

1. Interesse público. 2. Direito constitucional. 3. Direito administrativo. 4. Direitos fundamentais. I. Título.

CDU 342:35

Índice para catálogo sistemático:

1. Interesse público : Direito constitucional 342:35

(Bibliotecária responsável: Sabrina Leal Araujo – CRB 8/10213)

**Jandeson da Costa Barbosa**

# O INTERESSE PÚBLICO CONSTITUCIONAL

## NUMA FORMULAÇÃO À LUZ DE PRESSUPOSTOS TEÓRICOS, CONTEXTOS E FATOS NO ÂMBITO DOS DIREITOS FUNDAMENTAIS

Prefácio de
LUIZ EDSON FACHIN

livraria
DO ADVOGADO
editora

Porto Alegre, 2022

*Capa, projeto gráfico e diagramação*
Livraria do Advogado Editora

*Revisão*
Rosane Marques Borba

*Imagem de capa*
www.freepik.com/vectors/background
vector created by starline

*Direitos desta edição reservados por*
**Livraria do Advogado Editora**
Rua Riachuelo, 1334 s/105
90010-273 Porto Alegre RS
Fone: (51) 3225-3311
livraria@doadvogado.com.br
www.livrariadoadvogado.com.br

Impresso no Brasil / Printed in Brazil

Ao pobre menino nascido no curral de Belém.
A tantos pobres meninos, nascidos em tantas "Beléns".

À Aurora da minha vida.
Que, como é de sua natureza, já no seu princípio faz da minha noite dia.

Agradeço ao Deus que é amor, a eterna novidade. Aos meus pais, José e Evanice, que deram a mim o maior dos patrimônios: o senso de justiça e de dignidade. Ao meu orientador, Professor Doutor Ministro Luiz Edson Fachin, pela incansável e minuciosa dedicação, por me instigar a desenvolver uma pesquisa sempre mais desafiadora e atenta, por acender a "fagulha" da determinação e do esmero científico. Ao meu coorientador, Professor Doutor Sandro Lúcio Dezan, pelas generosas palavras de incentivo e pelo dedicado acompanhamento. Ao Professor Doutor Ministro Enrique Ricardo Lewandowski pelos inestimáveis apontamentos nas bancas de qualificação e de defesa que elevaram esta pesquisa a outro patamar. Ao Professor Doutor Fredie Didier Jr. pelos valiosos comentários e observações na banca de defesa. A cada um dos amigos que passou pela minha vida e deixou um pouco de si. Aos que acreditaram.

*"De otro modo es inútil, de otro modo es absurdo*
*Ensayar en la tierra la alegría y el canto*
*Porque de nada vale, si hay un niño en la calle*
*A esta hora exactamente*
*Hay un niño en la calle*
*Hay un niño en la calle".*

Armando Tejada Gómez – Ángel Ritro
Intérprete: Mercedes Sosa

# Prefácio

*Ministro Luiz Edson Fachin*

## Uma obra sobre um urgente dilema do constitucionalismo

O livro que Jandeson da Costa Barbosa apresenta ao público brasileiro veste, sob a aparência consuetudinária de seu objeto, uma investigação não apenas inovadora, mas também urgente.

É sempre muito difícil dedicar-se a um tema que já fora previamente estudado pelos grandes nomes do cânone de uma disciplina. A qualquer pesquisa que se dedique ao "interesse público" acresce-se ainda uma dificuldade suplementar, a saber, o fato de que este conceito esteve no âmago do moderno direito público sem, contudo, jamais ter efetivamente constituído um consenso quanto a seu significado. Eis por que um autor contemporâneo como Jean-Christoph Ricci dirá tratar-se de uma verdadeira "armadilha intelectual".[1]

Entre o famoso discurso de Le Chapelier, em 1791, à tribuna da Assembleia Nacional Francesa – no qual se proclamava o fim dos interesses corporativos, e a existência de uma única oposição, aquela entre os interesses particular e geral – e as atuais quadras históricas, temos agora mais de duzentos anos de história do constitucionalismo moderno. O acúmulo de experiência institucional, fruto da expansão da semântica constitucional nos mais diversos contextos políticos, jurídicos e culturais, certamente não deverá deixar indene uma noção complexa e multifacetada como a de "interesse público".

Já inteiramente inseridos no séc. XXI, temos a impressão de que os desafios que se avizinham assumiram proporções gigantescas. Ao olharmos para os mais diversos sistemas sociais, encontraremos, com variados graus de intensidade, a presença de retóricas de crise. Há muito nos acostumamos a conviver com as ideias de crises econômicas, de

[1] RICCI, J-C. *Droit administratif général*. Paris: Hachette, 2013, p. 116.

crises políticas, de crises militares, de crises religiosas e de crises civilizacionais; mais recentemente, tem-se alargado o horizonte do que para nós possam significar as crises sanitária, democrática e, com ainda mais força, climática. Sem pretender fazer aqui qualquer exercício de "crisologia",[2] é de fácil constatação que as crises de nosso tempo se caracterizam tanto por sua amplitude, quanto por seu processo de imbricação.

Se a *krísis* se refere à decisão, a um recorte entre alternativas e, portanto, a um discernimento, as crises do nosso presente parecem exigir uma responsabilidade maior que aquela do fantasma schmittiano da decisão belicosa, da separação do mundo entre amigos e inimigos.[3] Os dilemas que se avizinham já não se deixam limitar sequer pela simples capacidade de agentes racionais de concorrerem por posições e, assim, se isolarem das externalidades da própria concorrência.

As crises atuais, tendo a crise climática como exemplo paradigmal, evidenciam, para além da transversalidade dos problemas, o seu flagrante aspecto comunal. Ainda que se possa, com razão, apontar que a verdadeira tragédia dos comuns seja, ao fim e ao cabo, a distribuição desigual de todas estas crises *comuns*, é também inegável que os mecanismos de blindagem vão-se mostrando cada vez mais raros, caros e ineficazes. É neste ponto que a ideia de "interesse público" revela sua incontornável urgência.

Afinal, para problemas comuns, precisamos de soluções que sejam elas também comuns. A pergunta que podemos nos fazer é a seguinte: pode ainda o constitucionalismo funcionar como força de mediação apta a conduzir respostas às nossas muitas crises? A resposta afirmativa, aquela em que verdadeiramente acreditamos, não provém simplesmente de um ato de fé. Ela se baseia nas instituições e nos conceitos que nos foram legados pela tradição constitucional, dentro dos quais encontraremos o "interesse público".

É preciso relembrar que as constituições modernas nascem do quiasma entre dois grandes vetores. Por um lado, as constituições foram vistas como dispositivos de engajamento prévio (*precommitment*) e autovinculação (*self-binding*) destinados a proteger as comunidades políticas contra previsíveis más decisões futuras.[4] Cass Sunstein se referiu a essa dinâmica como estratégia para "superar a miopia ou a

---

[2] Cf. MORIN, Edgar. "Pour une crisologie". *Communications*, 25, 1976, pp. 149-163.

[3] Cf. SCHMITT, Carl. *Der Begriff des Politischen*. 8ª. ed. Berlin: Duncker & Humblot, 2009. Para um estudo influente da categoria "crise" a partir do instrumental teórico de Schmitt, ver KOSELLECK, Reinhart. *Kritik und Krise*. Eine Studie zur Pathogenese der bürgerlichen Welt. Frankfurt am Main: Suhrkamp, 1973.

[4] ELSTER, Jon. *Ulysses unbound*. Cambridge: Cambridge University Press, 2000.

fraqueza da parte da coletividade";[5] Friedrich Hayek recorreu à expressão "apelo do povo bêbado ao povo sóbrio"[6] para discutir a limitação de escolhas futuras.

Por outro lado, as constituições foram desde sempre exercícios de racionalidade coletiva e, portanto, sistemas de ação compartilhados. Há constitucionalismo somente quando a autocompreensão de uma comunidade política a torna uma empreitada comum de transformação da realidade por meio da linguagem dos direitos. Jürgen Habermas anotou a este respeito: "toda constituição é um projeto, que só sob pode existir sob o modo da progressiva e contínua interpretação constitucional desenvolvida em todos os níveis da criação do direito".[7]

Para as crises do séc. XXI, que testam o limite do próprio sentido da vida comum (e de suas condicionantes), será necessário que a tradição constitucionalista aprofunde os laços que a conectam ao seu sentido transformador. E isso não se pode fazer sem uma reflexão sobre o horizonte hermenêutico aberto pela noção de interesse público.

O livro que o leitor tem sob os olhos conta entre os esforços mais bem-sucedidos de atualização do conceito de "interesse público" às condições do constitucionalismo contemporâneo. Ali onde tantos outros recuaram, por entenderem se tratar de uma noção "muito delicada, talvez mesmo impossível de ser definida",[8] Jandeson da Costa Barbosa recusou expressamente qualquer forma de mutismo.

À profusão de opiniões doutrinárias não apenas diversas, mas também contrárias, o autor de *O interesse público constitucional numa formulação à luz de pressupostos teóricos, contextos e fatos no âmbito dos direitos fundamentais*, opôs um proceder dialético. Por "dialético" não se deve entender, aqui, aquela imprecação costumeira que um Goethe pôde levantar, e que via na dialética a faculdade de tornar falso o verdadeiro e verdadeiro o falso. O presente trabalho nos faz relembrar que, no tempo de Pedro Abelardo, dialética era o outro nome da lógica, e compreendia, em seu sentido mais estrito, o exame contraditório de grupos de argumentos opostos que gozavam de probabilidade.

De forma muito rigorosa, Jandeson da Costa Barbosa logrou sistematizar a discussão doutrinária sobre o "interesse público" a partir do binômio escola clássica/escola individualista. Como já ensinavam

---

[5] SUNSTEIN, Cass. "Constitutionalism, prosperity, democracy". *Constitutional political economy*, nº 2, 1991, pp. 371-94.

[6] HAYEK, Friedrich. *The constitution of liberty*. Chicago: University of Chicago Press, 1960, p. 180.

[7] HABERMAS, Jürgen. *Faktizitat und Geltung:* Beitrage zur Diskurstheorie des Rechts und des demokratischen Rechtsstaats. 4ªed. Frankfurt am Main: Suhrkamp, 1994.

[8] FRIER, Pierre-Laurent. *Traité de droit administratif, t.I:* droit administratif général. 16ª ed. Paris: LGDJ, 2001, p. 4.

os teóricos da informação, essa redução de complexidade é justamente o que permite complexificar o campo de estudos. E isso ocorre porque, a partir da contraposição entre as variações principais de cada uma destas tendências, o autor empreende uma verdadeira *Aufhebung*, uma suprassunção, uma relevação dos contrários. Da recusa da simples supremacia do interesse público sobre os interesses privados, bem como de seu oposto especular, isto é, a prevalência individual anulatória do público, emerge um conceito renovado de "interesse público constitucional".

Poder-se-á constatar que o argumento central do texto não se limita a sua *pars destruens*, residindo antes na cuidadosa formulação de sua *pars construens*. Em referência ao sistema constitucional ora vigente, Jandeson da Costa Barbosa empreende uma profunda reconstrução da lógica dos direitos fundamentais, colhendo fragmentos de idealidade que já se apresentam, em seu conteúdo crítico, nas práticas do constitucionalismo. Por força dessa reconstrução, o debate deixa de oscilar quanto à preponderância das esferas pública ou privada, e se centra na premissa de que o interesse público se confunde com o interesse de efetivação dos direitos fundamentais. E se isto é verdade, então o interesse público é definido pelas funções dos direitos fundamentais, nomeadamente aquelas que concernem à limitação do poder.

Jandeson da Costa Barbosa vai, contudo, além. Sua pesquisa não está dirigida a somente enunciar os contornos semânticos do interesse público, mas pretende também atribuir-lhe contornos normativos claramente identificáveis. O resultado é uma expressão algébrica que formaliza as condicionantes do uso do interesse público em um Estado de Direito Democrático. O leitor ali identificará alguns elementos bastante familiares àqueles que se interessam pelos direitos fundamentais: liberdade individual, liberdade política, igualdade, fraternidade, interesse do Erário, contexto estrutural e peculiaridades do caso concreto.

Os méritos estilísticos e argumentativos do texto que temos a honra de prefaciar só se deixam superar pela extrema lealdade com que o Autor trata os argumentos que apresenta. Há uma dimensão ética desse gesto que não pode ser menosprezada. E essa dimensão se desdobra ainda em outra: na abertura responsável com que o autor oferece ao leitor, com toda honestidade, as respostas que reconstrói.

Como esperamos ter demonstrado, estes dilemas não são nada menos que os urgentes dilemas do constitucionalismo de nosso tempo.

# Sumário

# Apresentação

*Sandro Lúcio Dezan*[1]

Na primavera de 2019, ao iniciar as minhas atividades como docente na disciplina Direito e Serviços Públicos, do Programa de Mestrado e Doutorado em Direito do Centro Universitário de Brasília (UniCEUB), fui abordado por um dos alunos que, de forma muito gentil e interessada, indagava-me sobre os mais importantes pontos dos temas abordados em sala de aula, enriquecendo, assim, os debates daquele ano, sobre a essência do direito administrativo e dos seus institutos mais importantes. Os debates se estenderam para outros anos consecutivos, com os encontros mensais do Grupo de Pesquisa Hermenêutica do Direito Administrativo e Políticas Públicas.

O então aluno, nascido em Rio Real, município da Bahia, e que iniciou a sua vida profissional bem novo no serviço público ao tomar posse no primeiro cargo em 2009, aos 20 anos recém-completos, agora consagrou-se Mestre em Direito e Políticas Públicas, consolidando, ainda mais, a sua distinção como professor de Direito.

Refiro-me ao amigo, escritor e professor de prestigiadas escolas e cursos para servidores da Administração Pública, Jandeson da Costa Barbosa, cujo breve resumo de seu currículo retrata uma trajetória de méritos profissionais e acadêmicos. Jandeson atuou como servidor concursado da Procuradoria-Geral da República, da Agência Nacional de Transportes Aquaviários e do Ministério do Trabalho e Emprego, nas mais diversas áreas do Direito Administrativo, notadamente, nos campos de compras, licitações e contratos administrativos, pregão, gestão e fiscalização de contratos, infrações e sanções administrativas, empe-

[1] Professor Titular de Direito Administrativo da Graduação, do Mestrado e do Doutorado em Direito do Centro Universitário de Brasília (UniCEUB). Doutor em Ciências Jurídicas Públicas, pela Escola de Direito da Universidade do Minho, Braga, Portugal. Doutor em Direito, pelo Centro Universitário de Brasília; Mestre Doutor em Direitos e Garantias Fundamentais, pela Faculdade de Direito de Vitória. Investigador do Centro de Justiça e Governação (JusGov), Grupo JusCrim – Justiça Penal e Criminologia, da Escola de Direito da Universidade do Minho (UMinho), Braga, Portugal. Líder do Grupo de Pesquisa Hermenêutica do Direito Administrativo e Políticas Públicas do PPGD – UniCEUB.

nho, liquidação e pagamento de despesa, legislação de pessoal, dentre outras. Atualmente, exerce a função de Especialista Sênior da área de licitações e contratos do Tribunal de Contas da União – TCU –, no cargo de Técnico Federal de Controle Externo desde 2012.

Seus conhecimentos em gestão pública foram proveitosos. A obra ora ofertada à comunidade profissional e acadêmica é fruto dessa profícua trajetória de dedicação à gestão e ao interesse público, convertendo-se, de forma responsável, em pesquisa científica da mais alta qualidade, impulsionada por anos de estudos e de experiência no dia a dia do ambiente publicístico, que foram moldados, ademais, pela sua grande capacidade intelectual, seu perfil questionador e sua inquietação com o estado de cientificidade do direito posto.

Essas características forjam uma grande investigação: a capacidade técnico-intelectual e – para usar os fundamentos dos escritos de Charles Sanders Peirce[2] –, a oportunidade de pragmatismo. Este, o pragmatismo, deu-se ao amparo de sua vasta experiência como profissional do setor público.

De qualquer forma, por mais experiências acumuladas e realizações experimentais no curso de uma investigação científica, nunca estaremos satisfeitos com a definitividade do produto ao qual nos dedicamos, e isso é bom, isso é o que impõe ao homem a vontade de mais e mais alcançar e de sempre apreender, para o aprimoramento de seus saberes e para o mais completo, o quanto possível, compartilhamento de resultados.

Karl Popper, em *A Lógica da Pesquisa Científica*, deixou crer a temporariedade da ciência, conquanto historicamente datada e suscetível às naturais transformações decorrentes de um evoluir de posições, de escopos e de buscas, não pertencendo a ela a taxatividade; o corolário conhecimento científico é fruto desse estado de constante transformação, como uma fotografia dos acontecimentos sequenciais, a retratar, assim, uma "teoria daquilo que usualmente chamamos de 'experiência'":[3] experiência gera conhecimento. É, em certa medida aplicada às ciências sociais, o que Henri Bergson chamou de "evolução criadora",[4] ou o que Manuel García Morente concluiu ser uma constante da existência, fundamentado em Heráclito[5] e em Bérgson,[6] ao escrever que "o existir é um perpétuo mudar, um estar constantemente sendo e não

[2] PEIRCE, Charles S. *New elements of mathematics*. The Hague: Mouton, 1976.

[3] POPPER, Karl. *A lógica da pesquisa científica*. São Paulo: Cultrix, 1972, p. 41.

[4] BERGSON, Henri. *Evolução criadora*. São Paulo: Martins Fontes, 2005.

[5] HERÁCLITO. *Fragmentsin:* Heraclitus: the cosmic fragments. Cambridge: Cambridge University Press, 1978.

[6] BERGSON, Henri. *Introducción a la metafísica*. Buenos Aires: Ediciones Siglo Veinte, 1973.

sendo, um devir perfeito, um constante fluir".[7] O conhecimento e o seu espectro científico, temporários, históricos, são um modo do existir humano.

Para Jandeson da Costa Barbosa, a relação entre a sua dedicação aos estudos e a experimentação na Administração Pública propiciaram o diferenciado alcance de cientificidade; o Autor reuniu e reúne todas as características de um grande profissional dedicado à produção do conhecimento.

A sua obra, originalmente intitulada "O interesse público constitucional numa formulação à luz de pressupostos teóricos, contextos e fatos no âmbito dos direitos fundamentais" é consequência de tudo isso: de anos de estudos e de trabalho tributário à gestão da coisa pública; concluir com sucesso uma pesquisa *stricto sensu* do nível de cientificidade da que se ora apresenta não é um feito simples. Requereu um esforço notadamente singular, direcionado, dedicado, de extrema imersão no tema. Logrou êxito o Autor.

Assinala Inocêncio Mártires Coelho que faz parte da essência humana a tendência à apreensão reducionista, fragmentada aos aspectos simples e superficiais de um todo que, por vezes, acaba por desvelar-se, em uma análise mais acurada, complexo e multivariável.[8] A simplificação leva a conclusões apressadas – indutoras de fenômenos inexistentes ou representativas de fatos não comprovados – e descompromissadas com os objetos observados. Isso pode também ser considerado, agora na visão de Edgar Morin, uma forma *de conhecimento fragmentado*, na medida em que "o nosso modo compartimentado de conhecimento produz uma ignorância sistemática, ou uma consciência retardatária dos efeitos perversos de ações consideradas [*prima facie*] salutares",[9] limitativo da percepção do todo e de suas intensas implicações de causa e efeito, diretas e reflexivas.

Sob esse vértice, Mártires Coelho afirma que a mente humana tende a fazer *analogias superficiais*, empregadas em tirar "conclusões de modo inopinado [na medida em que] despreza a variedade de pormenores bem como a existência de exceções, e desse modo procede como se estivesse a tecer uma teia de origem puramente interna para impô-la à natureza".[10] O Autor não caminhou por esses largos escaninhos e, como bem ressaltado pelo Ministro Luiz Edson Fachin no Prefácio

---

[7] MORENTE, Manuel García. *Fundamentos de filosofia 1:* lições preliminares. Tradução e Prólogo de Guilermo de la Cruz Coronado. São Paulo: Mestre Jou, 1980, p. 71.

[8] COELHO, Inocêncio Mártires. *Da hermenêutica filosófica à hermenêutica jurídica:* fragmentos. São Paulo: Saraiva, 2010, p. 26.

[9] MORIN, Edgar. *O método 6:* ética. 4. ed. Porto Alegre: Sulina, 2011, p. 43.

[10] MORIN, Edgar, *op. cit.*, p. 26.

da presente obra, optou por dedicar esforços ao método de redução de "complexidade para se permitir complexificar o campo dos estudos".

Com efeito, escolheu dar o melhor de si, para nos brindar – a todos nós da comunidade científica – com o resultado de uma inédita obra. Não guardou para si o produto do exercício de suas leituras e de sua racionalização analítica acurada, mas, sim, gentilmente ofertou aos estudiosos e profissionais do serviço público e das mais variadas funções do Estado uma nova visão sobre o conceito de *interesse público* à luz de um direito administrativo constitucionalizado, com deferência à centralidade normativa dos direitos fundamentais em um Estado Constitucional e Democrático de Direito.

Por toda a sua dedicação, imparcialidade científica e qualidade do texto publicado e pelo singular contributo para o desenvolvimento de uma teoria da ciência do direito administrativo e da Administração Pública, os meus mais sinceros cumprimentos ao Autor; e, à academia, uma ótima leitura.

Brasília, setembro de 2021.

# Introdução

A concretização de direitos fundamentais imposta pela Constituição tem como um dos seus vários caminhos o alcance do conteúdo semântico-axiológico-jurídico-hermenêutico do "interesse público" presente na própria Constituição e substanciado através da decisão estatal, seja ela tomada no âmbito do Poder Executivo, do Judiciário ou do Legislativo.

O debate acerca do conceito de *interesse público* abriga uma controvérsia mais profunda e com mais repercussões do que aparenta *prima facie*. Deita raízes na discussão sobre o tamanho e o papel do Estado, além de ter implícita no seu bojo a persistente dicotomia liberdade-igualdade. De certo, "para podermos ir além das aparências e penetrar na essência dos fenômenos – precisamos realizar operações de síntese e análise que esclareçam não só a dimensão imediata, como também, e sobretudo, a dimensão *mediata* delas".[1]

E longe de ser uma questão meramente teórica, essa discussão é relevante pela utilização desse enunciado como fundamento jurídico-axiológico para a tomada de decisões diametralmente opostas, seja no âmbito administrativo, legislativo ou judicial. É que, quando não se tem parâmetros minimamente objetivos para esclarecer *o que é* o interesse público ou *como* utilizá-lo de modo constitucionalmente adequado, o intérprete pode decidir, por exemplo, que atende a esse postulado a decisão de permitir o bloqueio de uma via pública para a realização de uma manifestação, ou de proibi-lo, em circunstâncias rigorosamente semelhantes.

A doutrina administrativista brasileira oferece duas soluções diametralmente opostas para a questão da *instrumentalização* do conceito de interesse público. Boa parte dos autores se alinham, em maior ou menor medida, a duas correntes de pensamento classificadas por nós como "escola clássica" e "escola individualista" do interesse público.[2]

[1] KONDER, Leandro. *O que é dialética*. São Paulo: Brasiliense, 2014, p. 44-45.

[2] Essa classificação foi utilizada pela primeira vez em: BARBOSA, Jandeson da Costa. Interesse público constitucional, harmonização de direitos fundamentais e transformação da sociedade. *Revista do TCU*. Edição n. 146 (2020), p. 120-132. Disponível em: <https://revista.tcu.gov.br/ojs/index.php/RTCU/article/view/1678>. Acesso em 24 mar 2021.

A escola clássica defende – em regra e considerando o que sustenta a maioria de seus autores – a prevalência *a priori* do interesse público sobre o privado, consubstanciado no princípio da supremacia do interesse público sobre o particular. Há alguma variação no entendimento do que seria esse "interesse público" supremo, mas esse é entendido na maior parte das vezes como interesse coletivo ou mesmo interesse da Administração Pública.

A escola individualista tece severas críticas ao princípio da supremacia do interesse público sobre o particular, alegando uníssono que tal princípio – alguns defendem que nem como princípio este poderia ser classificado – não encontra amparo na Constituição, em especial por supostamente restringir demasiadamente os direitos fundamentais.

Muitos sustentam a necessidade de ponderação entre interesse público e privado, enquanto outros defendem que a Constituição estabelece uma primazia dos direitos individuais – chamada por vários desses autores genericamente de "direitos fundamentais" – estabelecendo um verdadeiro "princípio da supremacia do interesse particular sobre o público" – *a priori*, tal qual o seu antínomo. Embora não utilizem literalmente essa expressão, é inconteste que é feita essa proposição, conforme se verificará no desenvolvimento deste trabalho. Contudo, uma expressão que substancia melhor o que defende a maioria desses autores é "teoria individualista".

A escola clássica, claro, defende que os argumentos da escola individualista não prosperam quando devidamente esquadrinhados, e que o princípio da supremacia do interesse público sobre o particular tem perfeita consonância com o sistema constitucional de direitos fundamentais. A escola clássica não se furta a tecer severas críticas à escola individualista e à sua teoria, devolvendo o argumento de que essa sim não encontra amparo na Constituição.

Ante esse contexto, o problema de pesquisa principal é substantivado no questionamento de sob quais parâmetros mínimos o interesse público pode ser utilizado como fundamento jurídico-axiológico para a tomada de decisão no âmbito administrativo, legislativo ou judicial em face da atual sistemática constitucional de direitos fundamentais. Como consectário lógico, a resposta passa pelo questionamento primeiro de se a supremacia do interesse público ou a teoria individualista respondem a contento ao problema de pesquisa, ou se há uma *outra* resposta – sendo esta a hipótese a ser construída e testada na presente pesquisa.

O objetivo da pesquisa é perquirir o conteúdo semântico-axiológico-jurídico-hermenêutico do interesse público no sistema constitucional de direitos fundamentais para encontrar a adequada resposta ao problema de pesquisa.

De forma mais específica, os objetivos do presente trabalho podem ser assim descritos: pesquisar e analisar os conceitos de interesse público na doutrina, comparando especialmente os argumentos das chamadas "escola clássica" e "escola individualista" do interesse público; a partir do "espírito da Constituição", avaliar qual o conteúdo jurídico do princípio do interesse público como limitador dos poderes político e econômico e como garantia da concretização de direitos fundamentais; inventariar quais os elementos mínimos devem estar presentes na utilização do interesse público como critério interpretativo e roteiro de adequação para a tomada de decisão estatal de modo constitucionalmente adequado; e, por fim, identificar as repercussões das respostas encontradas nos princípios da supremacia e indisponibilidade do interesse público e na teoria individualista.

A metodologia de pesquisa para se obter a resposta desse intrincado problema é "ouvir" a Constituição. Procura fazê-lo através da doutrina, por meio de ampla revisão bibliográfica. Também é utilizada, como meio auxiliar, a pesquisa jurisprudencial, assumindo esta um caráter *exemplificativo* através da amostra colhida. A pesquisa utiliza precipuamente o método dialético, promovendo verdadeiro debate e confronto de ideias entre os autores[3] e privilegiando a análise dos argumentos inserida no contexto social. Também se faz presente o método dedutivo, a fim de esquadrinhar em um raciocínio descendente os argumentos analisados.

É necessário, entretanto, estabelecer desde já alguns recortes metodológicos para que este trabalho não se espraie por campos tantos que seja impossível impor alguma profundidade ou mesmo se chegar a alguma conclusão. Desse modo, é preciso que se estabeleça, desde já, a que *não* se propõe este trabalho.

O recorte metodológico não contempla a pretensão de estabelecer um conceito "hermeticamente fechado" de *interesse público*, e muito menos de *bem comum*. A indeterminação desses termos, como se verá adiante, deita razões na dinamicidade da realidade e dos pontos de vista.[4] Isso não obsta a investigação jusfilosófica, ou jurídica propriamente

[3] Para tanto, excepcionou-se a regra de se evitar nomear os autores no corpo do texto, a fim de demonstrar mais nitidamente o caráter dialético da pesquisa.

[4] Afirma Leonardo Boff que: "Ler significa reler e compreender, interpretar. Cada um lê com os olhos que tem. E interpreta a partir de onde os pés pisam. Todo ponto de vista é a vista de um ponto. Para entender como alguém lê, é necessário saber como são seus olhos e qual é sua visão de mundo. Isso faz da leitura sempre uma releitura. A cabeça pensa a partir de onde os pés pisam. Para compreender, é essencial conhecer o lugar social de quem olha. Vale dizer: como alguém vive, com quem convive, que experiências tem, em que trabalha, que desejos alimenta, como assume os dramas da vida e da morte e que esperanças o animam. Isso faz da compreensão sempre

dita, acerca do modo constitucionalmente adequado de invocação do interesse público pelo Estado como justificativa para a tomada de decisão.

Outro recorte necessário é esclarecer que este trabalho não pretende esgotar as possibilidades dialéticas, axiológicas ou deônticas da utilização do interesse público como método interpretativo. Disso, já é possível verificar o primeiro objetivo da pesquisa: afastar conhecidos métodos interpretativos que *não* se amoldam à Constituição e ao sistema de proteção de direitos fundamentais.

Essa delimitação *negativa* de interesse público é o ponto inicial para o debate sobre uma base axiológica e axiomática comum para a discussão do seu conceito. Inicia-se, dessa forma, um "alicerce" para a construção *positiva* de elementos mínimos que devem estar presentes quando da utilização jurídica do conceito de interesse público na acepção constitucional de sistema de direitos fundamentais, que aqui será referida como "interesse público constitucional".

Após essa delimitação negativa e positiva de interesse público constitucional, objetiva-se construir, a partir de requisitos existentes de maneira esparsa na doutrina, um "roteiro de aplicação" que permita observar a existência desses elementos mais básicos de sustentação da sua delimitação conceitual na aplicação pelo intérprete no caso concreto.

Impende mencionar, contudo, que o escopo deste trabalho se restringe a averiguar as consequências do juspositivismo no campo do direito administrativo, em que pese haver estreita correlação entre o ramo administrativista do direito e a concretização dos direitos fundamentais. Afinal, no atual estágio de desenvolvimento constitucional, o Estado existe para tal, e o direito administrativo é, em uma análise rasa, a regulação do funcionamento (nem sempre) interno do próprio Estado. Todavia, os limites espaciais desta obra, além da objetividade a que se pretende, não permitem maiores aprofundamentos sobre a temática para fora do direito administrativo.

O trabalho busca fugir de duas "tentações" para prosseguir de modo focado à testagem das hipóteses do problema de pesquisa. A primeira delas é a "tentação" da análise superficial do problema de pesquisa, o que conduziria o trabalho a uma tímida descrição de discussões e fenômenos que não se constituem na verdadeira razão de ser da controvérsia.

A segunda "tentação" é a de se perder nas interessantes discussões filosóficas e de teoria do Estado, ao se fazer um juízo de valor

---

uma interpretação. Sendo assim, fica evidente que cada leitor é co-autor. Porque cada um lê e relê com os olhos que tem. Porque compreende e interpreta a partir do mundo em que habita". *In*: BOFF, Leonardo. *A águia e a galinha*. 51ª ed. Petrópolis-RJ: Vozes, 2013, p. 9.

desses conceitos dissociado da finalidade da pesquisa. Para tanto, a indissociável análise filosófica e de teoria do Estado a que se submete o trabalho não serve para *valorar* tais conceitos, mas somente para apontar *quais deles* foram adotados pela Constituição e pelo seu sistema de direitos fundamentais.

Feitos os recortes metodológicos devidos, passa-se à introdução dos quatro capítulos que compõem este trabalho. Os capítulos têm forte conexão e dinamicidade entre eles, formando ao mesmo tempo uma "escada" e uma "teia" de pesquisa. A metáfora da "escada" serve para ilustrar que cada um dos capítulos é um "degrau" para avançar aos demais, de modo que se tornará muito difícil compreender na totalidade o último capítulo sem a leitura dos primeiros, pois cada um destes contém informações e debates que municiam o leitor para a compreensão do capítulo seguinte.

Os capítulos também formam uma "teia" de pesquisa, devido à forte interconexão entre eles e à necessária complementariedade dos assuntos para o seu entendimento e para a compreensão do problema de pesquisa e da hipótese. Esta é a razão de, por diversas vezes, um capítulo fazer referência a outros – seguintes ou anteriores – ou mesmo tomar emprestado suas conclusões – resgatando-as de capítulos anteriores ou mesmo antecipando-as dos seguintes. Essa "teia" argumentativa esteve presente em toda a redação do trabalho. Por vezes, os achados e conclusões de um capítulo impuseram a reescrita de capítulo anterior, o que ocasionou também a reescrita do capítulo que ocasionou as mudanças.

Assim, o trabalho está dividido em quatro capítulos e tratam de quatro grandes grupos de assuntos que, sob um primeiro olhar, podem até parecer desconexos entre si, mas são objeto de indissociável ligação e cuja imprescindibilidade de cada um faz com que não seja possível chegar às conclusões a que este trabalho chegou sem qualquer um destes, conforme já mencionado.

Todos os capítulos, por óbvio, tratam da temática do interesse público. O primeiro capítulo cuida de situá-lo como "um conceito entre duas supremacias",[5] enquanto o segundo o estuda no tocante às suas potencialidades de limitação de poderes e concretização de direitos fundamentais. O terceiro capítulo – reunindo as conclusões dos capítulos anteriores – trata dos aspectos hermenêuticos e interpretativos do interesse público, enquanto o quarto capítulo – em um giro dialéti-

[5] Essa ideia foi primeiro apresentada por Martín Haeberlin ao nomear um capítulo de uma de suas obras como "Interesse público entre duas supremacias: a construção teórica da relação entre interesses público e privados". *In:* HAEBERLIN, Mártin. *Uma teoria do interesse público: fundamentos do Estado meritocrático de direito*, Porto Alegre: Livraria do Advogado, 2017.

co – apresenta as consequências jurídicas das conclusões dos capítulos anteriores sobre os princípios da supremacia e da indisponibilidade do interesse público e sobre a teoria individualista.

Nessa trama – no sentido de "teia" – de argumentos, elementos aparentemente pertencentes a campos ontológicos de estudo distintos são reunidos para esmiuçar e aprofundar a análise sobre o interesse público. Dessa forma, temas como direitos fundamentais, detentores de poder político-administrativo e econômico, positivismo jurídico e normatividade da Constituição são entrelaçados e é revelada a profunda ligação entre eles, além das suas conexões com o atual estágio de entendimento do interesse público – que chamamos de *interesse público constitucional*.

Nessa toada, o Capítulo 1 é apresentado sob o título de "Interesse público, um conceito entre duas supremacias". O capítulo se inicia com um prelúdio da temática do interesse público que perpassará todo o trabalho: a ideia de *bem comum* e a problemática da indeterminação do conceito de "interesse público".

O subtópico 1.1.1 abordará a equivalência semântica e filosófica entre bem comum e interesse público, a "identidade entre as expressões", e que é "oportuno referir o bem comum como 'o interesse público na Teoria do Estado', e o interesse público como o 'bem comum no Direito do Estado'".[6] O tópico faz breve digressão sobre o bem comum ao longo do estudo da filosofia e sobre a "ideia de [que a] existência de interesses gerais diversos dos interesses individuais encontra suas origens na antiguidade greco-romana".[7]

Por sua vez, o subtópico 1.1.2 se debruça sobre a problemática da conceituação do interesse público, entendido por muitos como "o mais indeterminado dos conceitos".[8] O objetivo é realizar uma delimitação semântica e axiológica para que se possa perquirir sua aplicação interpretativa. Para tanto, esse ponto do trabalho se dedica a apontar uma delimitação *negativa – o que não pode ser* entendido como interesse público – e uma delimitação *positiva* – em qual campo semântico e jurídico *pode estar* o interesse público.

---

[6] HAEBERLIN, Mártin. *Uma teoria do interesse público*: fundamentos do Estado meritocrático de direito. Porto Alegre: Livraria do Advogado, 2017, p. 39.

[7] DI PIETRO, Maria Sylvia Zanella. *O princípio da supremacia do interesse público*: sobrevivência diante dos ideais do neoliberalismo. In: DI PIETRO, Maria Sylvia Zanella; RIBEIRO, Carlos Vinícius Alves (Coord.). Supremacia do interesse público e outros temas relevantes do direito administrativo. São Paulo: Atlas, 2010. p. 86.

[8] BORGES, Alice Gonzalez. *Supremacia do interesse público:* desconstrução ou reconstrução. Revista de Direito do Estado, n. 15, p. 1–26, 2007. Disponível em: <http://www.direitopublico.com.br/pdf_seguro/Supremacia do Interesse P?blico – Alice Gonzalez Borges.pdf>.

Os tópicos 1.2 e 1.3 abordam de modo majoritariamente descritivo o embate travado pela escola clássica e escola individualista do interesse público, sem olvidar, contudo, de tecer breves considerações sobre os argumentos utilizados por uma e outra escola. Assim, o tópico 1.2 trata da doutrina da escola clássica que defende a existência e consonância constitucional de um princípio da supremacia do interesse público sobre o particular, além das principais críticas da escola individualista.

Dentre as críticas da escola individualista, destacam-se: "a indeterminabilidade empírica [do princípio da supremacia do interesse público] vai de encontro ao postulado da explicitude das premissas, decorrente da própria segurança jurídica";[9] a impossibilidade conceitual de a supremacia do interesse público ser considerado uma norma-princípio;[10] a inconstitucionalidade de uma prevalência *prima facie* do interesse público frente ao interesse particular;[11] da sua utilização para a justificativa de ações autoritárias dos agentes públicos detentores do poder político-administrativo.[12] O tópico apresenta, ainda, as "respostas" da escola clássica em relação a cada uma das críticas aventadas, além de tecer breves considerações iniciais acerca delas.

Já o tópico 1.3 se dedica a esquadrinhar as posições da escola individualista, bem como os combativos apontamentos da escola clássica, que faz "a crítica da crítica" ao princípio da supremacia do interesse público. Nesse diapasão, a escola individualista sustenta que: "Interesses públicos e privados não se contradizem, não se negam, não se excluem. Tais interesses, antes, harmonizam-se. A realização de um importa na realização do outro. Devem ser vistas como excepcionais as situações de exclusão mútua".[13] Em sentido oposto, a escola clássica contra-ataca, defendendo que esses interesses "em geral se contradizem, se negam e se excluem em um sem número de vezes (o contrário é a exceção)".[14]

---

[9] ÁVILA, Humberto. Repensando o "princípio da supremacia do interesse público sobre o particular". *Revista Eletrônica sobre a Reforma do Estado*, n. 11, p. 1–30, 2007.

[10] Idem.

[11] BINENBOJM, Gustavo. Da supremacia do interesse público ao dever de proporcionalidade: um novo paradigma para o direito administrativo. *Revista de Direito Administrativo*, v. 239, p. 1, 2015.

[12] Apesar de ilustrarmos a crítica com referência de texto de Marçal Justen Filho, entendemos que o autor não detém posicionamento majoritariamente alinhado à escola individualista. Na verdade, o autor – assim depreendemos – possui posições mais alinhadas ao conceito de interesse público constitucional JUSTEN FILHO, Marçal. Conceito de interesse público e a "personalização" do direito administrativo. *Revista Trimestral de Direito Público*, v. 26, p. 115–136, 1999, p. 115-116.

[13] SCHIER, Paulo. Ensaio sobre a supremacia do interesse público sobre o privado e o regime jurídico dos direitos fundamentais. Pensar – *Revista de Ciências Jurídicas*, v. 12, p. 162–172, 2007.

[14] GABARDO, Emerson. O conceito de interesse público no direito administrativo brasileiro. *Revista Brasileira de Estudos Políticos*, v. 115, p. 267–318, 2017.

No debate dialético – mas também dialógico – que se segue, a escola individualista defende uma igualdade apriorística entre interesses público e privado. Esse discurso inicial de igualdade vai-se desenvolvendo até a indicação de que "se fosse deduzível do direito positivo uma norma-princípio de prevalência, seria possível a dedução de uma norma-princípio antinômica à debatida, assecuratória dos interesses privados garantidos aqui-e-acolá na Constituição".[15] Então surge a defesa de uma verdadeira supremacia do interesse privado sobre o público, que, neste trabalho, denominamos *teoria individualista*.

Além disso, a escola individualista argumenta quanto à necessidade de utilização da técnica da proporcionalidade no caso concreto, e necessidade de encontrar um "ponto arquimediano" entre interesse público e privado.[16] Dessa arguição, confrontamos esses argumentos com aqueles apresentados pela doutrina da escola clássica, além de realizar uma análise constitucional e jusfilosófica a fim de "testá-los".

A seguir, trava-se um curioso debate sobre o argumento da escola individualista de que um direito fundamental somente poderia ser restringido em face de outro direito fundamental e, desse modo, haveria grande limitação ao poder de polícia da Administração, pois – conforme já se havia concluído no tópico 1.1 – o interesse público não se confunde com o interesse da Administração Pública. É curioso porque leva a um outro debate sobre a "natureza fundamental" do Estado, da Administração Pública e do Erário e seus interesses – classificados pela doutrina tradicional, sobretudo a italiana, como interesse público secundário.

Por fim, a discussão segue para o argumento da escola individualista – que permeou o debate desde o início – de que não se depreende do conjunto axiológico-normativo da Constituição um princípio da supremacia do interesse público sobre o particular. Feita a réplica da escola clássica, o final do Capítulo 1 desenvolve importante elo com os próximos capítulos, pois tal análise dará a tônica de todo o trabalho: perquirir e esquadrinhar qual o conteúdo que a Constituição e seu sistema de direitos fundamentais empregam no conceito de *interesse público*. Daí derivam os demais desdobramentos da pesquisa.

Nesse sentido, o Capítulo 2 analisa a interação entre interesse público, limitação de poder e concretização de direitos fundamentais. O tópico 2.1 aborda o papel do constitucionalismo como limitador de poderes – sejam eles dos agentes estatais ou econômico-privados. Nessa

---

[15] ÁVILA, Humberto. *Repensando* o "princípio da supremacia do interesse público sobre o particular". *Revista Eletrônica sobre a Reforma do Estado*, n. 11, p. 1–30, 2007.

[16] BINENBOJM, Gustavo. Da supremacia do interesse público ao dever de proporcionalidade: um novo paradigma para o direito administrativo. *Revista de Direito Administrativo*, v. 239, p. 1, 2015.

senda, é abordada a incontornável aproximação do debate sobre o interesse público e conceitos da teoria do Estado, como Estado mínimo e máximo, o seu papel constitucional e a repercussão desse debate do mundo das ideias no "mundo dos mortais".

Por andar em terreno que o jurista nem sempre está habituado – a teoria do Estado – e em firme obediência ao escopo do trabalho, a análise se dá por meio de uma única "bússola", apoiada em um singular "corrimão": a Constituição. São os valores constitucionais que norteiam a tônica da investigação e apontam a necessidade de limites aos detentores do poder político-administrativo, mas também dos detentores do poder econômico, objeto do estudo dos subtópicos 2.1.1 e 2.1.2, respectivamente.

Essa "fidelidade constitucional" encaminha a pesquisa a debater o funcionamento interno da Carta Magna, levando-nos à *sala de máquinas da Constituição*.[17] Lá descobrimos que a tal sala de máquinas tem ganhado os seus *puxadinhos*.[18] Assim, o subtópico 2.1.3 analisa o que Roberto Gargarella aponta como mecanismo de um pacto conservador-liberal para, em que pese permitir que a Constituição declare textualmente os direitos sociais e outros para além dos direitos de liberdade, a permitir fazê-lo apenas *formalmente*, ao garantir que a montagem da estrutura do Estado – a *sala de máquinas* – obstaculize a concreta realização desses direitos.

Nessa senda, o tópico 2.2 cuida de desenvolver uma breve pesquisa jurisprudencial de caráter *exemplificativo* a fim de ilustrar através de modesta amostra de julgados a possível utilização do conceito de interesse público, verificar se esse instituto é citado com o fito de restringir ou concretizar direitos fundamentais, ou para limitar poderes, sejam eles estatais ou econômicos.

O tópico 2.3 trata de esquadrinhar o conteúdo axiológico do interesse público e a sua relação com os direitos fundamentais, investigando a possibilidade conceitual da sua instrumentalização para a concretização de tais direitos. A investigação bibliográfica e dedutiva encontra na sistemática constitucional um *interesse público constitucional* teórico e preliminar que é *formado* exatamente por todas as classes de direitos fundamentais.

Esse tópico também serve de ponte para o próximo capítulo, pois, se existe um interesse público *constitucional* consubstanciado pelos

---

[17] A expressão "sala de máquinas da Constituição", ou "the engine room of the Constitution", foi criado por Roberto Gargarella em GARGARELLA, Roberto. *Latin american constitutionalism, 1810-2010: the engine room of the Constitution*. Oxford: Oxford University Press, 2013.

[18] O termo "puxadinho" foi acrescentado por nós à expressão "Sala de máquinas da Constituição", de Roberto Gargarella, com o sentido a ser explicado no subtópico 2.1.3.

direitos fundamentais, tal teoria merece ser desenvolvida e transformada em algo mais instrumental no campo da hermenêutica. E é nessa senda que o Capítulo 3 tem o título "Constituição, hermenêutica e interesse público".

O Capítulo 3, assim como os outros, é um "degrau" da pesquisa subdividido em "pequenos degraus", ou seja, as conclusões de cada tópico e subtópicos são importantes para que se chegue à conclusão do capítulo, que por sua vez é imprescindível para a conclusão do trabalho. Assim, o capítulo começa tratando da normatividade da Constituição e sua relação com o direito administrativo, passa pela análise da superação do positivismo jurídico para se ultimar na apresentação de um instrumento interpretativo e um roteiro de aplicação: o *interesse público constitucional*.

No Capítulo 4, a pesquisa evolui e retorna à discussão primitiva acerca da supremacia do interesse público sobre o particular, e sua cognata indisponibilidade do interesse público, e da teoria individualista, averiguando quais as consequências do *interesse público constitucional* sobre esses institutos. Verifica, ainda, se o *interesse público constitucional* pode ser considerado uma norma-princípio. Desse modo, o capítulo faz um "retrato" atual do processo dialético em que está envolta a temática, apresentando conclusões que têm grande potencial de servir como novo paradigma do tema.

# 1. Interesse público, um conceito entre duas supremacias[19]

O Capítulo procura-se esmiuçar a doutrina pátria sobre a temática do interesse público e confrontá-la com a Constituição, com o estágio atual do constitucionalismo e com o sistema de proteção de direitos fundamentais. Em uma revisão bibliográfica dos principais autores administrativistas brasileiros sobre o tema, é possível perceber que vários destes se alinham, em maior ou menor medida, a duas correntes de pensamento que batizamos de "escola clássica" e "escola individualista" do interesse público.[20]

Ambas as escolas discutem, evidentemente, acerca do conceito de interesse público. Mas o âmago do debate parece ser sobre a sobrevivência ou não de um "princípio" da supremacia do interesse público sobre o particular no atual sistema constitucional voltado à proteção dos direitos fundamentais. Enquanto alguns defendem que o sistema constitucional define uma prevalência, *prima facie*, dos interesses coletivos ou da Administração Pública quando colidentes com interesses particulares, outros apontam que a Constituição coloca os direitos individuais numa posição aprioristicamente superior ao interesse coletivo-estatal, em razão da doutrina dos direitos fundamentais.

É importante, também, realçar a necessidade de contextualização da leitura de textos mais antigos sobre o tema, para que não se transporte a sua literalidade ao contexto atual sem o devido cuidado de notar os contornos fáticos e jurídicos predominantes à época em que

---

19 Essa ideia foi primeiro apresentada por Martín Haeberlin ao nomear um capítulo de uma de suas obras como "Interesse público entre duas supremacias: a construção teórica da relação entre interesses público e privados". *In:* HAEBERLIN, Mártin. *Uma teoria do interesse público:* fundamentos do Estado meritocrático de direito, Porto Alegre: Livraria do Advogado, 2017.

20 Essa classificação de escola clássica e escola individualista do interesse público foi utilizada pela primeira vez em: BARBOSA, Jandeson da Costa. Interesse público constitucional, harmonização de direitos fundamentais e transformação da sociedade. *Revista do TCU.* Edição n. 146 (2020), p. 120-132. Disponível em: <https://revista.tcu.gov.br/ojs/index.php/RTCU/article/view/1678>. Acesso em 24 mar 2021.

foram escritos. Isso se faz por honestidade intelectual, para que não se compare um argumento com a caricatura de outro.[21]

Este Capítulo se propõe, portanto, a partir de uma revisão bibliográfica, a verificar os acertos e inconsistências de ambas as escolas e a compatibilidade dos seus argumentos com a Constituição e com o sistema de direitos fundamentais. Longe de "apenas" discutir a existência ou não de um princípio da supremacia do interesse público, esse debate deita raízes bem mais profundas, raízes essas que este trabalho, dentro das limitações impostas pelos seus limites físicos, pretende expor.

## 1.1. O bem comum e a conceituação de interesse público

Apesar de não ser escopo desta obra construir um conceito único de interesse público, tal premissa não afasta a necessidade de buscar na literatura os conceitos propostos por autores que empreenderam essa hercúlea tarefa. Ao contrário, é necessário tomar por empréstimo as considerações daqueles que o fizeram, ou tentaram fazê-lo, para que seja possível delimitar semântica e juridicamente o conceito de interesse público.

Destarte, para que se possa avançar ao ponto central da problemática deste livro – se existe uma "supremacia" do interesse público sobre o particular, e quais os requisitos mínimos para se utilizar de maneira séria tal enunciado como "roteiro de aplicação interpretativa" – é essencial uma análise sobre tal conceito. Para iniciar tal empreitada, é de suma importância investigar primeiramente o conceito de "bem comum".

### *1.1.1. O bem comum como equivalente filosófico do interesse público*

Os conceitos de direito e justiça são primordialmente entrelaçados. A justiça[22] é a virtude ou o axioma certamente mais lembrado, celebrado e inter-relacionado nas discussões sobre o direito. Entretanto, assiste razão a quem afirma que o *bem comum* é o pressuposto lógico da justiça, e, desse modo, do próprio direito. Na verdade, o "bem comum

[21] Esse alerta já foi feito por DI PIETRO em DI PIETRO, Maria Sylvia Zanella, O princípio da Supremacia do Interesse Público: sobrevivência diante dos ideais do neoliberalismo, in: DI PIETRO, Maria Sylvia Zanella; RIBEIRO, Carlos Vinícius Alves (Orgs.). *Supremacia do interesse público e outros temas relevantes do direito administrativo*. São Paulo: Atlas, 2010, p. 85–102.

[22] Ver: HART, H. L. A. *O conceito de direito*. Tradução de Antônio de Oliveira Sette-Câmara. São Paulo: Editora WMF Martins Fontes, 2009, p. 204-217.

precede a todo e qualquer valor", tendo em vista que o "bem comum não é, pois, um valor (uma virtude), mas uma contingência da sociedade civilizada que necessita dirigir-se em virtudes".[23]

Não parece eticamente defensável a ideia de bem de alguns e mal de outros, tampouco que haja um "contrato social"[24] em que o bem comum não seja o primeiro dos seus objetivos. Desse modo, mesmo que as diversas correntes filosóficas e políticas discutam a maior ou menor intensidade de valores como igualdade e liberdade, nenhuma delas teria um pressuposto deôntico sério se ignorasse o bem comum como sua finalidade primeira.

É certo que, "a partir de uma multissecular tradição republicana", dentre os deveres enunciados a cada um dos indivíduos, está o de "observar os direitos das pessoas e servir o bem comum".[25] E, embora haja discussões acerca do grau de protagonismo do bem comum nas relações privadas, quando se trata de relações públicas, este é "protagonista na universalidade dessas relações, quando elas são manifestação da ordem social. Em outras: o bem comum está onde o Estado está".[26]

Esse ponto é importante para as discussões que se seguirão, pois, repise-se, é possível perquirir sobre os graus de liberdade e igualdade em uma sociedade, mas não é concebível ética e sociologicamente a existência do Estado se não for para que este persiga o bem comum. Desse modo, toda a construção argumentativa que se seguirá partirá da premissa de que a finalidade precípua do Estado é o bem comum, e que, dessarte, qualquer teoria sobre sua atuação deve ser erguida sobre esse alicerce.

A discussão acerca do *bem comum* perpassa a história. A "ideia de existência de interesses gerais diversos dos interesses individuais encontra suas origens na antiguidade greco-romana".[27] É, portanto, um conceito fluido e continuamente ressignificado. Não obstante, não há como arguir sobre interesse público com alguma profundidade filosófica passando ao largo dos debates sobre bem comum.

---

[23] HAEBERLIN, Mártin. *Uma teoria do interesse público*: fundamentos do Estado meritocrático de direito. Porto Alegre: Livraria do Advogado, 2017, p. 34 e 35.

[24] A expressão "contrato social" aqui entendida no conceito tradicional de Rousseau. *In*: ROUSSEAU, Jean-Jacques. *O contrato social – Princípios do direito político*. Tradução de Antonio de Pádua Danesi. 3. ed. 3. tir. São Paulo: Martins Fontes, 1999.

[25] LEWANDOWSKI, Enrique Ricardo. Reflexões em torno do princípio republicano. *Revista da Faculdade de Direito da Universidade de São Paulo*. v. 100, p. 189-200, jan./dez. 2005.

[26] HAEBERLIN, *op. loc. cit.*, p. 37.

[27] DI PIETRO, Maria Sylvia Zanella. O princípio da supremacia do interesse público: sobrevivência diante dos ideais do neoliberalismo. In: DI PIETRO, Maria Sylvia Zanella; RIBEIRO, Carlos Vinícius Alves (Coord.). *Supremacia do interesse público e outros temas relevantes do direito administrativo*. São Paulo: Atlas, 2010. p. 86.

Sócrates identificava o termo *arete* "com o conhecimento racional do bem, lembrando àqueles que injustamente o perseguiam [...] que a autêntica *arete* 'não provém da riqueza', mas, ao revés, é 'a riqueza ou qualquer outra coisa útil aos homens, quer na vida pública, quer na privada', que deriva da virtude".[28]

Platão já enunciava que a humanidade só existe graças à possibilidade de "haver uma forma de integração das ontologias individuais próprias de cada indivíduo humano". A formação da *polis* estaria condicionada, dessa forma, à integração das individualidades no todo, para que "do bem próprio de cada uma faça necessariamente o bem máximo próprio de todas e de cada uma das que consigo co-existem, no sentido mais forte deste termo".[29]

Segundo a teoria de Platão, o bem comum seria "o bem máximo de cada ser humano, mas em integração sinfonial como o bem máximo, possível e real, de todos os outros, em acto, em cada instante". Platão já apontava a interdependência dos indivíduos e a necessidade de, ao mesmo tempo, valorizar as singularidades de cada um e a sua participação no organismo social: "Apenas no âmbito da diferencialidade dos dotes próprios de cada indivíduo, todos diferentes, portanto, todos com dotes não iguais, é possível encontrar a variedade necessária para a possível completude da colmatação das diferentes carências".[30]

Desta feita, a busca do bem comum não é "apenas" um *dever* de cada um, mas também uma *necessidade* individual e coletiva. Nesse sentido, o ponto central da filosofia de Platão é a "procura do sentido do bem-comum da cidade, bem-comum que nunca será o bem de alguns, de um apenas, de uma minoria ou maioria, mas de todos os que quiserem na cidade viver, segundo o mesmo bem-comum da e para a cidade".[31]

De modo semelhante, Cícero, na sua obra *Da República*, trata do *apoio comum*. Cícero argumenta que "a República coisa do povo, considerando tal, não todos os homens de qualquer modo congregados, mas a reunião que tem seu fundamento no consentimento jurídico e na utilidade comum". Afirma que o homem não nasceu para viver isolado, mas com a vocação "mesmo na abundância de todos os bens" em uma busca do "apoio comum".[32]

---

[28] LEWANDOWSKI, Enrique Ricardo (coord.). ASSIS, Luiz Gustavo Bambini de (colaborador). *A influência de Dalmo Dallari nas decisões dos tribunais*. São Paulo: Saraiva, 2011, p. 10.

[29] PEREIRA, Américo. *Da ontologia da "polis" em Platão*. Covilhã: 2011. LusoSofia – Biblioteca Online de Filosofia e Cultura. Disponível em: <http://pt.scribd.com/doc/56971910/Pereira-Americo-Ontologia-Da-Polis-Em-Platao>. Acesso em: 09 fev 2021.

[30] Idem.

[31] Idem.

[32] CÍCERO, Marco Túlio. *Da República*. Brasília: Senado Federal, Conselho Editorial, 2019.

Aristóteles, na sua "Política", ao tratar da *polis* como uma forma de comunidade, narra que toda comunidade busca algum bem, e que a cidade, como "a comunidade mais elevada de todas e que engloba todas as outras visará o maior de todos os bens". O discípulo de Platão também trata de diferenciar a "administração" de uma grande casa e uma pequena cidade, ao apontar que não há uma dessemelhança da autoridade, apenas na quantidade de subordinados, mas principalmente na *qualidade*.[33]

A patrística e a escolástica também se ocuparam do tema. Santo Agostinho, nos vinte e dois livros da sua *A Cidade de Deus* cita nominalmente três vezes o *bem comum*. No Livro V, o Bispo de Hipona, ao enumerar os bons costumes dos romanos, aponta o sacrifício dos seus interesses pelo *bem comum*. Curiosamente, significa como sacrifício ao bem comum aquele feito pelo Estado e pelo erário.[34]

No Livro XIII, Agostinho descreve o "apego ao bem comum" como o oposto da "complacência no bem próprio".[35] Já na terceira aparição do termo, Santo Agostinho está a descrever Isaac, o "filho da promessa", que na metáfora simboliza os "filhos da graça, cidadãos da cidade livre". O santo exalta as virtudes do filho de Abraão, que representa "não o amor da vontade própria e, de certo modo, privada, mas o amor que goza de um bem comum e imutável".[36]

Aqui chama a atenção Santo Agostinho se referir ao bem comum como sacrifício ao Estado e ao erário, bem como antagonizar o bem comum à vontade própria e *privada*. De certo, o Bispo de Hipona trata da vontade egoísta do indivíduo que confronta o bem comum.

São Tomás de Aquino aponta que o homem, como ser racional, é o único dentre os seres a poder alcançar o "bem comum perfeito" (*bonum commune perfectum*), que, na visão do Doctor Angelicus, não se resumia ao plano terreno, "bem comum relativamente perfeito", mas também contemplava o aspecto transcendental, "perfeito", que é Deus.[37] É que, na visão escatológica cristã: "Quando chegar o que é perfeito, o imper-

[33] ARISTÓTELES. *Política*. Trad. António Campelo, Carlos de Carvalho Gomes. – 1ª ed. – Lisboa: Vega, 998.

[34] SANTO AGOSTINHO. *A Cidade de Deus*. Vol. I (Livros I a VIII). Tradução de J. Dias Pereira. Lisboa: Fundação Calouste Gulbenkian, 5ª ed., 2016, p. 515.

[35] SANTO AGOSTINHO. *A Cidade de Deus*. Vol. II (Livros IX a XV). Tradução de J. Dias Pereira. Lisboa: Fundação Calouste Gulbenkian, 5ª ed., 2016, p. 1.210.

[36] Ibidem, p. 1.332.

[37] CRISTÓVAM, José Sergio da Silva. Sobre a noção de bem comum no pensamento político ocidental: entre becos e encruzilhadas da dimensão ancestral do moderno conceito de interesse público. *Revista de Investigações Constitucionais*, Curitiba, vol. 6, n. 1, p. 107-134, jan./abr. 2019.

feito desaparecerá".[38] Ou seja, o homem somente alcançará a plenitude do bem comum através da visão beatífica, no plano celestial.

Maquiavel apontava a *Virtù*, a capacidade de sacrifício em prol do bem comum, como uma das mais importantes qualidades de um Estado. Segundo o filósofo, quando a *Virtù* decai, o Estado fica vulnerável à *Fortuna*, cujo desenlace é incerto e, a depender das circunstâncias, pode ser infesto.[39]

O autor florentino compara "a sorte a um desses rios impetuosos que, quando se irritam, alagam as planícies, arrasam as árvores e as casas, arrastam terras de um lado para levar a outro: todos fogem deles, mas cedem ao seu ímpeto, sem poder detê-los em parte alguma".[40] Arremata Maquiavel que o "mesmo acontece com a Fortuna, que demonstra a sua força onde não encontra uma *Virtù* ordenada, pronta para resistir-lhe e volta o seu ímpeto para onde sabe que não foram erguidos diques ou barreiras para contê-las".[41]

Avançando nesta brevíssima incursão nas obras dos autores clássicos, é notória a centralidade da ideia de "vontade geral" na obra de Jean-Jacques Rousseau, sobretudo no seu "*Du Contrat Social*". Segundo o autor, "só a vontade geral pode dirigir as forças do Estado em conformidade com o objetivo de sua instituição, que é o bem comum: pois, se a oposição dos interesses particulares tornou necessário o estabelecimento das sociedades, foi o acordo desses mesmos interesses que o tornou possível".[42]

Vaticina Rousseau que o "vínculo social é formado pelo que há de comum nesses diferentes interesses, e, se não houvesse um ponto em que todos os interesses concordam, nenhuma sociedade poderia existir", concluindo que "é unicamente com base nesse interesse comum que a sociedade deve ser governada".[43]

A filosofia contemporânea, influenciada sobretudo pelo racionalismo cartesiano, teria conduzido, de acordo com Ives Gandra, a uma

---

[38] BÍBLIA, N. T. I Coríntios, 13, 10. *In*: BÍBLIA. Português. *Bíblia Sagrada*. Edição Ave-Maria: Antigo e Novo Testamentos – Edição Claretiana. Tradução dos originais hebraico e grego feita pelos Monges de Maredsous (Bélgica). Santa Cecília-SP: Editora Ave-Maria, 2004. p. 1477.

[39] LEWANDOWSKI, Enrique Ricardo. *Reflexões em torno do princípio republicano*. Revista da Faculdade de Direito da Universidade de São Paulo. V. 100, p. 189-200, jan./dez. 2005.

[40] MAQUIAVEL, Nicolau. *O Príncipe*. Tradução Maria Goldwasser. São Paulo: Martin Fontes, 2008, p. 120.

[41] Idem.

[42] ROUSSEAU, Jean-Jacques. *O contrato social – Princípios do direito político*. Tradução de Antonio de Pádua Danesi. 3. ed. 3. tir. São Paulo: Martins Fontes, 1999. p. 33.

[43] Idem.

"aparente dicotomia entre o bem comum e o bem individual".[44] Segundo Johannes Messner: "A teoria social do individualismo partiu do indivíduo como ser acabado em si mesmo [...]; mas nunca chegou realmente a um conceito de comunidade enquanto realidade portadora de uma essência, valor e fim superiores ao indivíduo",[45] enquanto "a teoria social de todas as formas de coletivismo parte do ser da sociedade, tomando-o por valor primário e incondicionado; mas sem compreender jamais a realidade total da pessoa humana, com seus fins supra-sociais e o seu valor de ordem supra-social".[46]

De fato, apesar desse texto ser datado de 1960, é interessante notar que o "aparente" paradoxo liberal X social[47] composto de extremos exposto pelo texto acompanha e domina hegemonicamente as discussões atuais, e o debate sobre interesse público não adota tônica diferente.[48] [49]

Nada obstante, é importante frisar que o termo "aparente" adjetivando a referida dicotomia deve ser utilizado com cautela. Se a mediania aristotélica[50] induz ao pensamento de que os extremos não costumam ter razão, será visto adiante que esse argumento de dicoto-

---

[44] MARTINS-FILHO, Ives Gandra, *O Princípio Ético Do Bem Comum E a Concepção Jurídica Do Interesse Público*, Revista Jurídica Virtual, v. 2, n. 13, p. 1–10, 2000. Disponível em: <http://www.planalto.gov.br/ccivil_03/revista/Rev_13/princ-etico.htm>. Acesso em 05 out 2020.

[45] MESSNER, Johannes. *Ética social (o direito natural no mundo moderno)*, São Paulo: Editora Quadrante, Editora da Universidade de São Paulo, 1960, p. 10.

[46] Idem.

[47] Importante destacar que o recorte metodológico e os limites de espaço do presente trabalho não permitem travar maiores discussões acerca das amplas temáticas liberal, socialista e social-democrata, que merecem e são objeto, cada uma delas, de diversos trabalhos. Contudo, não há como – assim entendemos – abordar com alguma profundidade o atual debate do interesse público contornando tais assuntos, que serão tocados de modo tangencial, e, quando necessário, remeteremos a trabalhos de maior fôlego e que os tratem como objeto central.

[48] Para noções iniciais sobre o assunto, remetemos à leitura dos seguintes trabalhos: DALLARI, Dalmo de Abreu. *Elementos da Teoria Geral do Estado*. 19ª ed. São Paulo. Saraiva, 1995. HABERMAS, Juergen. A crise do estado de bem-estar social e o esgotamento das energias utópicas. *Novos estudos CEBRAP*, v. 18, 1987. SPARAPANI, Priscila. O modelo de estado brasileiro contemporâneo: um enfoque crítico. *Revista Argumentum-Argumentum Journal of Law*, v. 12, p. 279-300, 2019. MORAES FILHO, José Filomeno de. *Congresso Constituinte, constituição dirigente e estado de bem-estar*. 2009. Tese de Doutorado. Universidade de São Paulo.

[49] Caso seja do interesse do leitor as obras clássicas sobre liberalismo, socialismo e social-democracia, remetemos à leitura de duas obras de cada temática: VON HAYEK, Friedrich August. 1973. *Law, Legislation and Liberty: A New Statement of the Liberal Principles of Justice and Political Economy*. Vol. 1: "Rules and Order." London: Routledge. VON MISES, Ludwig. *Ação Humana*. São Paulo: Instituto Ludwuig von Mises Brasil, 2010. KERSTENETZKY, Célia Lessa. *O estado do bem-estar social na idade da razão: a reinvenção do estado social no mundo contemporâneo*. Elsevier, 2012. KEYNES, J. M. *Teoria geral do emprego, do juro e da moeda*. São Paulo: Nova Cultural,1996.

Além desses, apontamos as obras de referência: SMITH, Adam. *A mão invisível*. Editora Companhia das Letras, 2013. MARX, Karl. *Le capital*. Librarie du Progres, 1875. MYRDAL, Gunnar. *Political Element in the Development of Economic theory*. Transaction Publishers, 1990.

[50] ARISTÓTELES (384-322 a.C.). *Ética a Eudemo*; tradução, textos adicionais e notas Edson Bini. São Paulo: Edipro, 2015.

mia "aparente" é utilizado paradoxalmente para defender um ou outro extremo. Também é cauteloso não repudiar precipitadamente os argumentos de nenhum dos "extremos" a fim de se construir "um caminho do meio". Essa simplória resposta não faz frente aos complexos problemas aqui tratados, ao menos não sem antes enfrentar os parâmetros objetivos que devem balizar a resposta.

Nesse diapasão, Luiz Edson Fachin afirma que em "certa medida, o final do século XX se ligou ao desenvolvimento do individualismo moderno do século XIX", concluindo que "por isso 'este desenvolvimento leva, finalmente, a que os indivíduos sejam, na realidade, o que tinha sido concebido numa rigorosa teoria liberal: átomos sociais'".[51]

Claramente inspirado em muitos dos clássicos citados, Ives Gandra, finalmente, conceitua *bem comum*: "Bem Comum nada mais é do que o próprio bem particular de cada indivíduo, enquanto este é parte de um todo ou de uma comunidade". Explica, ainda, que "o bem da comunidade é o bem do próprio indivíduo que a compõe. O indivíduo deseja o bem da comunidade, na medida em que ele representa o seu próprio bem. Assim, o bem dos demais não é alheio ao bem próprio".[52]

De modo semelhante, entende Alice Borges. Segundo a autora: "O interesse público, pois, é um somatório de interesses individuais coincidentes em torno de um bem da vida que lhes significa um valor, proveito ou utilidade de ordem moral ou material, que cada pessoa deseja adquirir, conservar ou manter em sua própria esfera de valores".[53]

Já Di Pietro rejeita a tese de que o bem comum é formado pela soma do bem individual. Segundo a autora, o bem comum é dotado de um caráter moral, e a sociedade é um organismo do qual os indivíduos fazem parte. Diferencia, assim, o bem comum do interesse geral, esse último, segundo a autora, de caráter utilitarista e egoístico.[54]

[51] FACHIN, Luiz Edson. *Limites e possibilidades do ensino e da pesquisa jurídica: repensando paradigmas*. Argumenta Journal Law, Jacarezinho – PR, n. 1, p. 25-34, jan. 2013. ISSN 2317-3882. Disponível em: <http://seer.uenp.edu.br/index.php/argumenta/article/view/2>. Acesso em: 08 fev. 2021. doi:http://dx.doi.org/10.35356/argumenta.v1i1.2.

[52] MARTINS-FILHO, Ives Gandra. O Princípio Ético Do Bem Comum E a Concepção Jurídica Do Interesse Público. *Revista Jurídica Virtual*, v. 2, n. 13, p. 1–10, 2000. Disponível em: <http://www.planalto.gov.br/ccivil_03/revista/Rev_13/princ-etico.htm>. Acesso em: 17 nov 2020.

[53] BORGES, Alice Gonzalez. *Supremacia do interesse público: desconstrução ou reconstrução. Revista de Direito do Estado*, n. 15, p. 1–26, 2007. Disponível em: <http://www.direitopublico.com.br/pdf_seguro/Supremacia do Interesse P?blico – Alice Gonzalez Borges.pdf>.

[54] DI PIETRO. O princípio da Supremacia do Interesse Público: sobrevivência diante dos ideais do neoliberalismo. In: DI PIETRO, Maria Sylvia Zanella; RIBEIRO, Carlos Vinícius Alves (Orgs.). *Supremacia do interesse público e outros temas relevantes do direito administrativo*. São Paulo: Atlas, 2010, p. 88-90.

Em seguimento a essa lógica, Ives Gandra reconhece uma primazia do bem comum sobre o bem particular: "Se, por um lado, o bem comum é a potencialização do bem particular, por outro, tem primazia sobre o bem particular, pois o bem de muitos é melhor do que o bem de um só". Assegura o autor que "se cada componente da comunidade é bom, o conjunto desses componentes é ótimo, uma vez que acresce ao bem particular de cada um a perfeição do conjunto". Conclui vaticinando que "no bem do todo, está incluído o bem de cada uma das partes. Daí que se deva preferir o bem comum ao bem próprio. E daí também que, quando amamos o bem em toda a sua integralidade, é quando melhor nos amamos a nós mesmos".[55]

Sendo, pois, o bem comum a razão de existir do próprio Estado, e pressuposto ontológico da existência da vida em sociedade, é dever do Estado protegê-lo frente ao interesse de grupos ou mesmo de indivíduos.[56] Um dos objetivos do presente trabalho é, pois, estudar a relação entre bem comum e interesse público e sob quais balizas esse instituto pode ser utilizado como critério interpretativo e justificativa axiológica.

É possível inferir, pelos elementos já trazidos, que bem comum e interesse público pertencem ao mesmo campo semântico. Ives Gandra vai além na relação entre os dois conceitos. Segundo o autor: "Noção afim à de bem comum é a de interesse público. Ao princípio ético do bem comum corresponde o princípio jurídico do interesse público".[57] De modo semelhante conclui Haeberlin: "Referendando a posição da identidade entre as expressões, pareceu-nos oportuno referir o bem comum como 'o interesse público na Teoria do Estado', e o interesse público como o 'bem comum no Direito do Estado'".[58]

Di Pietro, por sua vez, considera que, com o Estado Social, o direito administrativo deixa de preocupar-se tão somente com bens materiais e ligados à livre iniciativa e passa-se ao foco à dignidade das pessoas, exigindo-se maior intervenção estatal. Com isso, o "interesse público, considerado sob o aspecto jurídico, reveste-se de um aspecto ideológico e passa a confundir-se com a ideia de *bem comum*".[59]

---

[55] MARTINS-FILHO, Ives Gandra. O Princípio Ético Do Bem Comum E a Concepção Jurídica Do Interesse Público. *Revista Jurídica Virtual*, v. 2, n. 13, p. 1–10, 2000. Disponível em: <http://www.planalto.gov.br/ccivil_03/revista/Rev_13/princ-etico.htm>. Acesso em: 17 nov 2020.

[56] É isso que se depreende da análise que HAEBERLIN faz de julgados do Tribunal Constitucional alemão em: HAEBERLIN. *Uma teoria do interesse público: fundamentos do Estado meritocrático de direito*. Porto Alegre: Livraria do Advogado, 2017, p. 37.

[57] MARTINS-FILHO, *op. loc. cit.*

[58] HAEBERLIN, Mártin. *Uma teoria do interesse público*: fundamentos do Estado meritocrático de direito. Porto Alegre: Livraria do Advogado, 2017, p. 39.

[59] DI PIETRO, Maria Sylvia Zanella. *O princípio da Supremacia do Interesse Público: sobrevivência diante dos ideais do neoliberalismo*. In: DI PIETRO, Maria Sylvia Zanella; RIBEIRO, Carlos Vinícius

De todos os elementos trabalhados, parece-nos pertinente a ideia de que interesse público pressupõe a busca do bem comum por uma comunidade, por aqueles investidos de autoridade por essa comunidade.[60] É igualmente apropriada a ideia de que tal bem comum deve ser perseguido "especialmente" pelas autoridades constituídas, mas também por todos os membros dessa comunidade, incorporando-se assim uma noção *lato sensu* de *cidadania*.

Deve ser perseguido *especialmente* pelas autoridades constituídas porque estas decidem preponderantemente os rumos do Estado, e, como já exposto, a existência desse ser fictício é justificada pela busca do bem comum. Não se afasta, contudo, a responsabilidade dos membros da comunidade na busca pelo bem comum, embora não se atribua a esse mesmo grau em relação aos agentes públicos. Afinal, a justificativa para a existência do Estado é a mesma da formação da vida em sociedade.

Ressalta-se, entretanto, que nem essa identidade semântico-axiológica entre bem comum e interesse público é assunto incontroverso na doutrina, ao menos não em relação a uma "supremacia". Importante citar a posição de Humberto Ávila, segundo a qual um princípio da supremacia do interesse público não se identifica com o bem comum, pois este "é a própria composição harmônica do bem de cada um com o de todos; não, o direcionamento dessa composição em favor do 'interesse público'". Defende o autor que o "discutido 'princípio da supremacia' explica, antes, uma »regra de preferência«, como adiante demonstrado".[61]

Esse assunto será tema de detida análise nas páginas seguintes deste livro. Todavia, interessa guardar o conceito de bem comum que acaba sendo cunhado pelo autor como "a própria composição harmônica do bem de cada um com o de todos",[62] como que orientando que mesmo o bem individual deva guardar compatibilidade e harmonia com um bem coletivo.

Voltando à discussão da relação entre bem comum e interesse público sem adentrar ainda no aspecto de uma possível "supremacia", Fábio Medina afirma que "o princípio ora debatido [interesse público]

Alves (Orgs.). Supremacia do interesse público e outros temas relevantes do direito administrativo. São Paulo: Atlas, 2010, p. 85–102.

[60] MARTINS-FILHO, Ives Gandra. O Princípio Ético Do Bem Comum E a Concepção Jurídica Do Interesse Público. *Revista Jurídica Virtual*, v. 2, n. 13, p. 1–10, 2000. Disponível em: <http://www.planalto.gov.br/ccivil_03/revista/Rev_13/princ-etico.htm>. Acesso em: 17 nov 2020.

[61] ÁVILA, Humberto. Repensando o "princípio da supremacia do interesse público sobre o particular", *Revista Eletrônica sobre a Reforma do Estado*, n. 11, p. 1–30, 2007.

[62] Idem.

não pode ser confundido com o 'bem comum' perseguido pelo Direito como um todo, dada sua maior determinação conceitual".[63]

Nesse ínterim, a possibilidade de o bem comum ter maior determinação conceitual que o interesse público não parece ser argumento idôneo para afastar a identidade ontológica entre ambos. Eis que uma maior ou menor densidade conceitual não afastaria de *per si* a identidade ontológica de dois conceitos.

Desse modo, resiste a ideia de interesse público como a busca do bem comum, bem como a noção defendida por Haeberlin de que "o bem comum como 'o interesse público na Teoria do Estado', e o interesse público como o 'bem comum no Direito do Estado'".[64] [65]

### 1.1.2. A problemática da conceituação de interesse público

Estabelecido o campo semântico do "bem comum" na filosofia e sua relação com o interesse público, avança-se à investigação desse último como conceito jurídico. Chamados por muitos como "o mais indeterminado dos conceitos",[66] é necessária a sua delimitação semântica e axiológica para que se possa perquirir a sua aplicação interpretativa.

Foram muitos os que tentaram conceituar o interesse público, e a sua utilização se deu com "significações que vão da absoluta discricionariedade à total vinculação".[67] Tal indeterminação, inclusive, é considerada por vários autores como positiva, pois permite uma flexibilidade que é necessária para sua utilização a partir dos princípios jurídicos.[68]

Alice Borges defende que é uma tarefa simples dar-lhe significação quando essa atribuição pertence a um "Príncipe", em um sistema totalitário no qual o governante é "iluminado pela centelha divina, que

---

[63] OSÓRIO, Fábio Medina. Existe uma supremacia do interesse público sobre o privado no direito administrativo brasileiro?, *Revista de Direito Administrativo*, v. 220, p. 69-107, 2000.

[64] DI PIETRO, Maria Sylvia Zanella. O princípio da Supremacia do Interesse Público: sobrevivência diante dos ideais do neoliberalismo. In: DI PIETRO, Maria Sylvia Zanella; RIBEIRO, Carlos Vinícius Alves (Orgs.). *Supremacia do interesse público e outros temas relevantes do direito administrativo*. São Paulo: Atlas, 2010, p. 85–102., p. 39.

[65] Utilizam-se os termos "ideia" e "noção" justamente para evitar cunhar um termo hermeticamente fechado de "interesse público".

[66] BORGES, Alice Gonzalez. Supremacia do interesse público: desconstrução ou reconstrução. *Revista de Direito do Estado*, n. 15, p. 1–26, 2007. Disponível em: <http://www.direitopublico.com.br/pdf_seguro/Supremacia do Interesse P?blico – Alice Gonzalez Borges.pdf>.

[67] GABARDO, Emerson. O princípio da supremacia do interesse público sobre o interesse privado como fundamento do direito administrativo social, *Revista de Investigacoes Constitucionais*, v. 4, n. 2, p. 95–130, 2017.

[68] Ibidem.

faz de sua vontade a presumida e incontestável expressão da vontade de todos em geral".[69] Já em um regime democrático, essa significação passa a ser tarefa que demanda algumas reflexões.[70]

Nesse esforço dialético, entendemos ser assertivo para tal delimitação conceitual investigar primeiro o que *não é* interesse público. Marçal Justen Filho estabelece alguns parâmetros: "O interesse público não se confunde com o interesse do Estado, com o interesse do aparato administrativo ou do agente público".[71]

De início, o autor desvincula o conceito de interesse público de três interesses que seriam diversos: o interesse do Estado, da Administração Pública e do agente público. Arguir que o interesse público não é o interesse do Estado traz importantes implicações. O Estado não existe para si próprio, ou voltado apenas à defesa de uma ideia de nação, o que afasta significações totalitárias e ufanistas de interesse público, pois a "efetivação dos direitos e das garantias fundamentais, sendo sinônimo de concretização, representa a aproximação do Direito com a realidade e com a vontade política da sociedade".[72]

O interesse público, por consequência, não serve ao Estado, mas o Estado que deve servir ao interesse público. Nas palavras de Haeberlin, o interesse público é "razão *do* Estado e, por consequência, razão das relações jurídicas que o envolvem".[73] É dizer que "o Estado, enquanto órgão central diretor dos rumos sociais, só encontra legitimidade jurídica quando cumpre seu papel básico: promover o bem-comum".[74]

Bandeira de Mello faz interessante comparação dos interesses do Estado e de suas pessoas jurídicas de direito público interno com os direitos individuais dos particulares. Seguindo o autor, "independentemente do fato de ser, por definição, encarregado dos interesses públicos, o Estado pode ter, tanto quanto as demais pessoas, interesses que lhe são particulares, individuais, e que, tal como os interessas delas, se

[69] BORGES, Alice Gonzalez, Interesse Público: Um Conceito a Determinar, *Revista de Direito Administrativo*, v. 205, p. 109–116, 1996.

[70] Ibidem.

[71] JUSTEN FILHO, Marçal. *Curso de Direito Administrativo*. São Paulo: Saraiva, 2019, p. 119.

[72] KENICKE, Pedro Henrique Galloti, e outros. A nova Lei de Introdução às Normas do Direito Brasileiro (LINDB) e a efetivação dos direitos e garantias fundamentais. In: VALIATI, Thiago Priess, e outros. *A Lei de Introdução e o direito administrativo brasileiro*. Rio de Janeiro: Lumen Juris, 2019, p. 628.

[73] HAEBERLIN, Mártin. *Uma teoria do interesse público*: fundamentos do Estado meritocrático de direito. Porto Alegre: Livraria do Advogado, 2017, p. 37.

[74] LOUBET, Wilson Vieira. *O princípio da indisponibilidade do interesse público e a administração consensual*. Brasília: Consulex, 2009, p. 34.

encarnam no Estado enquanto pessoa".[75] Arremata o autor afirmando que esses *"não são interesses públicos"*.[76] [77]

Afirmar que o interesse público não é o interesse da Administração Pública também traz diversas repercussões, inclusive de ordem prática. Seria justificável, por exemplo, sob essa perspectiva, que sejam tomadas decisões com base no interesse público que, sob alguns parâmetros, sejam contrárias ao interesse da Administração Pública e, consequentemente, ao Erário. E nesse ponto se deve ter bastante cuidado para que esse argumento, como ocorre com o próprio conceito de interesse público, não seja desvirtuado para justificar práticas escusas.

Todo pagamento realizado pela Administração Pública com base na proibição do seu enriquecimento ilícito é claramente um ato contra o interesse do Erário pagante. Toda possibilidade de recurso administrativo que possa alterar a decisão para uma situação menos favorável para a Administração obviamente contraria seu interesse.[78] E as duas situações, porém, são plenamente justificadas jurídico e axiologicamente.

Interesse público não é, portanto, o interesse da Administração. O que não significa que ambos não possam estar alinhados. Na verdade, ante a natureza "pública" da Administração, não se pode conceber que o seu interesse seja preterido sem que tal ato seja devidamente justificado pelo *interesse público* propriamente dito, pela proteção de direitos fundamentais. Então temos novamente a conclusão de que a Administração Pública é também serva,[79] e não senhora do interesse público.

Quanto à impossibilidade de atribuir ao interesse do agente público o caráter de interesse público, tal conclusão não exige maiores esforços argumentativos. Os valores do republicanismo, da moralidade, da isonomia, dentre outros (sendo esses também princípios jurídicos) proíbem qualquer investida intelectual nesse sentido. É, obviamente, o interesse público também senhor das ações dos agentes públicos, e

---

[75] MELLO, Celso Antônio Bandeira de. *Curso de Direito Administrativo*. 30ª ed. São Paulo: Malheiros, 2013, p. 66.

[76] Nas próximas linhas serão debatidos os conceitos de interesse público primário e secundário. O próprio Bandeira de Mello faz essa diferenciação: "Essa distinção a que se acaba de aludir, entre interesses públicos propriamente ditos, isto é, interesses primários do Estado – e interesses secundários (que são os últimos a que se aludiu), é de trânsito corrente e moente na doutrina italiana..." Ibidem.

[77] Idem, p. 65-66.

[78] BARBOSA, Jandeson da Costa. *A possibilidade de prorrogação de contratos administrativos por apostilamento*, Boletim Conteúdo Jurídico, v. 925, p. 299–318, 2019. Disponível em: <https://conteudojuridico.com.br/consulta/Boletim Conteúdo Jurídico – ISSN – 1984-0454/53486/boletim-contedo-jurdico-n-925-de-28-09-2019-ano-xi-issn-1984-0454>. Acesso em 18 out 2020.

[79] Para utilizar a expressão de Marçal Justen Filho em: JUSTEN FILHO, Marçal. *Curso de Direito Administrativo*. São Paulo: Saraiva, 2019, p. 119-121.

não o contrário. Tem, desse modo, o administrador público o dever de "bem agir".[80]

De igual modo, se aos detentores do poder político-administrativo não lhes é permitido adjetivar o seu interesse de "público" pela única justificativa de ser seu, também não é dada tal possibilidade aos detentores do poder econômico. Não é tarefa intelectualmente árdua imaginar a concessão de benefícios, favores e privilégios aos detentores do poder econômico por razões "públicas" e pouco explicadas.

Há de se ressaltar que, por influência principalmente do direito italiano, boa parte da doutrina pátria costuma dividir o conceito de interesse público em *primário* e *secundário*. De acordo com essa classificação, o primeiro seria o interesse público propriamente dito, cujo conceito agora se discute, enquanto o segundo representaria o interesse da Administração Pública ou do Estado.[81]

Desse modo, sob essa classificação, o interesse público primário seria "a razão de ser do Estado, e sintetiza-se nos fins em que cabe a ele promover: justiça, segurança e bem-estar social", consubstanciando-se nos "interesses de toda a sociedade".[82] Por sua vez, o interesse público secundário seria "o da pessoa jurídica de direito público que seja parte em determinada relação jurídica [...]. Em ampla medida, pode ser identificado como interesse do erário, que é o de maximizar a arrecadação e minimizar as despesas".[83]

A referida classificação tem os seus méritos, sobretudo por fortalecer a ideia de *res publica* da Administração, e que por isso os seus interesses devem ser protegidos em nome da sobrevivência e fortalecimento do Estado, principal ator na busca do bem comum. Entretanto, há dois importantes possíveis inconvenientes nessa classificação que a fazem merecer detidas observações.

A primeira preocupação é essa classificação passar a ideia de que existe mais de um interesse público. Embora haja autores que defendam tal argumento,[84] parece-nos mais adequado o entendimento desposado por Haeberlin de que: "Não se pode confundir interesse público, que

---

[80] BUGARIN, Paulo Soares. *O princípio constitucional da economicidade na jurisprudência do Tribunal de Contas da União*. 2ª ed. Belo Horizonte: Fórum, 2011, p. 96.

[81] BORGES, Alice Gonzalez. *Supremacia do interesse público: desconstrução ou reconstrução. Revista de Direito do Estado*, n. 15, p. 1–26, 2007. Disponível em: <http://www.direitopublico.com.br/pdf_seguro/Supremacia do Interesse P?blico – Alice Gonzalez Borges.pdf>.

[82] BARROSO, Luis Roberto. *Curso de direito constitucional contemporâneo*: os conceitos fundamentais e a construção do novo modelo. 5ª ed. São Paulo: Saraiva. 2015, p. 94.

[83] Ibidem.

[84] BORGES, Alice Gonzalez. Supremacia do interesse público: desconstrução ou reconstrução. *Revista de Direito do Estado*, n. 15, p. 1–26, 2007. Disponível em: <http://www.direitopublico.com.br/pdf_seguro/Supremacia do Interesse P?blico – Alice Gonzalez Borges.pdf>.

é *uno* (sempre deve aparecer no singular) com a pluralidade das ações estatais".[85]

O que é classificado como "interesse público secundário" é na verdade a evidenciação, já concluída acima, de que o fortalecimento do Estado e da Administração Pública, conduz, em tese e sob os parâmetros adequados, a uma maior busca do bem comum, o que dá ao interesse estatal a viabilidade de ser uma *possibilidade* de atendimento ao único e real interesse público, ao se analisar a situação concreta com os demais elementos.

Esse exercício dialético conduz à segunda observação a ser feita: essa classificação pode destacar de sobremaneira os interesses estatais, pois seriam esses "interesses públicos secundários", o que poderia conduzir o intérprete a uma equivocada ideia de que, presente o interesse estatal, estaria justificado o interesse público, dispensando-o de maiores justificativas quanto ao atendimento do *real* interesse público, nomeado pela classificação em tela como "interesse público primário".

Essa classificação causa, ainda, uma série de inconvenientes e dificuldades quando da sua utilização prática em um caso concreto. O Capítulo 3 do presente livro, mais especificamente o tópico 3.3, abordará o assunto de modo detido quanto às suas possibilidades hermenêuticas, interpretativas e de aplicação.

Nesse diapasão, Fábio Medina classifica o interesse público como único suporte de justificação da Administração Pública: "Na ausência do interesse público, a Administração Pública, em nossos dias, não poderia atuar, em face do desaparecimento de seu único, porém suficiente, suporte justificatório".[86] É notório, pois, o esforço da Administração "de utilização de identificação, para além do direito positivo, de valores jurídicos, com o fim proativo de concretização de direitos fundamentais".[87]

Alice Borges, por sua vez, conceitua interesse público como "um somatório de interesses individuais coincidentes em torno de um bem da vida que lhes significa um valor, proveito ou utilidade de ordem moral ou material, que cada pessoa deseja adquirir, conservar ou manter em sua própria esfera de valores".[88]

---

[85] HAEBERLIN, Mártin. *Uma teoria do interesse público: fundamentos do Estado meritocrático de direito*. Porto Alegre: Livraria do Advogado, 2017.

[86] OSÓRIO. Existe uma supremacia do interesse público sobre o privado no direito administrativo brasileiro? *Revista de Direito Administrativo*, v. 220, p. 69–107, 2000.

[87] DEZAN, Sandro Lúcio. *Fenomenologia e hermenêutica do direito administrativo*: para uma teoria da decisão administrativa. Curitiba: Juruá, 2019, p. 46.

[88] BORGES, Alice Gonzalez. Supremacia do interesse público: desconstrução ou reconstrução. *Revista de Direito do Estado*, n. 15, p. 1–26, 2007. Disponível em: <http://www.direitopublico.com.br/pdf_seguro/Supremacia do Interesse P?blico – Alice Gonzalez Borges.pdf>.

O conceito de interesse público como o somatório dos interesses individuais encontra resistência por grande parte da doutrina. Di Pietro aponta que "[f]oi com Rosseau que nasceu a ideia de interesse geral diverso da soma dos interesses individuais".[89] Gabardo condiciona o exercício da autonomia ao interesse público a partir de uma base comunitária que seria maior que a soma das posições individuais: "O conceito atual de autonomia é forjado a partir da presença de algumas características básicas, tais como: autogoverno, auto-direção, construção da identidade própria, livre capacidade de formulação e execução dos próprios projetos e proteção da individualidade".[90]

Segundo Gabardo: "Uma pessoa que se pretendesse autônoma não seria realmente uma pessoa, mas um mero indivíduo. Desse modo, o exercício da autonomia depende da realização do interesse público a partir de uma base comunitária". Por isso sustenta o autor, citando Héctor Jorge Escola, que "esta base comunitária não retrata apenas a soma das posições individuais, ou a posição de uma maioria interessada", concluindo, portanto, que o "interesse público afirma de forma idêntica o respeito às minorias, a partir de um sentimento de solidariedade e integração social. Por este motivo é que o interesse em um regime autoritário jamais será realmente público".[91]

Essa dicotomia entre interesse coletivo e individual remete à relação entre os dois grandes ramos do direito, público e privado, a qual Bobbio chama de "a grande dicotomia".[92] Em uma descrição inicial, tem-se que o "Direito Público regula as relações jurídicas em que predomina o interesse do Estado, enquanto o Direito Privado disciplina as relações jurídicas e que prevalece o interesse dos particulares".[93]

Essa divisão remonta ao Império Romano. Justiniano, nas *Institutas*, já definia que: "O estudo do direito é dividido em dois ramos, público e privado. Direito público é o que diz respeito ao governo do Império Romano; direito privado o que concerne aos interesses

[89] DI PIETRO, Maria Sylvia Zanella. O princípio da Supremacia do Interesse Público: sobrevivência diante dos ideais do neoliberalismo. In: DI PIETRO, Maria Sylvia Zanella; RIBEIRO, Carlos Vinícius Alves (Orgs.). *Supremacia do interesse público e outros temas relevantes do direito administrativo*. São Paulo: Atlas, 2010, p. 85–102.

[90] GABARDO, Emerson. O princípio da supremacia do interesse público sobre o interesse privado como fundamento do direito administrativo social. *Revista de Investigações Constitucionais*, v. 4, n. 2, p. 95–130, 2017.

[91] Ibidem.

[92] BOBBIO, Norberto. *State, Government and Society*: Elements for a General Theory of Politics. London: Polity Press, 1995, p. 13.

[93] GASPARINI, Diógenes. *Direito administrativo*. 17ª ed. atualizada por Fabrício Motta. São Paulo: Saraiva, 2012, p. 55.

individuais".[94] Tal divisão nesses dois grandes ramos não importa em afirmar o fracionamento do Direito, que "constitui uma unidade indivisível, maciça, monolítica".[95]

Apesar de objeto de críticas e apontamentos, essa divisão tem "utilidade didática" e sobrevive ao tempo e às mudanças do Direito. Para realizar uma "demarcação conceitual" entre os dois ramos, Barroso propõe, por meio de uma teoria mais sofisticada, distingui-los com base em *três fatores* que se autocomplementam: sujeito, objeto e natureza.[96]

No que tange ao *sujeito*, a relação seria de direito público quando o Estado, em qualquer das suas pessoas jurídicas de direito público, estivesse em qualquer dos polos. Caso contrário, se ambos os polos fossem formados por particulares, estar-se-ia diante de uma relação de direito privado. Quanto ao *objeto* da relação jurídica, o autor defende que, "se visar, predominantemente, à proteção do bem coletivo, do interesse social, estará no âmbito do direito público", enquanto "encontra-se no domínio do direito privado a disciplina das situações nas quais avulta o interesse particular, individual".[97]

Em relação à *natureza* jurídica, a relação seria de direito público caso dela o Estado participasse com seu "poder soberano", no exercício do seu "*imperium*", em uma relação de "subordinação jurídica" com os particulares. Do seu contrário, no direito privado haveria uma relação de "igualdade jurídica entre as partes".[98] Essa divisão didática do Direito em dois grandes ramos será útil para a discussão travada nas próximas páginas sobre *o que é* e *o que não é* interesse público.

Ao avançar na revisão bibliográfica em busca de um conceito propriamente dito de interesse público, percebe-se que esse conceito e o da supremacia do interesse público sobre o particular por vezes se confundem, bem como que a conceituação de interesse público se faz costumeiramente no bojo de discussões sobre a existência ou não de um princípio de supremacia. Por essa razão que se optou metodologicamente por investigar os conceitos formados de interesse público em conjunto com a discussão acerca da supremacia do interesse público sobre o particular nos subtópicos que se seguem.

---

[94] JUSTINIANO. *Institutas*. Livro I, Título I ("Da Justiça e do Direito"), § 4º *apud* BARROSO, Luis Roberto. *Curso de direito constitucional contemporâneo*: os conceitos fundamentais e a construção do novo modelo. 5ª ed. São Paulo: Saraiva. 2015, p. 77.

[95] GASPARINI, Diógenes. *Direito administrativo*. 17ª ed. atualizada por Fabrício Motta. São Paulo: Saraiva, 2012, p. 55.

[96] BARROSO, Luis Roberto. *Curso de direito constitucional contemporâneo*: os conceitos fundamentais e a construção do novo modelo. 5ª ed. São Paulo: Saraiva. 2015, p. 77-78.

[97] Idem, p. 78.

[98] Ibidem.

## 1.2. A escola clássica do interesse público e os detentores do poder político-administrativo

Há autores que defendem a ocorrência de "um princípio material do interesse público, mas jamais a existência de um princípio que afirme a sua supremacia".[99] Ou seja, afirmam existir um princípio do interesse público, mas não um princípio da *supremacia* do interesse público. Outros sustentam ser incongruente a retirada do substantivo "supremacia", pois continuaria havendo "como sua decorrência lógica, a imposição de uma supremacia de um interesse (o público), sobre outro (o privado)".[100]

Ainda assim, as discussões do conceito de interesse público orbitam quase sempre em torno da existência ou não de uma *supremacia*. Por isso optou-se, como já mencionado, pela análise em conjunto dos conceitos de *interesse público* e a discussão da existência ou não de um princípio da *supremacia do interesse público sobre o particular*.

Esse tema é tão central no direito administrativo brasileiro que vários autores afirmam que o direito administrativo é construído sobre dois pilares: os princípios da supremacia do interesse público e os da indisponibilidade do interesse público.[101] E por muito tempo a doutrina pátria assimilou essa afirmativa sem maiores sobressaltos.[102]

Por opção metodológica, os autores mais ou menos adeptos dessa afirmação foram designados como pertencentes à *escola clássica do interesse público*, em contraposição aos integrantes da *escola individualista do interesse público*, de viés mais neoliberal.[103] É claro que essa classificação se dá apenas para fins didáticos, tendo em conta que cada autor tem posições individuais que se adequam mais ou menos às características da referida escola, havendo, ainda, autores cujas ideias não se encaixam majoritariamente a uma ou outra escola.

Optou-se pelo termo *clássica* não para atribuir a característica de ultrapassada ou obsoleta, até por essa escola aparentemente represen-

---

[99] SCHIER, Paulo. Ensaio sobre a supremacia do interesse público sobre o privado e o regime jurídico dos direitos fundamentais, Pensar – *Revista de Ciências Jurídicas*, v. 12, p. 162-172, 2007.

[100] GABARDO, Emerson. O princípio da supremacia do interesse público sobre o interesse privado como fundamento do direito administrativo social. *Revista de Investigações Constitucionais*, v. 4, n. 2, p. 95–130, 2017.

[101] BORGES, Alice Gonzalez. Interesse Público: Um Conceito a Determinar. *Revista de Direito Administrativo*, v. 205, p. 109-116, 1996.

[102] BINENBOJM, Gustavo. *Uma teoria do direito administrativo*: direitos fundamentais, democracia e constitucionalização, 3ª ed. rev. Rio de Janeiro: Renovar, 2014, p. 89-90.

[103] BARBOSA, Jandeson da Costa. Interesse público constitucional, harmonização de direitos fundamentais e transformação da sociedade. *Revista do TCU*. Edição n. 146 (2020), p. 120-132. Disponível em: <https://revista.tcu.gov.br/ojs/index.php/RTCU/article/view/1678>. Acesso em 24 mar 2021.

tar uma parcela significativa dos administrativistas brasileiros, mas para designar uma posição clássica da doutrina defensora do *interesse público*. Faz-se, ainda, o complemento que a escola é *clássica* em relação à defesa do interesse público, e não em relação à atuação do Estado propriamente dita, pois antes da *escola clássica* o que havia era o *laissez faire, laissez aller, laissez passer, le monde va de lui-même.*[104]

Dentro do grupo de autores os quais se pode classificar como integrante de uma escola clássica do interesse público, Hely Lopes Meirelles afirmava que "a primazia do interesse público sobre o privado inerente à atuação estatal e domina-a, na medida que a existência do Estado se justifica pela busca do interesse geral".[105] Diógenes Gasparini, por sua vez, sentencia a ocorrência da supremacia do interesse público sobre o particular, afirmando que "nem mesmo se pode imaginar que o contrário possa acontecer, isto é, que o interesse de uma ou de outro grupo possa vingar sobre o interesse de todos".[106]

Carvalho Filho sustenta que: "Logicamente, as relações sociais vão ensejar, em determinados momentos, um conflito entre o interesse público e o interesse privado, mas, ocorrendo conflito, há de prevalecer o interesse público".[107] E, segundo Rita Tourinho: "pelo princípio da supremacia do interesse público, havendo colisão de interesses, deve prevalecer a vontade geral legítima sobre a vontade egoisticamente considerada".[108]

Mas é Bandeira de Mello quem "eleva a supremacia do interesse público sobre o particular ao patamar de condição de existência da sociedade".[109] Assim argui o autor:

> O princípio da supremacia do interesse público sobre o interesse privado é princípio geral de Direito inerente a qualquer sociedade. É a própria condição de sua existência. Assim, não radica em dispositivo específico algum da Constituição, ainda que inúmeros aludam ou impliquem manifestações concretas dele, como, por exemplo, os princípios

[104] Em tradução livre: "deixe fazer, deixe ir, deixe passar, o mundo vai por si mesmo". Era a máxima do pensamento liberal que defendia um Estado mínimo.

[105] MEIRELLES, Hely Lopes. *Direito administrativo brasileiro*. Hely Lopes Meirelles, José Emmanuel Burle Filho. – 42. ed. atual. até a Emenda Constitucional 90, de 15.9.2015. – São Paulo: Malheiros, 2016, p. 113.

[106] GASPARINI, Diógenes. *Direito administrativo*. 17ª ed. atualizada por Fabrício Motta. São Paulo: Saraiva, 2012, p . 74.

[107] CARVALHO FILHO, José dos Santos. *Manual de direito administrativo*. 28ª ed. rev., ampl. e atual. até 31-12-2014. São Paulo: Atlas, 2015, p. 34.

[108] TOURINHO, Rita. A Principiologia Jurídica e o Controle Jurisdicional da Discricionariedade Administrativa. In: GARCIA, Emerson. *Discricionariedade administrativa*. Belo Horizonte: Arraes Editores, 2013, p. 136.

[109] BARBOSA, Jandeson da Costa. Interesse público constitucional, harmonização de direitos fundamentais e transformação da sociedade. *Revista do TCU*. Edição n. 146 (2020), p. 120-132. Disponível em: <https://revista.tcu.gov.br/ojs/index.php/RTCU/article/view/1678>. Acesso em 24 mar 2021.

da função social da propriedade, da defesa do consumidor ou do meio ambiente (art. 170, III, V e VI), ou tantos outros. Afinal, o princípio em causa é um pressuposto lógico do convívio social.[110]

Em escrito de 1967, o autor já assegurava que a supremacia do interesse público sobre o particular seria um "verdadeiro axioma reconhecível no moderno direito público", significando que a Administração Pública "se encontra em situação autoritária, de comando, relativamente aos particulares, como indispensável condição, para gerir os interêsses postos em confronto, a possibilidade, em favor da Administração, de *constituir os privados em obrigações por meio de ato unilateral* daquela".[111]

Vários outros autores brasileiros tentaram conceituar interesse público, estabelecer seu campo semântico ou vinculá-lo a uma supremacia sobre o interesse particular, mas é notório que tal conceito está indelevelmente permeado de certa indeterminação. E esse ponto é a primeira crítica da escola individualista a respeito da existência de um "princípio da supremacia do interesse público sobre os particulares". Para vários autores, a exemplo de Humberto Ávila, "a indeterminabilidade empírica [do princípio da supremacia do interesse público] vai de encontro ao postulado da explicitude das premissas, decorrente da própria segurança jurídica".[112]

Em posição frontalmente oposta, outros autores defendem que esse grau de indeterminação do conceito de interesse público não o desabilita da condição e princípio ou de sua aplicação prática. Segundo Emerson Gabardo, "Definir interesse público não é mais difícil que conceituar 'justiça', 'eficiência' ou mesmo 'moralidade'; aliás, a este último princípio constitucional tem-se conferido elevada importância e aplicabilidade jurídica".[113] Para o autor "o caráter abstrato não pode ser tomado como óbice para sua condição de princípio; mas esta é uma crítica recorrente".[114]

Parte da doutrina aponta, todavia, a diferença entre não se poder cunhar um conceito único, preciso, objetivo e imutável de interesse pú-

---

[110] MELLO, Celso Antônio Bandeira de. *Curso de Direito Administrativo*. 30ª ed. São Paulo: Malheiros, 2013, p. 99.

[111] MELLO, Celso Antônio Bandeira de. O conteúdo do regime jurídico-administrativo e seu valor metodológico, *Revista de Direito Público*, v. 2, p. 44–61, 1967.

[112] ÁVILA, Humberto. Repensando o "princípio da supremacia do interesse público sobre o particular". *Revista Eletrônica sobre a Reforma do Estado*, n. 11, p. 1–30, 2007.

[113] GABARDO, Emerson. O princípio da supremacia do interesse público sobre o interesse privado como fundamento do direito administrativo social. *Revista de Investigações Constitucionais*, v. 4, n. 2, p. 95–130, 2017.

[114] Ibidem.

blico e não poder definir seu campo semântico, axiológico e até ético.[115] O próprio Ávila afirma que "a norma não envolve apenas um sentido, mas sentidos alternativos".[116] Segundo Perez, há situações em que um conceito jurídico indeterminado não concede ao administrador público nenhuma margem de discricionariedade, em que pese haver um "preenchimento valorativo" realizado pelo intérprete, após o qual não caberia ao administrador nenhuma margem de escolha.[117]

Mesmo em um conceito indeterminado existe uma zona de certeza positiva e uma zona de certeza negativa.[118] Desse modo, a falta de um conceito hermeticamente fechado de interesse público não seria um óbice para a sua aplicação, mas antes uma virtude. É o que defende Gabardo, segundo o qual, além de dar ao intérprete flexibilidade, a indeterminação constitui importante traço democrático: "A indeterminação da noção é um aspecto que pode até mesmo ser considerado positivo, pois fornece a flexibilidade necessária para a identificação, a partir dos princípios incidentes no sistema jurídico, das melhores respostas no caso concreto".[119] Citando, Gerhard Colm, Gabardo defende que "a flexibilidade conceitual do interesse público é uma hipótese vital para a existência de uma sociedade plural. Sua indeterminabilidade é típica de uma república democrática".[120]

De fato, o argumento da indeterminação do conceito de interesse público não tem, *per si*, o condão de afastar a possibilidade de existência ou aplicação de um princípio da supremacia pública. A convivência no Direito com conceitos jurídicos indeterminados não é fato novo, e, como é notório, até o Código Civil privilegiou conceitos abertos a fim de conferir ao intérprete a necessária flexibilidade para sua aplicação no caso concreto. Acertam também os autores ao afirmar que, em que pese não ser possível e até desejada a formulação de um conceito "canônico" de interesse público, existe um campo semântico e axiológico objetivamente delimitado para sua utilização.

---

[115] RIBEIRO, Carlos Vinícius Alves, *Interesse Público: um conceito jurídico indeterminável*, in: DI PIETRO, Maria Sylvia Zanella; RIBEIRO, Carlos Vinícius Alves (Orgs.), Supremacia do interesse público e outros temas relevantes do direito administrativo, São Paulo: Atlas, 2010, p. 103–119.

[116] ÁVILA, Humberto. *Teoria da Segurança Jurídica*, 4a ed. São Paulo: Malheiros, 2011. p. 188.

[117] PEREZ, Marcos Augusto. *O Controle Jurisdicional da Discricionariedade Administrativa*: métodos para uma jurisdição ampla das decisões administrativas. São Paulo: Universidade de São Paulo, 2018.

[118] MELLO, Celso Antônio Bandeira de. *Discricionariedade e controle jurisdicional*. 2ª ed. São Paulo: Malheiros, 2000, p. 29.

[119] GABARDO, Emerson. O princípio da supremacia do interesse público sobre o interesse privado como fundamento do direito administrativo social. *Revista de Investigações Constitucionais*, v. 4, n. 2, p. 95–130, 2017.

[120] Ibidem.

Um outro ponto de constante debate é a natureza de *princípio*[121] da supremacia do interesse público. Medina defende que, se considerada a Teoria dos Direitos Fundamentais de Alexy, a depender do caso, poderia ser uma norma-princípio ou mesmo uma norma-regra. Destarte, além de princípio, com suas características peculiares, a supremacia do interesse público seria também uma norma-regra, porquanto estabeleceria em situações específicas de "tudo ou nada" uma única alternativa possível ao intérprete.[122]

---

[121] Nesse ponto, cabe rememorar o debate doutrinário sobre *princípio*: "Axioma (usado, originalmente, como sinônimo de postulado) denota uma proposição cuja veracidade é aceita por todos, dado que não é nem possível nem necessário prová-la. Por isso mesmo são os axiomas aplicáveis exclusivamente por meio da lógica, e deduzidos sem a intervenção de pontos de vista materiais.
A literatura jurídica faz uso do termo 'axioma' para explicar tipos de raciocínio jurídico aceitos por todos, e por isso mesmo não-sujeitos ao debate. A veracidade dos axiomas é demonstrada pela sua própria e mera afirmação, como se fossem auto-evidentes. [...]
Postulado, no sentido kantiano, significa uma condição de possibilidade do conhecimento de determinado objeto, de tal sorte que ele não pode ser apreendido sem que essas condições sejam preenchidas no próprio processo de conhecimento. Os postulados variam conforme o objeto cuja compreensão condicionam. Daí dizer-se que há postulados normativos e ético-políticos.
Os postulados normativos são entendidos como condições de possibilidade do conhecimento do fenômeno jurídico. Eles, também por isso, não oferecem argumentos substanciais para fundamentar uma decisão, mas apenas explicam como pode ser obtido o conhecimento do Direito. As condições de possibilidade do conhecimento jurídico reveladas pela hermenêutica jurídica são postulados normativos. Entre eles, vale salientar os seguintes: o conhecimento da norma pressupõe o do sistema e o entendimento do sistema só é possível com a compreensão das suas normas (postulado da coerência); só é possível conhecer a norma com a análise simultânea do fato, e descrever os fatos com recurso aos textos normativos (postulado da integridade); só é possível conhecer uma norma tendo em vista a sua pré-compreensão pelo sujeito cognoscente, definida como a expectativa quanto à solução concreta, já que o texto sem a hipótese não é problemático, e a hipótese, por sua vez, só surge com o texto (postulado da reflexão). O que a doutrina comumente denomina de »princípio como idéia normativa geral« (ou princípio explicativo), como fundamento ou pressuposto para o conhecimento do ordenamento jurídico ou de parte dele, são verdadeiros postulados normativos. [...]
Há, também, postulados ético-políticos, como condições de conhecimento do fenômeno jurídico do ponto de vista das ciências políticas. Condições comumente aceitas como necessárias ao convívio social e explicativas do surgimento das normas existentes podem ser havidos como postulados ético-políticos, na medida em que procuram investigar e explicar as causas do surgimento de determinadas normas jurídicas, e não propriamente o seu conteúdo de acordo com um sistema jurídico. [...]
Norma é o conteúdo de sentido de determinada prescrição normativa, em função do qual é delimitado o que um dado ordenamento jurídico determina, proíbe ou permite. A norma-princípio tem fundamento de validade no direito positivo, de modo expresso ou implícito. Caracteriza-se estruturalmente por ser concretizável em vários graus: seu conteúdo depende das possibilidades normativas advindas dos outros princípios, que podem derrogá-lo em determinado caso concreto. Daí dizer-se que os princípios, à diferença das meta-normas de validade, instituem razões prima facie de decidir. Os princípios servem de fundamento para a interpretação e aplicação do Direito. Deles decorrem, direta ou indiretamente, normas de conduta ou instituição de valores e fins para a interpretação e aplicação do Direito". *In*: ÁVILA, Humberto. Repensando o "princípio da supremacia do interesse público sobre o particular". *Revista Eletrônica sobre a Reforma do Estado*, n. 11, p. 1–30, 2007.

[122] OSÓRIO, Fábio Medina. Existe uma supremacia do interesse público sobre o privado no direito adminisrativo brasileiro? *Revista de Direito Administrativo*, v. 220, p. 69–107, 2000.

O autor chega a classificá-lo como uma "meta-regra", que seria "uma regra constitucional presente na norma que se encontra no sistema, uma norma vinculante que permite o controle de validade de outras normas jurídicas, sejam regras, sejam princípios".[123]

Já Ávila é categórico ao negar à supremacia do interesse público a condição de norma-princípio. Segundo o autor, não haveria essa possibilidade por conta da sua "descrição abstrata" (argumento tido por superado nas linhas anteriores) e por supostamente não permitir uma concretização gradual, pois a prevalência do interesse público seria a única hipótese de sua aplicação, e as situações de prevalência do interesse privado seria uma exceção, e não propriamente um grau de aplicação do "princípio".[124] [125]

Continua Ávila, fundamentando sua exposição em trecho da obra de Bandeira de Mello, afirmando que "[n]ão se trata, aqui [em relação à supremacia do interesse público], de uma norma princípio ou de um postulado normativo, mas do bem comum como princípio fundamental da ética comunitária ou da política jurídica. Trata-se de um postulado ético-político, portanto".[126]

---

[123] OSÓRIO, Fábio Medina. Existe uma supremacia do interesse público sobre o privado no direito adminisrativo brasileiro? *Revista de Direito Administrativo*, v. 220, p. 69–107, 2000.

[124] ÁVILA, Humberto. Repensando o "princípio da supremacia do interesse público sobre o particular". *Revista Eletrônica sobre a Reforma do Estado*, n. 11, p. 1–30, 2007.

[125] SILVA realiza importante crítica à classificação ao conceito de princípio utilizado por ÁVILA. Segundo SILVA: "Há, neste ponto, não somente uma imprecisão no uso do termo 'tudo ou nada' como sinônimo de 'imediatidade', como também a desconsideração de uma distinção trivial na teoria geral do direito: a distinção entre texto e norma. Segundo essa distinção, de larguíssima aceitação, independente de corrente doutrinária,36 texto e norma não se confundem, pois o primeiro é apenas um enunciado lingüístico, enquanto que a norma é o produto da interpretação desse enunciado. Um breve exemplo é suficiente para deixar clara essa distinção. O inc. XL do art. 5° da Constituição tem a seguinte redação: 'a lei penal não retroagirá, salvo para beneficiar o réu'. Isso é o que aqui se chama de texto ou enunciado. Esse texto exprime uma norma que proíbe a retroação da lei penal, a não ser que essa retroação beneficie o réu. Nesse último caso, existe um dever de retroação. A mesma norma poderia ser expressa por meio de outros enunciados, como, por exemplo, 'a lei penal retroagirá somente em benefício do réu', ou ainda 'é proibida a retroação penal, a menos que seja para beneficiar o réu' etc. Como se vê, a despeito das variações na redação dos enunciados apresentados, por meio da interpretação de todos eles chega-se à mesma norma. Toda norma é, pois, produto da interpretação de um sinal lingüístico, quase sempre um texto.

Diante da diferença entre texto e norma, o argumento de Ávila perde força. A distinção entre regras e princípios é uma distinção entre dois tipos de normas e não entre dois tipos de textos. É por isso que tanto as regras, quanto os princípios pressupõem uma interpretação prévia. Isso não significa, contudo, que ambos tenham a mesma estrutura. Após a interpretação em sentido estrito, uma regra jurídica é já subsumível, enquanto que os princípios ainda poderão entrar em colisão com outros princípios, exigindo-se, nesse caso, que se proceda a um sopesamento para harmonizá-los. Assim, 'ser passível ou carente de interpretação' é uma característica de textos que exprimem tanto regras quanto princípios. Mas "ser passível ou carente de sopesamento" é característica exclusiva dos princípios." *In:* SILVA, Virgílio Afonso da. Princípios e regras: mitos e equívocos acerca de uma distinção. *Revista Latino-Americana de Estudos Constitucionais* n° 01. Jan/Jun, 2003. O tema será abordado mais detidamente no Capítulo 2 deste livro.

[126] ÁVILA, Humberto. Repensando o "princípio da supremacia do interesse público sobre o particular". *Revista Eletrônica sobre a Reforma do Estado*, n. 11, p. 1–30, 2007.

Entretanto, a leitura atenta de edição mais contemporânea da obra de Bandeira de Mello em relação ao texto de Ávila leva a crer o contrário. Apesar de atribuir à supremacia do interesse público a classificação de "princípio geral do Direito", o publicista defende que uma série de *poderes* da Administração derivam diretamente do referido enunciado, submete-o a uma *ponderação* em sua aplicação nos casos concretos e nega a possibilidade de aplicação abstrata, todas essas características das *normas-princípios*.[127]

Desse debate concluímos que não há óbice, do ponto de vista estritamente conceitual, para a supremacia do interesse público se consubstanciar em uma norma-princípio. Não procede o argumento de que seu nível de abstração seja empecilho, tampouco de que se estabeleça uma relação que não se admitiria uma *ponderação* com outros princípios.

Na verdade, ao classificá-la como norma-princípio, a doutrina acaba por relativizá-la e submetê-la aos mesmos procedimentos hermenêuticos das demais normas-princípios. É necessário que se frise, entretanto, que é possível *conceitualmente* aceitar a sua condição de norma-princípio. Em relação à sua *constitucionalidade*, essa análise perpassará por todo este trabalho.

Todavia, a crítica mais contundente à supremacia do interesse público sobre o particular parece ser em relação ao seu caráter supostamente absoluto e incompatível com o sistema de direitos fundamentais que prega a ponderação entre valores e princípios, e, por conseguinte, incompatibilidade com a própria Constituição. Nesse sentido sustenta Humberto Ávila.[128]

---

[127] MELLO, Celso Antônio Bandeira de. *Curso de Direito Administrativo*. 30ª ed. São Paulo: Malheiros, 2013.

[128] A lição, apesar de longa, pela sua robustez argumentativa merece ser integralmente transcrita: "Se a proporcionalidade e a concordância prática forem consideradas postulados normativos, como o são pela doutrina e pela jurisprudência com o nome de 'princípios', então resulta claro que ambas as categorias direcionam a interpretação de forma bem diversa. De um lado, estão os aqui denominados postulados de medida a direcionar uma ponderação pautada pela máxima realização dos direitos envolvidos, sem uma solução pré-concebida; de outro, o 'princípio da supremacia' a direcionar a aplicação para a prevalência do interesse público sobre o particular. Em vez de o debatido 'princípio' instituir uma decisão valorativa sobre interesses ou bens e direcionar a aplicação de outras normas, como qualquer norma-princípio, ele direciona o processo recíproco e dialético da ponderação ("*dialektische Wechselprozess der Abwägung*") por meio de uma regra abstrata de prevalência em favor do interesse público ou o limita intensamente. "Podem existir casos nos quais o interesse público ainda hoje receba a supremacia. Decisivo é apenas que os tribunais fundamentem normativamente esta superior hierarquia e não sucumbam à uma fórmula tradicional ou a postulados em vez de dar uma fundamentação', esclarece HÄBERLE. E mesmo quando se tratasse apenas da finalidade de interesse público como princípio geral – e não, portanto, da sua prevalência sobre o interesse privado –, seria o postulado da proporcionalidade substancialmente limitado e, por isso mesmo, modificado. O que acaba tornando-se evidente é a especial importância do procedimento – incluindo, aí, sua normativa fundamentação – para a determinação e instituição autoritativa do interesse público, tanto maior quanto mais discutido for o interesse da coletividade". *In:* ÁVILA, Humberto. Repensando o "princípio da supremacia do interesse público sobre o particular". *Revista Eletrônica sobre a Reforma do Estado*, n. 11, p. 1–30, 2007.

Posição semelhante é a de Gustavo Binenbojm, para quem a existência de um princípio da supremacia do interesse público sobre o particular não se coaduna com a proporcionalidade e razoabilidade, uma vez que haveria um critério absoluto e abstrato de preferência, e os citados postulados, ao contrário disso, "preconizam a cedência recíproca entre interesses em conflito". Não haveria, dessa forma, como se ter uma ponderação com base em um princípio que estabelece a prevalência *a priori* de um interesse.[129]

A escola clássica aponta, no entanto, que proporcionalidade, razoabilidade e supremacia do interesse público não seriam incompatíveis entre si. De fato, já nos idos de 1967, Bandeira de Mello asseverava que "os princípios expostos [dentre eles, o da supremacia] e que se apresentam como decorrências sucessivas, uns dos outros, sofrem, evidentemente, limitações e temperamentos e, como é óbvio, têm lugar na conformidade do sistema normativo, segundo seus limites e condições".[130]

Di Pietro tece fortes críticas em relação a esse argumento. Segundo a autora, a "exigência da razoabilidade – que está sendo apontada por alguns pretensos inovadores – está presente desde longa data na aplicação da supremacia do interesse público". A administrativista assim sentencia: "Isto não é novidade. Isto é doutrina velha, que se conserva nova, atual, porque é indispensável para a busca do equilíbrio entre o direito individual e o interesse público".[131]

Esse é o primeiro ponto em que a escola individualista parece ter razão em sua crítica à supremacia do interesse público. A afirmação de que a razoabilidade e a proporcionalidade sempre estiveram presentes na doutrina administrativista brasileira não convence. Como veremos adiante, a escola clássica de fato incorporou diversos elementos ao conceito de interesse público nas últimas décadas, até para se adequar à nova realidade constitucional e política brasileira. Mas ainda assim salta uma primeira *impressão* de incompatibilidade semântica (ainda não jurídica, essa análise será feita *a posteriori*) entre os vocábulos "supremacia" e "proporcionalidade".

---

[129] BINENBOJM, Gustavo. Da supremacia do interesse público ao dever de proporcionalidade: um novo paradigma para o direito administrativo, *Revista de Direito Administrativo*, v. 239, p. 1, 2015.

[130] MELLO, Celso Antônio Bandeira de. O conteúdo do regime jurídico-administrativo e seu valor metodológico. *Revista de Direito Público*, v. 2, p. 44–61, 1967.

[131] DI PIETRO, Maria Sylvia Zanella. O princípio da Supremacia do Interesse Público: sobrevivência diante dos ideais do neoliberalismo. *In*: DI PIETRO, Maria Sylvia Zanella; RIBEIRO, Carlos Vinícius Alves (Orgs.). *Supremacia do interesse público e outros temas relevantes do direito administrativo*. São Paulo: Atlas, 2010, p. 100.

Não obstante, também não convencem vários dos argumentos utilizados pela escola individualista para sobrepujar a supremacia do interesse público sobre o particular. O primeiro deles é afirmar que essa prevalência seja defendida pela escola clássica como *absoluta*. Em relação a esse ponto, Di Pietro tece outra contundente crítica: "Exagera-se o seu sentido, para depois combatê-lo, muitas vezes de forma inconsequente, irresponsável e sob falsos pretextos".[132]

De fato, há muito tempo a escola clássica aponta a relatividade do referido "princípio", na maioria das vezes apontando o princípio da legalidade como o único ou principal elemento que consiga "inverter a balança" em prol do interesse particular. E nesse ponto reside a crítica que fazemos à escola clássica (ao menos a vários dos seus autores): no sistema de direitos fundamentais não é apenas a lei *stricto sensu* que pode fazer prevalecer um direito individual frente ao interesse público.

Entretanto, também não é *qualquer* interesse individual que prevalecerá sobre o interesse público, do contrário estaríamos como que consagrando um Estado subsidiário e quase que provedor da barbárie (posição em que os mais fortes podem impor a sua vontade), situação absolutamente incompatível com o sistema de direitos fundamentais e com a Constituição. Como será debatido no próximo subtópico, os direitos fundamentais contêm, mas não se resumem, aos direitos individuais.

Outra grande e recorrente crítica é a de que a supremacia do interesse público sobre particular é justificativa para ações autoritárias dos agentes públicos detentores do poder político-administrativo. Borges reconhece que seu uso tem acobertado interesses pouco nobres ou até "inconfessáveis", e, inclusive, livrado esses atos do controle judicial em nome de uma pretensa separação de Poderes.[133]

Ao recordar a sobrevivência de práticas autoritárias do absolutismo em pleno Estado de Direito, Justen Filho afirma que: "No passado, invocava-se o poder de império, o poder discricionário, o poder de polícia ou a natureza política do ato". Observa, ainda, que, com o transcurso do tempo e a "lenta e inevitável transição do autoritarismo para a democracia", ainda assim intentos autoritários tentam resistir. Sustenta

---

[132] DI PIETRO, Maria Sylvia Zanella. O princípio da Supremacia do Interesse Público: sobrevivência diante dos ideais do neoliberalismo. *In*: DI PIETRO, Maria Sylvia Zanella; RIBEIRO, Carlos Vinícius Alves (Orgs.). *Supremacia do interesse público e outros temas relevantes do direito administrativo*. São Paulo: Atlas, 2010, p. 85–102., p. 100.

[133] BORGES, Alice Gonzalez. Supremacia do interesse público: desconstrução ou reconstrução. *Revista de Direito do Estado*, n. 15, p. 1–26, 2007. Disponível em: <http://www.direitopublico.com.br/pdf_seguro/Supremacia do Interesse Público – Alice Gonzalez Borges.pdf>. Acesso em 25 out 2020.

o autor que: "Hoje, ninguém ousaria respaldar ato abusivo em tais argumentos. Mas são comuns os casos em que o exercente do poder político refugia-se no princípio da supremacia do interesse público".[134]

Em outro giro, Borges culpa a aplicação distorcida da supremacia do interesse público "em prol do autoritarismo retrógrado e reacionário de certas autoridades administrativas", e não o princípio em si.[135] É bem verdade que esse tipo de argumento, em que pese poder ser real, é costumeiramente utilizado para desculpar toda ideologia que "promete uma montanha e entrega um rato", como é o caso do "capitalismo selvagem" que acumula toda a riqueza em poucos e distribui miséria a quase todos, ou do "comunismo selvagem", que socializa a pobreza com quase todos e mantém privilégios para pouquíssimos.

É bem verdade que a doutrina administrativista traz diversos critérios que buscam conformar a ações estatais ao *real* interesse público, à busca do bem comum. Exemplo disso são os elementos do ato administrativo, sendo os quais um ato dessa natureza necessita ser praticado por autoridade competente, com a finalidade de atingir *exatamente* o interesse público, com a forma prescrita ou não defesa em lei, com motivo (de fato e de direito) e objeto.

Observe-se que, em relação à *finalidade* do ato administrativo, somos remetidos novamente ao conceito de interesse público, que, conforme já descrito, segundo a doutrina, pode ser primário (o *real*) ou secundário (interesse da Administração Pública). Esses elementos acabam por vincular o ato a outros princípios, como o motivo, que obriga o agente público a apontar a norma aplicável e a situação fática a que se aplica, submetendo, dessa forma, o ato ao princípio da legalidade.

Todavia, é possível observar que a evolução do direito, sobretudo das técnicas interpretativas, acaba por imprimir certa obsolescência à "supremacia" do interesse público. É dizer que na época da incontestável aplicação dessa máxima, no apogeu do juspositivismo, o motivo de direito apontado (quando isso era feito) consistia em um texto legal.

Ocorre que, atualmente, o novo paradigma do direito proporcionou superar o "direito-enquanto-sistema-de-regras, fenômeno que (somente) se torna possível a partir de algo novo introduzido no discurso constitucional: os *princípios*, que passam a representar a efetiva possibilidade de resgate do mundo prático (faticidade) até então negado pelo

[134] JUSTEN FILHO, Marçal. Conceito de interesse público e a "personalização" do direito administrativo, *Revista Trimestral de Direito Público*, v. 26, p. 115–136, 1999, p. 115-116.

[135] BORGES, Alice Gonzalez. Supremacia do interesse público: desconstrução ou reconstrução. *Revista de Direito do Estado*, n. 15, p. 1–26, 2007. Disponível em: <http://www.direitopublico.com.br/pdf_seguro/Supremacia do Interesse Público – Alice Gonzalez Borges.pdf>. Acesso em 25 out 2020.

positivismo".[136] É dizer que, em busca de uma aproximação do direito com a realidade e com a moral, os princípios passam a ser instrumento *obrigacional*, passam a ser *norma*, tal qual o texto legal.

Desse modo, o motivo de direito para a prática do ato poderia ser "o princípio da supremacia do interesse público sobre o particular", sem maiores explicações. E como interesse da Administração Pública também é interesse público (secundário), segundo essa teoria, qualquer supressão de direitos individuais que não fosse estritamente proibida por lei poderia ocorrer sem maiores percalços.

É vindicável, portanto, que "o conceito clássico de supremacia do interesse público [...] ao sobreviver em pleno Estado Democrático de Direito, passa a padecer de incompatibilidades no âmbito constitucional e de defesa dos direitos fundamentais, sobretudo os direitos individuais", e que "essa crítica deve ser abrandada com o mesmo fundamento que lhe dá subsistência: os direitos fundamentais".[137]

A análise empreendida demonstra méritos e virtudes da supremacia do interesse público sobre o particular. Contudo, é forçoso reconhecer que a defesa da existência de tal princípio no sistema jurídico atual encontra fragilidades. E ainda será analisada no subtópico seguinte a sua existência frente à teoria dos direitos fundamentais, sobretudo dos direitos individuais. Impende mencionar que serão escrutinados a seguir os argumentos da escola individualista. E as conclusões em relação ao confronto dialético das duas escolas serão inventariadas no próximo Capítulo.

É de se reconhecer que o princípio da supremacia do interesse público adquiriu nova feição nas últimas décadas, oriunda principalmente do Estado Social que limita direitos individuais em busca do "bem-estar coletivo".[138] Todavia, a afirmação da existência de um princípio da supremacia do interesse público sobre o particular, ainda que sob sua nova feição, merece ser remodelada ou transformada em outro postulado jurídico que explique melhor as falhas listadas no decorrer deste Capítulo a fim de atingir seus meritórios objetivos em consonância com a atual teoria dos direitos fundamentais.

---

[136] STRECK, Lenio Luiz. Hermenêutica, neoconstitucionalismo e "o problema da discricionariedade dos juízes", *Anima*, v. 1, p. 4. Disponível em: <http://anima-opet.com.br/pdf/anima1/artigo_Lenio_Luiz_Streck_hermeneutica.pdf>. Acesso em: 12 jan 2021.

[137] BARBOSA, Jandeson da Costa. A obrigatoriedade (ou não) de realocação de populações tradicionais em unidades de proteção integral à luz do interesse público. *In*: LEUZINGER, Márcia Dieguez. SANTANA, Paulo Campanha. SOUZA, Lorene Raquel de. *Os 20 Anos da Lei do Sistema Nacional de Unidades de Conservação*. Brasília: UniCEUB: ICPD, 2020, p. 266.

[138] DI PIETRO, Maria Sylvia Zanella. O princípio da Supremacia do Interesse Público: sobrevivência diante dos ideais do neoliberalismo. *In*: DI PIETRO, Maria Sylvia Zanella; RIBEIRO, Carlos Vinícius Alves (Orgs.). *Supremacia do interesse público e outros temas relevantes do direito administrativo*. São Paulo: Atlas, 2010, p. 85–102.

## 1.3. A escola individualista e os detentores do poder econômico

O direito administrativo brasileiro passou boa parte da segunda metade do Século XX sem maiores sobressaltos dialéticos. Apesar das profundas transformações políticas e sociais por que passou o Brasil nesse período, sem falar das mudanças constitucionais, as teorias, postulados, e até a história *contada* acerca do nascimento do direito administrativo passaram relativamente incólumes a grandes debates doutrinários.

Nada obstante, mais ou menos no último par de décadas, alguns autores já conceituados e um grupo de jovens e brilhantes[139] escritores se mobilizaram a indagar muitas das premissas do direito administrativo brasileiro até então quase "canônicas".[140] E o conceito de interesse público, e sua supremacia sobre o interesse privado, como era de se esperar, passaram a ser um dos principais alvos dessas críticas. A partir de então, houve um movimento de "desconstrução",[141] não apenas do princípio da supremacia do interesse público sobre o particular, mas de diversos postulados[142] do direito administrativo e até uma suposta gênese "milagrosa"[143] do direito administrativo.

Em apertada síntese, Binenbojm vincula a criação do direito administrativo, suas categorias jurídicas peculiares, e o julgamento de suas causas pelo *Conseil d'État* ao esforço de manutenção do *status quo* do antigo regime, solapando os princípios da legalidade e da separação de Poderes. Ao contrário do até então celebrado nascimento garantístico do direito administrativo, o autor afirma que este seria o seu "pecado original", do qual vários dos seus institutos são consequência.[144]

---

[139] Termo utilizado por Carlos Vinícius Alves em: RIBEIRO, Carlos Vinícius Alves, Interesse Público: um conceito jurídico indeterminável. *In*: DI PIETRO, Maria Sylvia Zanella; RIBEIRO, Carlos Vinícius Alves (Orgs.). *Supremacia do interesse público e outros temas relevantes do direito administrativo*, São Paulo: Atlas, 2010, p. 103–119.

[140] Dentre as obras paradigmáticas, pode-se citar: ÁVILA, Humberto. Repensando o "princípio da supremacia do interesse público sobre o particular". *Revista Eletrônica sobre a Reforma do Estado*, n. 11, p. 1–30, 2007. BINENBOJM, Gustavo. *Uma teoria do direito administrativo*: direitos fundamentais, democracia e constitucionalização. 3ª ed. rev. Rio de Janeiro: Renovar, 2014. SARMENTO, Daniel, Interesses Públicos *vs*. Interesses Privados na Perspectiva da Teoria e da Filosofia Constitucional, *In*: SARMENTO, Daniel (Org.). *Interesses Públicos versus Interesses Privados*: Desconstruindo o Princípio de Supremacia do Interesse Público. Rio de Janeiro: Lumen Juris, 2007. SCHIER, Paulo. Ensaio sobre a supremacia do interesse público sobre o privado e o regime jurídico dos direitos fundamentais. Pensar – *Revista de Ciências Jurídicas*, v. 12, p. 162–172, 2007.

[141] Ver: SARMENTO, *op. cit.*.

[142] Ver: LOPES, Alexandre dos Santos. *Precedentes judiciais e Administração Pública*: constitucionalização, processo e litigiosidade. Belo Horizonte: Arraes Editores, 2019, p. 34-39.

[143] BINENBOJM, Gustavo. *Uma teoria do direito administrativo: direitos fundamentais, democracia e constitucionalização*. 3ª ed. rev. Rio de Janeiro: Renovar, 2014, p. 9.

[144] Idem, p. 9-22.

Autor de um dos primeiros trabalhos a desafiar a constitucionalidade de um "princípio da supremacia do interesse público sobre o particular", Ávila esclarece que há uma diferença essencial entre a adequação do interesse público e a de sua dita "supremacia". Enquanto a primeira seria inconteste, vez que a Administração não tem autonomia de vontade, não haveria a adeqüação de uma "supremacia".[145]

Em visão diametralmente oposta àquela desposada pela escola clássica, a escola individualista sustenta que o "interesse público e os interesses privados não estão principalmente em conflito, como pressupõe uma relação de prevalência". Negam que tampouco exista entre eles uma relação de prevalência do interesse público.[146]

Segundo Binenbojm, "a expressão interesse público consiste em uma referência de natureza genérica, a qual abarca a ambos, interesses privados e coletivos, enquanto juridicamente qualificados como metas ou diretrizes da Administração Pública". Dessa forma, segundo o autor, o interesse público abarcaria não apenas os interesses da coletividade (por nós até aqui denominados de "interesse público" *stricto sensu*), mas englobaria também os interesses privados, ambos a serem perseguidos pela Administração. De acordo com o autor, "a proteção de um interesse privado constitucionalmente consagrado, ainda que parcialmente, pode representar, da mesma forma, a realização de um interesse público".[147]

Posição semelhante é defendida por Paulo Schier, segundo o qual "Interesses públicos e privados não se contradizem, não se negam, não se excluem. Tais interesses, antes, harmonizam-se. A realização de um importa na realização do outro. Devem ser vistas como excepcionais as situações de exclusão mútua".[148]

Gabardo, não obstante, discorda dessas afirmações. Sustenta o autor que o ser humano tem interesses que, por mais das vezes, se contrapõem a interesses de outros indivíduos e ao interesse público. Continua defendendo que, pelo contrário, interesse público e privado "em geral se contradizem, se negam e se excluem em um sem número de vezes (o contrário é a exceção)".[149]

---

[145] ÁVILA, Humberto. Repensando o "princípio da supremacia do interesse público sobre o particular". *Revista Eletrônica sobre a Reforma do Estado*, n. 11, p. 1–30, 2007.

[146] Ibidem.

[147] BINENBOJM, Gustavo. Da supremacia do interesse público ao dever de proporcionalidade: um novo paradigma para o direito administrativo. *Revista de Direito Administrativo*, v. 239, p. 1, 2015.

[148] SCHIER, Paulo. Ensaio sobre a supremacia do interesse público sobre o privado e o regime jurídico dos direitos fundamentais. Pensar – *Revista de Ciências Jurídicas*, v. 12, p. 162–172, 2007.

[149] GABARDO, Emerson. O conceito de interesse público no direito administrativo brasileiro. *Revista Brasileira de Estudos Políticos*, v. 115, p. 267–318, 2017.

Ainda de acordo com Garbado, o fato de que em situações excepcionais o interesse privado prepondere sobre o público não os coloca em posição de igualdade, seja ela normativa ou axiológica. O autor defende que "existem condições muito específicas para que isso aconteça [preponderância do interesse privado sobre o público] e, ademais, nem por isso o caso deixará de ser uma exceção à regra geral, ou seja, ao princípio".[150]

Há dois elementos que merecem integrar o debate sobre uma suposta igualdade entre interesses público e privado. O primeiro deles é o fato de que a escola individualista costuma apontar como "direito fundamental" na maior parte das vezes apenas os direitos individuais, que seriam os direitos tipicamente liberais ou "privados". E é necessário, desde já, salientar que essa classe de direitos (ou geração, ou dimensão) integra, mas não esgota os direitos fundamentais, todo do qual também são partes direitos sociais e transindividuais etc.

Por questões didáticas, será utilizada a classificação das gerações ou dimensões de direitos fundamentais agrupados conforme se segue:

> Neste trabalho será seguida a classificação das dimensões dos direitos fundamentais a partir dos postulados da liberdade, igualdade e fraternidade, inspirados no famoso lema da Revolução Francesa. Nessa classificação estão incluídos no postulado da "liberdade" os direitos individuais, ou liberdades públicas, as chamadas garantias negativas de inspiração liberal que comumente são considerados direitos de primeira geração (COMPARATO, 2003, p. 51). Também estão abarcados nesse postulado os direitos políticos e de participação dos indivíduos na tomada de decisão estatal (MENDES, 2014, p. 137). [...]
>
> O postulado da igualdade englobará os direitos sociais, considerados direitos de segunda dimensão. São direitos diretamente ligados à dignidade da pessoa humana, que veiculam a pretensão de que cada homem tenha condições materiais e existenciais razoáveis que garantam oportunidades de autodesenvolvimento. [...]
>
> Estão condensados no postulado da fraternidade todos os direitos coletivos *latu sensu*, englobando tanto aqueles que podem ser exercidos por um grupo determinado de pessoas, quanto aqueles que são transindividuais ou dizem respeito a toda a humanidade. Nesse grupo estão o direito ao meio ambiente, à paz, à segurança genética, dentre outros. [...][151]

Deste modo, é importante enfatizar que os direitos fundamentais não são apenas os *direitos de liberdade*, mas também os são os direitos de *igualdade* e *fraternidade*. E principalmente os direitos de igualdade são

---

[150] GABARDO, Emerson. O conceito de interesse público no direito administrativo brasileiro. *Revista Brasileira de Estudos Políticos*, v. 115, p. 267–318, 2017.

[151] BARBOSA, Jandeson da Costa. Interesse público constitucional, harmonização de direitos fundamentais e transformação da sociedade. *Revista do TCU*. Edição n. 146 (2020), p. 120-132. Disponível em: <https://revista.tcu.gov.br/ojs/index.php/RTCU/article/view/1678>. Acesso em 24 mar 2021.

ainda, para grande parte da sociedade, conquistados por meio da inequívoca atuação estatal.[152]

Mas a escola individualista, em que pese as diferentes posições dos autores, não defende "apenas" a igualdade abstrata entre interesses público e privado. É inegável que muitos dos seus autores atribuem uma carga axiológica aos interesses privados maior do que ao interesse público. É o que se depreende quando Ávila afirma que "se fosse dedutível do direito positivo uma norma-princípio de prevalência, seria possível a dedução de uma norma-princípio antinômica à debatida, assecuratória dos interesses privados garantidos aqui-e-acolá na Constituição".[153] Daniel Sarmento o afirma literalmente:

> E mais, por todas as razões acima aventadas, entendemos que, diante de conflitos entre direitos fundamentais e interesses públicos de estatura constitucional, pode-se falar, na linha de Alexy, numa "precedência *prima facie*" dos primeiros. Esta precedência implica em uma atribuição de um peso inicial superior a estes direitos no processo ponderativo, o que significa reconhecer que há um ônus argumentativo maior para que interesses públicos possam eventualmente sobrepuja-los.[154]

Essa tese de "supremacia do interesse privado sobre o público", bem mais do que o seu postulado antinômico, padece de incontornáveis problemas. Primeiro, é possível arguir toda a sorte de argumentos que foram utilizados pela própria escola individualista para antagonizar a supremacia do interesse público como impossibilidade de prevalência *a priori* de um valor. E, aqui, é importante que se diga que é uma *possibilidade*, pois tal tese não é por nós tida como não sujeita a ponderações, mas é vivamente utilizada pela escola individualista.

De fato, concordamos com Schier quando este afirma não haver na Constituição Federal uma hierarquia entre os valores e princípios.[155] Não obstante, a equação é mais complexa do que parece. Acreditamos que não há relação hierárquica entre princípios e valores, mas isso não impede afirmar que existam princípios e valores que, quando colidem com outros, a depender dos axiomas com os quais colidem, mereçam maior esforço argumentativo do intérprete para serem vencidos.

---

[152] Recomenda-se a leitura dos estudos de caso do seguinte trabalho: RAMIRES, Maurício. O papel do diálogo judicial internacional para a legitimação e independência da jurisdição constitucional. *In*: MIRANDA, Jorge, e outros (coord.). *Jurisdição constitucional*. São Paulo: Almedina, 2018.

[153] ÁVILA, Humberto. *Repensando o "princípio da supremacia do interesse público sobre o particular"*. Revista Eletrônica sobre a Reforma do Estado, n. 11, p. 1–30, 2007.

[154] SARMENTO, Daniel. Interesses Públicos *vs*. Interesses Privados na Perspectiva da Teoria e da Filosofia Constitucional. *In*: SARMENTO, Daniel (Org.). *Interesses Públicos versus Interesses Privados*: Desconstruindo o Princípio de Supremacia do Interesse Público. Rio de Janeiro: Lumen Juris, 2007, p. 103-104.

[155] SCHIER, Paulo. Ensaio sobre a supremacia do interesse público sobre o privado e o regime jurídico dos direitos fundamentais. Pensar – *Revista de Ciências Jurídicas*, v. 12, p. 162–172, 2007.

É o que defende Sarmento[156] na passagem acima transcrita. Todavia, ao contrário do autor carioca, não acreditamos que esse maior ônus argumentativo pertença simplesmente a quem, em um caso concreto, coloque o interesse público acima do privado. Mas isso será tema dos próximos capítulos. Nesse momento, é suficiente afirmar, ao contrário do que sustentam Ávila[157] e Sarmento,[158] que, se houvesse uma supremacia de interesses na Constituição da República, ela *não* seria privada, ao menos não nesses termos e condições.

Dessa discussão também é necessária a indagação que nos é feita por Gabardo: "como seria possível extrair uma noção válida de cidadania a partir do interesse privado predominando sobre o interesse público? De há muito a sociologia política reconhece que 'o indivíduo é o pior inimigo do cidadão'".[159] Da leitura dos textos da escola individualista aqui estudados não encontramos uma resposta satisfatória.

Outro ponto frequentemente abordado pela escola individualista é a respeito de uma necessidade de ponderação e proporcionalidade entre princípios e valores por parte do intérprete – em especial do administrador público –, repudiando qualquer prevalência *a priori,* quando da apreciação do caso concreto.[160]

Segundo Binenbojm, nos casos em que a Constituição e a lei não realizarem o juízo prévio de ponderação "por completo", só então caberia à Administração "percorrer as etapas de adequação, necessidade e proporcionalidade em sentido estrito para *encontrar* o ponto arquimediano de justa ponderação entre direitos individuais e metas coletivas".[161]

O roteiro parece adequado e *constitucional,* mas merece duas observações. A primeira é afirmar que a Constituição e a lei realizariam um juízo de ponderação "por completo". Ainda que não tenha sido essa a intenção do autor, tal afirmação pode levar a crer que uma norma-regra poderia trazer o juízo de ponderação *acabado* ou "por completo" sem a análise dos elementos do caso concreto, o que, em que pese

[156] SARMENTO, Daniel. Interesses Públicos *vs.* Interesses Privados na Perspectiva da Teoria e da Filosofia Constitucional. *In*: SARMENTO, Daniel (Org.). *Interesses Públicos versus Interesses Privados*: Desconstruindo o Princípio de Supremacia do Interesse Público. Rio de Janeiro: Lumen Juris, 2007, p. 103-104.

[157] ÁVILA, Humberto. Repensando o "princípio da supremacia do interesse público sobre o particular". *Revista Eletrônica sobre a Reforma do Estado,* n. 11, p. 1–30, 2007.

[158] SARMENTO, *op. cit.*

[159] GABARDO, Emerson. O conceito de interesse público no direito administrativo brasileiro. *Revista Brasileira de Estudos Políticos,* v. 115, p. 267–318, 2017.

[160] BINENBOJM, Gustavo. Da supremacia do interesse público ao dever de proporcionalidade: um novo paradigma para o direito administrativo. *Revista de Direito Administrativo,* v. 239, p. 1, 2015.

[161] Ibidem.

obviamente poder ser defendido, a nós nos parece demasiadamente *juspositivista*.

É claro que há situações em que a norma-regra traz a ponderação de valores "quase por completo", mas ainda assim caberá ao intérprete uma margem – maior, menor ou mínima – para considerar os elementos do caso concreto. Esse assunto será abordado de modo mais detido no Capítulo 2 deste livro.

A segunda ressalva é sobre o argumento de que a proporcionalidade está em um "ponto arquimediano" entre interesse público (que o autor chama de "coletivo") e privado. Arendt já havia alertado que esse grau de relativização, de perda de noção do *real*, do que pode ser sentido, do que está próximo, para ser substituído por pontos abstratos e longe "que foram lançados arbitrária e aleatoriamente no papel".[162]

Há de se ressaltar que, em relação à escola clássica, a revisão bibliográfica envidada pelo presente trabalho não encontrou qualquer menção a uma proibição do uso da proporcionalidade e ponderação na aplicação do princípio da supremacia do interesse público sobre o particular. Pelo contrário. Gabardo, por exemplo, afirma que a observância do princípio da proporcionalidade pelo Estado é "tão correta quanto é um absoluto senso comum".[163] As observações quanto à relação da supremacia do interesse público e o princípio da proporcionalidade já foram expostas no tópico 1.2 desta obra.

Outro ponto frequentemente abordado pela escola individualista é o de que qualquer poder de polícia ou atividade restritiva de um direito fundamental somente poderá ser exercida se "o Poder Público – seja ele o Estado Legislador, seja o Estado Administrador – encontre fundamento para a proteção e promoção de um outro direito fundamental ou de interesses da coletividade como um todo".[164]

Este ponto detém maior complexidade teórica e prática. Conforme conclusão do tópico 1.1 deste livro, entendemos que interesse público não se confunde com interesse estatal ou interesse da Administração Pública. Não há discordância entre essa conclusão e o que sustenta o autor.

Todavia, a simplória concordância com o argumento levantado traz problemas também de ordem teórica e prática. Imagine-se o exem-

---

[162] ARENDT, Hannah. *A condição humana*. 10ª ed. Rio de Janeiro: Forense Universitária, 2007, p. 279-280.

[163] GABARDO, Emerson. O conceito de interesse público no direito administrativo brasileiro. *Revista Brasileira de Estudos Políticos*, v. 115, p. 267–318, 2017.

[164] BINENBOJM, Gustavo. Da supremacia do interesse público ao dever de proporcionalidade: um novo paradigma para o direito administrativo. *Revista de Direito Administrativo*, v. 239, p. 1, 2015.

plo em que a Administração utiliza o seu poder de polícia para fechar um estabelecimento que não seguia as regras de vigilância sanitária, logicamente guardada a proporcionalidade entre a infração e a atuação estatal. Nesse caso, um direito fundamental do proprietário do estabelecimento – livre iniciativa – foi restringido pela Administração para a proteção do direito fundamental à saúde da coletividade.

Imagine-se a situação em que a Administração, utilizando o seu poder de polícia fiscal no exercício de uma ação de fiscalização tributária, realiza um ato que restringe um direito fundamental constitucionalmente protegido. Nesse caso, está-se diante de um exemplo em que a Administração utiliza o seu poder de polícia para restringir um direito fundamental sem arrolar qual direito fundamental coletivo estaria sendo protegido no polo oposto.

Poder-se-ia empreender uma atividade intelectual criativa de "encontrar" um direito coletivo para legitimar essa atuação da Administração que, acredita-se, indutivamente não gere maiores celeumas. Por exemplo, pode-se afirmar que a Administração agiu em nome de um "direito coletivo ao equilíbrio das contas públicas", mas a resposta não convence, por ser demasiadamente genérica.

Porquanto não é e não deve ser esse o caminho do direito: não se pode primeiro decidir para depois *encontrar* o fundamento da decisão. O caminho dialético de construção de uma decisão (toda interpretação é uma decisão) é no sentido contrário: percorre-se as respostas possíveis para, aí sim, com base em um juízo de ponderação no caso concreto, se chegar à decisão.

A resposta intelectualmente honesta nos parece apenas uma: enquanto garantidor do interesse público, da vida em sociedade, da justiça, do monopólio lícito da força, dos direitos fundamentais, o Estado necessita existir e ser sustentado pela sociedade. Se o Estado não detém de condições financeiras de manutenção de suas atividades, será um Estado pífio, descumpridor de suas obrigações constitucionais.

Em outras palavras, toda ação que converte recursos ao Erário está fortalecendo o Estado concretizador de direitos fundamentais. Ou seja, apesar de não haver um "direito fundamental" do Estado a ter recursos, é direito fundamental primeiro da sociedade a existência de um Estado que lhe concretize direitos fundamentais. O Erário seria, então, "equiparado" a um direito fundamental da coletividade, e, portanto, de interesse público.

A partir dessa noção de "equiparação" do Erário a um direito fundamental da coletividade são necessários muitos cuidados na sua aplicação. Se não se pretende reduzir o Estado até um mínimo impotente e conveniente aos detentores do poder econômico, também não se pretende legitimar sua atuação de modo inconsequente e sem limitações. Aliás, essa é a tônica de todo este trabalho.

Avançando nos argumentos da escola individualista, é um ponto comum a tese de que não se depreende do conjunto axiológico-normativo da Constituição uma supremacia do interesse público sobre o privado. Que, conforme, já exposto, ao contrário, a Carta Maior protegeria de tal forma a liberdade e a propriedade privada que a balança axiológica constitucional penderia mais para o lado do interesse privado do que para o interesse público.[165] Cabe desde já anotar que a Constituição, de fato, fez escolhas axiológicas. Mas não é possível observar do conjunto axiológico-normativo da Constituição uma opção eminentemente ou quase exclusivamente neoliberal.

A Constituição eleva ao *status* de fundamento da República Federativa do Brasil a livre iniciativa, na mesma alínea o faz com os valores sociais do trabalho, e no mesmo capítulo consagra igualmente a cidadania e a dignidade da pessoa humana.[166] Um Estado subsidiário, de fato, não foi o modelo escolhido pela Constituição, que expressamente previu um Estado Social.[167] Esse tema será debatido mais detidamente no próximo Capítulo.

Ressalte-se, inclusive, que uma das principais críticas – se não a principal – à escola individualista é de esta ser uma espécie de reedição das "ideias e práticas neoliberais típicas da década de 90 e que vêm se reinventando, [que] têm como ponto nuclear a proposta de flexibilização do regime jurídico administrativo a partir de uma postura reducionista com relação aos fins do Estado". De acordo com Gabardo, inclusive, os ataques ao princípio da supremacia do interesse público seriam fruto "dogmático, ideológico ou mental" dessas ideologias.[168] Di Pietro tece forte crítica que, pelo seu teor, merece ser transcrita:

> A doutrina que se considera inovadora compõe, sob certo aspecto, uma ala retrógrada, porque prega a volta de princípios próprios do liberalismo, quando se protegia apenas uma classe social e inexistia a preocupação com o bem comum, com o interesse público. Ela representa a volta aos ideais de fins do século XVIII. As consequências funestas do liberalismo recomendam cautela na adoção dessas ideias, até porque se opõem aos ideais maiores que constam do preâmbulo e do título inicial da Constituição, para

[165] Em que pese o autor reconhecer que não há preferências *a priori*, ver: ÁVILA, Humberto. *Repensando o "princípio da supremacia do interesse público sobre o particular"*. Revista Eletrônica sobre a Reforma do Estado, n. 11, p. 1–30, 2007.

[166] BRASIL. Constituição (1988). Constituição da República Federativa do Brasil. Disponível em: <http://www.planalto.gov.br/ccivil_03/constituicao/constituicao.htm> Acesso em: 28 nov 2020.

[167] GABARDO, Emerson. O conceito de interesse público no direito administrativo brasileiro. *Revista Brasileira de Estudos Políticos*, v. 115, p. 267–318, 2017.

[168] Ibidem.

valorizarem excessivamente determinados princípios do capítulo da ordem econômica, privilegiando a liberdade de iniciativa e competição.[169]

Dessa forma, haveria uma atuação agressiva de grupos econômicos para utilizar o Estado para satisfazer seus interesses privados.[170] Segundo Ribeiro, essas novas doutrinas e teorias jurídicas "demolicionistas" do conceito de interesse público serviriam para "fornecer o ferramental necessário para que os interesses individuais e, quase sempre, econômicos não mais encontrem limites no interesse público".[171]

Gabardo sustenta tese semelhante. Segundo o autor, essas doutrinas que defendem não haver uma *supremacia* do interesse público, que aqui classificamos como pertencentes à escola individualista, fariam parte de uma "mentalidade anti-estatista contemporânea" que prega uma "fuga para o Direito privado incentivada por uma ideologia de mesmo sentido".[172]

Essa mentalidade antiestatista ganhou apelo popular nos últimos tempos. Os mais variados escândalos de corrupção envolvendo agentes públicos formou uma opinião pública que questiona o papel e a importância do Estado. Criou-se uma "antipatia" pela máquina estatal, que passou a ser vista por muitos unicamente como meio de enriquecimento ilícito para alguns. Aponta Gabardo que "a desconfiança da possibilidade de atuação dos poderes públicos em benefício da coletividade faz do Estado um verdadeiro 'inimigo da nação' (a questão da corrupção no espaço público está no centro deste problema)".[173]

Curiosamente, apesar do avanço da cultura de *compliance*, pouco se fala sobre como os agentes privados e as grandes corporações conseguiram desviar bilhões "por fora da contabilidade" para alimentar os mais variados esquemas de corrupção. Não se nota na opinião pública grande espanto quanto à facilidade de grandes empresas movimentares altíssimas quantias de dinheiro sem absolutamente qualquer tipo de controle.

---

[169] DI PIETRO, Maria Sylvia Zanella. O princípio da Supremacia do Interesse Público: sobrevivência diante dos ideais do neoliberalismo. *In*: DI PIETRO, Maria Sylvia Zanella; RIBEIRO, Carlos Vinícius Alves (Orgs.). *Supremacia do interesse público e outros temas relevantes do direito administrativo*. São Paulo: Atlas, 2010, p. 101.

[170] Ver: CARVALHO, José Murilo de. *Cidadania no Brasil*: o longo caminho. Rio de Janeiro: Civilização Brasileira, 2017, p. 219-228.

[171] RIBEIRO, Carlos Vinícius Alves. Interesse Público: um conceito jurídico indeterminável. *In*: DI PIETRO, Maria Sylvia Zanella; RIBEIRO, Carlos Vinícius Alves (Orgs.). *Supremacia do interesse público e outros temas relevantes do direito administrativo*. São Paulo: Atlas, 2010, p. 104.

[172] GABARDO, Emerson. O conceito de interesse público no direito administrativo brasileiro. *Revista Brasileira de Estudos Políticos*, v. 115, p. 267–318, 2017.

[173] GABARDO, Emerson. O princípio da supremacia do interesse público sobre o interesse privado como fundamento do direito administrativo social. *Revista de Investigações Constitucionais*, v. 4, n. 2, p. 95–130, 2017.

Isso decorre, acreditamos, da falsa percepção de que os recursos "privados" das grandes empresas podem ser utilizados de forma absolutamente potestativa pelos seus gestores. Não há na opinião pública a ideia de que todas as instituições detêm, em algum grau, um caráter público, de função social, de *bem comum*.[174]

É necessário, contudo, lembrar que esse não é um fenômeno moderno: o individualismo foi uma característica marcante do direito administrativo no período do Estado Liberal.[175] O novo regime pós-Revolução Francesa, de ideologia Liberal, manteve no direito administrativo traços do autoritarismo do regime anterior, essa é uma crítica importante apontada com bastante ênfase pela escola individualista[176] e confirmada pela escola clássica[177] do interesse público.

Paradoxalmente, a afirmação de uma supremacia do interesse público, sem os devidos cuidados, ou do interesse privado, também sem os devidos cuidados, podem servir para prorrogar esses traços autoritários no Direito, a favor de autoridades político-administrativas ou de agentes econômicos, que, quando não imbuídos pela busca do bem comum, não são necessariamente antagonistas entre si, mas são, nesses casos, antagonistas do interesse público.

---

[174] Sobre o assunto ler: BOZEMAN, Barry. *All Organizations Are Public*: Bridging Public and Private Organizational Theories. San Francisco: Jossey-Bass, 1987.

[175] DI PIETRO, Maria Sylvia Zanella. O princípio da Supremacia do Interesse Público: sobrevivência diante dos ideais do neoliberalismo. *In*: DI PIETRO, Maria Sylvia Zanella; RIBEIRO, Carlos Vinícius Alves (Orgs.). *Supremacia do interesse público e outros temas relevantes do direito administrativo*. São Paulo: Atlas, 2010, p. 92.

[176] BINENBOJM, Gustavo. *Uma teoria do direito administrativo*: direitos fundamentais, democracia e constitucionalização. 3a ed. rev. Rio de Janeiro: Renovar, 2014, p. 9-17.

[177] DI PIETRO, *Op. cit.*, p. 92.

# 2. Interesse público, limitação de poder e concretização de direitos fundamentais

O interesse público, na qualidade de axioma e princípio jurídico, cumpre dois importantes papéis em um Estado Democrático de Direito: limitar poderes e concretizar direitos fundamentais. Sua carga axiológica deve impor a grupos de interesse que esses exerçam o seu poder com limites, não permitindo que o *bem comum* ou a *defesa de direitos* sejam distorcidos e manipulados como instrumentos egoísticos para vilipendiar o *bem comum* e violar *direitos*.

Neste Capítulo, será abordada a função do constitucionalismo e do interesse público na limitação de poderes político-administrativos e econômicos, bem como se fará breve análise na intrincada trama do jogo de poderes dentro do próprio sistema constitucional através da "sala de máquinas" da Constituição. Será realizada breve análise jurisprudencial, de caráter auxiliar à pesquisa bibliográfica utilizada em todo o trabalho, visando a agregar à discussão sobre o interesse público o tratamento da temática em julgados da amostra colhida de forma *exemplificativa*.

Por fim, será abordado o papel do interesse público na concretização de direitos fundamentais, e o seu oposto: a influência da necessidade da concretização de direitos fundamentais na busca de um conceito de interesse público constitucional, como elemento hermenêutico. Essa relação terá como fruto um primeiro conceito teórico preliminar que servirá de base para os próximos capítulos.

## 2.1. O constitucionalismo como limitador de poderes estatais e econômicos

Segundo Loewenstein, são três os "incentivos fundamentais que dominam a vida em sociedade e regem a totalidade das relações humanas, são: o amor, a fé e o poder", que "de uma maneira misteriosa, estão unidos e entrelaçados". Argumenta o constitucionalista alemão que "o poder da fé move montanhas", bem como que o poder do amor "é o vencedor em todas as batalhas", mas adverte que "não é menos próprio do homem o amor ao poder e a fé no poder". Para concluir que "a história mostra como o amor e a fé contribuíram para a felicidade do homem, e como o poder contribuiu para a sua miséria".[178]

Essa dinâmica do poder, em um Estado constitucional moderno, se dá em um processo que busca estabelecer um equilíbrio entre as diversas forças pluralistas que competem dentro da sociedade.[179] Dentre os principais atores a exercerem poder, nesse contexto, destacam-se os detentores do poder político-administrativo e os detentores do poder econômico. A missão constitucional é, consequentemente, fazer com que esses personagens "se comportem" dentro de uma sistemática de um Estado que quer ser *social*, *democrático* e *de direito*.

Isso corresponde a afirmar que esses atores, que são de extrema importância para a consolidação de uma sociedade que busca concretizar direitos fundamentais, precisam ser submetidos à *limitação de poder*, bem como às *limitações de escolhas* já realizadas pela Constituição, que antagoniza com posições extremadas.

É na linha do que aponta Mártin Haeberlin ao indagar: "Que fazem os mais diversos cultores do livre mercado vendo a miséria escancarada em sua face [...], se não dar murro no fato de que a autocomposição econômica não resulta em uma equação positiva – e que ela ceifa a liberdade ao passo que a constrói? "; e "Que fazem os mais diversos cultores do socialismo vendo a miséria de seus regimes deixar de ser marginal para ser generalizada [...], se não dar murro no fato de que a centralização estatal é produtora das maiores desigualdades...".[180]

O presente tópico trata também, de maneira breve, dessa intrincada teia de relações de poder e aspirações da sociedade, todas contidas na carta constitucional, consubstanciadas nas promessas feitas pelo constitucionalismo[181] e na organização dos poderes do Estado.

---

[178] Tradução nossa. Trecho completo no original: "Los tres incentivos fundamentales que dominan la vida del hombre em la sociedade y rigen la totalidad de las relaciones humanas, son: el amor, la fe y el poder; de uma manera misteriosa, están unidos y entrelazados. Sabemos que el poder de la fe mueve montañas, y que el poder del amor [...] es el vencedor em todas las batallas; pero no es menos proprio del hombre el amor al poder y la fe em el poder. La historia muestra cómo el amor y la fe han contribuido a la felicidade del hombre, y cómo el poder a su miseria". *In*: LOEWENSTEIN, Karl. *Teoría de la Constituición*. Barcelona: Editorial Ariel, 1979, p. 23.

[179] Idem, p. 27.

[180] HAEBERLIN, Mártin. *Uma teoria do interesse público*: fundamentos do Estado meritocrático de direito. Porto Alegre: Livraria do Advogado, 2017, p. 26.

[181] Ver: BARBOSA. Jandeson da Costa. Constitucionalismo em rede: a Argentina e o meio ambiente. *In*: VASCONCELOS, Adaylson Wagner Sousa de (Org.). *Direito: Ramificações, Interpretações e Ambiguidades* 3. Ponta Grossa-PR: Atena, 2021, p. 77-93.

### 2.1.1. *O poder político-administrativo*

> Num domingo à noite, preparava-se Maubert Isabeau, padeiro com estabelecimento no largo da igreja, em Taverolles, para se deitar, quando ouviu uma violenta pancada na vidraça gradeada da sua loja. Correu imediatamente para ali e chegou a tempo de ver um braço passando por uma abertura feita no vidro com um murro, pegar num pão e levá-lo. Isabeau saiu apressadamente e correu atrás do ladrão, que fugia como lhe permitiam as pernas, conseguindo alcançá-lo.
>
> O ladrão largara o pão no caminho durante a corrida, mas tinha ainda o braço ensanguentado. Era Jean Valjean.
>
> Passava-se isto em 1795.
>
> Jean Valjean foi levado aos tribunais daquele tempo «pelo crime de roubo nocturno com arrombamento, praticado numa casa habitada». Possuía uma espingarda de que se servia como o melhor atirador e exercia às vezes o mister de caçador furtivo. Tudo isto lhe foi prejudicial. Há contra os caçadores furtivos um preconceito legítimo. O caçador furtivo e o contrabandista vizinham paredes meias com o salteador. Contudo, seja dito de passagem, entre estas raças de homens e o medonho assassino das cidades há ainda um profundo abismo.
>
> O caçador furtivo vive na floresta, o contrabandista na montanha ou no mar. As cidades produzem homens ferozes, porque produzem homens corruptos. A montanha, o mar e a floresta, produzem homens selvagens: desenvolvem a parte feroz, porém muitas vezes sem destruir a parte humana.
>
> Jean Valjean foi considerado criminoso. Os termos do código eram formais. Existem na nossa civilização momentos terríveis: os momentos em que a penalidade é descarregada sobre um culpado. Que lúgubre momento aquele em que a sociedade se desvia e consuma o irreparável desamparo de uma criatura racional! Jean Valjean foi condenado a cinco anos de galés.[182]

Tal como o trecho transcrito da célebre obra de Victor Hugo, tantas outras obras são pródigas em demonstrar o que acontece quando os detentores do poder político-administrativo não encontram limites, e quando agentes públicos justificam suas ações simplesmente em serem acobertadas pelo "interesse público". Assim como a literatura, a realidade também tem um acervo abundante de exemplos.

No Capítulo 1 desta obra, especificamente no tópico 1.2, abordamos a defesa realizada pela *escola clássica* em relação à supremacia do interesse público. Naquele ponto, analisaram-se os aspectos *internos* da teoria da supremacia do interesse público sobre o particular. Foram identificadas quatro grandes críticas *internas* ao princípio, que seriam: a impossibilidade de sua aplicação ante a indeterminação do seu conceito; a inviabilidade conceitual da supremacia ser uma norma-princípio; a incompatibilidade entre o seu suposto caráter absoluto e a razoabilidade e proporcionalidade; e, por fim, como que a soma das

[182] HUGO, Victor. *Os Miseráveis*. Tradução de Francisco Ferreira da Silva Vieira. Centaur Editions, 2013, p. 74-75.

anteriores, a crítica de que a supremacia como técnica interpretativa seria uma espécie de "carta branca" ao agente público para este realizar toda sorte de desmandos.

Da contraposição argumentativa de autores da escola clássica e da escola individualista concluiu-se que o relativo grau de indeterminação do conceito de interesse público não é óbice para sua aplicação, consistindo, na verdade, em uma vantagem, pois confere uma necessária flexibilidade ao conceito, mantendo-o, no entanto, sob um recorte semântico e axiológico negativo e positivo. Nessa mesma senda, conclui-se que não há obstáculo para considerar a supremacia do interesse público uma norma-princípio, do ponto de vista de compatibilidade conceitual, ainda sem averiguar a sua constitucionalidade ou o seu viés axiológico.

Também foi ultimada no Capítulo 1 a conclusão em relação à possível compatibilidade entre o princípio da supremacia e a razoabilidade e proporcionalidade. Nesse ponto, verificou-se algumas incongruências em relação ao instituto e sua inserção no atual contexto constitucional de proteção de direitos fundamentais.[183] Apesar disso, essas incongruências não justificam, ou sequer esboçam a possibilidade de que haja uma supremacia do interesse particular sobre o público. Por fim, o tópico 1.2 concluiu pela obsolescência do emprego interpretativo do princípio frente à evolução hermenêutica.

Analisados os aspectos *internos*, conceituais, *intrínsecos* do princípio da supremacia do interesse público sobre o particular no referido subitem, esta parte do trabalho se propõe a escrutinar os seus aspectos *externos* à técnica jurídica propriamente dita.[184] [185] Já no tópico 1.2 foi abordada a crítica da escola individualista de que o princípio da

[183] Este trabalho defende que houve uma superação dialética do princípio da supremacia do interesse público para o princípio do interesse público constitucional, como se verá no Capítulo 4. De antemão, é necessário ressaltar que o princípio da supremacia já foi *compatível* com o sistema constitucional pretérito.

[184] Utiliza-se a classificação de aspectos *internos* para se referir a questões que, segundo uma teoria pura do direito, seria eminentemente jurídico, e aspectos *externos* para nomear questões que, além de jurídicas dizem respeito a outra área do conhecimento. Vale mencionar que não somos adeptos à teoria que prega à existência de um direito puro – até porque não é isso que prega propriamente a teoria pura –, mas utilizamos essa terminologia para fins didáticos. Necessário destacar, ainda, importante ressalva de Pérez Luño: "A teoria pura do direito elaborada por Hans Kelsen é um modelo de coerência interna e, portanto, resulta dificilmente atacável pelo interior das premissas nas quais se expressa seu fundamento e desenvolvimento". *In*: LUÑO, Antonio Enrique Pérez. *Perspectivas e tendências atuais do Estado Constitucional*. Tradução de: José Luis Bolzan de Morais e Valéria Ribas do Nascimento. Porto Alegre: Livraria do Advogado, 2012, p. 15.

[185] Nas palavras de Kelsen: "Quando a si própria se designa como 'pura' teoria do Direito, isto significa que ela se propõe garantir um conhecimento apenas dirigido ao Direito e excluir deste conhecimento tudo quanto não pertença ao seu objeto, tudo quanto não se possa, rigorosamente, determinar como Direito. Quer isto dizer que ela pretende libertar a ciência jurídica de todos os elementos que lhe são estranhos". *In*: KELSEN, Hans. *Teoria Pura do Direito*. Tradução de João Baptista Machado, 8ª ed. São Paulo: Editora WMF artins Fontes, 2009, p. 01.

supremacia do interesse público sobre o particular "sempre tem sido invocado, através dos tempos, a torto e a direito, para acobertar as 'razões de Estado', quando não interesses menos nobres, e, até, inconfessáveis".[186]

Como aspecto *externo* do princípio da supremacia do interesse público sobre o particular, será analisada a *facilidade* jurídica que os detentores do poder político-administrativo encontram para manejar e distorcer esse princípio de acordo com o seu interesse e sobrepujar o *real* interesse público. Neste ponto, é necessário rememorar a abordagem dialética que obriga a análise do princípio com base na estrutura jurídico-social-política atual, sem que suas conclusões possam ser aproveitadas para outras conjunturas.[187]

A análise empreendida no tópico 1.2 concluiu que, enquanto a técnica interpretativa e a hermenêutica evoluíram bastante nas últimas décadas, o princípio da supremacia do interesse público sobre o particular, apesar de também ter tido alguma evolução conceitual, permaneceu ligado ao princípio da legalidade estrita.[188]

E não havia como ser diferente, pois, para que o princípio da supremacia disciplinasse uma presunção de superioridade de um valor em detrimento de outro, era necessária uma força legitimadora que previsse exaustivamente todas as exceções que não se submeteriam à discricionariedade do governante: a lei do Parlamento. Assim lecionava Hely Lopes Meirelles: "Essa supremacia do interesse público é o motivo da desigualdade jurídica entre a Administração e os administrados, mas essa desigualdade advém da lei, que, assim, define os limites da própria supremacia".[189]

Ocorre que essa relação supremacia-legalidade sofreu, como já exposto, dois duros golpes: a evolução hermenêutica e social. No campo hermenêutico, recorre-se "cada vez mais às cláusulas gerais e aos princípios jurídicos, categorias que não permitem maior rigor no trabalho

---

186 BORGES, Alice Gonzalez. *Supremacia do interesse público: desconstrução ou reconstrução*. Revista de Direito do Estado, n. 15, p. 1–26, 2007. Disponível em: <http://www.direitopublico.com.br/pdf_seguro/Supremacia do Interesse P?blico – Alice Gonzalez Borges.pdf>.

187 O item 4.1 desta obra abordará a superação dialética do princípio da supremacia do interesse público sobre o particular e esmiuçará o que se introduziu nesse parágrafo.

188 Cabe recordar lição de Hely Lopes Meirelles: "O princípio da legalidade impõe que o agente público observe, fielmente, todos os requisitos expressos na lei como da essência do ato vinculado. O seu poder administrativo restringe-se, em tais casos, ao de praticar o ato, mas de o praticar com todas as minúcias especificadas na lei. Omitindo-as ou diversificando-as na sua substância, nos motivos, na finalidade, no tempo, na forma ou no modo indicados, o ato é inválido, e assim pode ser reconhecido pela própria Administração ou pelo Judiciário, se o requerer o interessado". *In*: MEIRELLES, Hely Lopes. *Direito administrativo brasileiro*. Hely Lopes Meirelles, José Emmanuel Burle Filho. 42. ed. atual. até a Emenda Constitucional 90, de 15.9.2015. São Paulo: Malheiros, 2016, p. 138.

189 Idem, p. 114.

lógico-dedutivo, ou raciocínio de subsunção, o que leva a faltar-se em 'perdas de certeza' no pensamento jurídico".[190] No campo social, houve profundas transformações na sociedade que a tornaram complexa de tal forma que não poderia o legislador prever todas as situações em que coubesse a incidência da norma-regra.

Do princípio da legalidade estrita, evoluiu-se para o princípio da juridicidade administrativa. É dizer que "Sob o ponto de vista axiológico, a segurança jurídica perde terreno para os valores do bem comum e da justiça social", valores caros à escola clássica e à discussão de *interesse público*. Essa mudança de paradigma trouxe enormes ganhos também ao direito administrativo e à concretização de direitos fundamentais, sendo este assunto abordado de modo mais analítico no Capítulo 3 desta obra. No entanto, é necessário antecipar essa conclusão desde já, porque esses vários elementos formam uma teia argumentativa na qual tais elementos são interdependentes.

Não haveria, desse modo, como defender o retrocesso ao princípio da legalidade para se manter a máxima do princípio da supremacia do interesse público segundo a qual no "caso de haver colisão entre eles [interesses público e privado] não pode haver outra solução: 'os interesses públicos têm supremacia sobre os individuais'".[191] Com a superação dialética do princípio da legalidade,[192] não há mais lastro *democrático* para se sustentar a continuidade, como está, do princípio da supremacia do interesse público sobre o particular. Ele também precisa evoluir.

Se admitirmos, no atual contexto, que o interesse indicado pelo agente estatal como público vai prevalecer sobre o particular, sem maiores reflexões, estar-se-ia desincumbindo o detentor do poder político-administrativo de justificar importantes questões para o exercício do poder. E a história é pródiga em exemplos do que ocorre quando o poder político "pelo bem comum" é exercido sem os devidos limites. É dizer que "onde o poder político não é restringido e limitado, o poder é se excede. Raramente, ou nunca, o homem exerceu poder ilimitado com moderação e comedimento".[193]

---

[190] AMARAL, Francisco. *Racionalidade e Sistema do Direito Civil Brasileiro*. Revista de Direito Civil, São Paulo, n. 63, p. 45-56, 1994. p. 55.

[191] CARVALHO FILHO, José dos Santos. *Interesse Público: Verdades e Sofismas*. In: DI PIETRO, Maria Sylvia Zanella; RIBEIRO, Carlos Vinícius Alves (Coord.). Supremacia do interesse público e outros temas relevantes do direito administrativo. São Paulo: Atlas, 2010, p. 75.

[192] Sobre "superação dialética", ver o Capítulo 4 desta obra.

[193] Tradução nossa. No original: "allí donde el poder político no está restringido y limitado, el poder se excede. Rara vez, por no decir nunca, ha ejercido el hombre un poder ilimitado con moderación y comedimiento". *In*: LOEWENSTEIN, Karl. *Teoría de la Constituición*. Barcelona: Editorial Ariel, 1979, p. 28.

É, pois, uma das funções mais clássicas do constitucionalismo a limitação do poder dos agentes do Estado, isso desde os seus primórdios com a assinatura da *Magna Charta Libertartum* pelo Rei João "sem-terra" em 1215 até a nova sistemática constitucional de proteção dos direitos fundamentais. Isso porque não se deve esperar do ser humano a autolimitação, cabendo aos destinatários do poder o controle sobre aqueles que os detêm.[194]

Assim sendo, tem a constituição a *"função garantística"* de "através da *constitucionalização dos direitos e liberdades*, subtrair à livre disponibilidade do soberano (rei, estado, nação) a titularidade e exercício de direitos fundamentais". Assegura Canotilho que "através da subordinação ao direito dos titulares do poder, pretende-se realizar o fim permanente de qualquer lei fundamental – a **limitação do poder**".[195]

Deste modo, a crítica da escola individualista de que a supremacia do interesse público sobre o particular – como existe hoje – restringe demasiadamente os direitos fundamentais – sobretudo os direitos individuais – merece atenção. Paulo Schier chega a afirmar que "a assunção prática da supremacia do interesse público sobre o privado, como cláusula geral de restrição de direitos fundamentais, tem possibilitado a emergência de uma política autoritária de realização constitucional...",[196] em que "os direitos, liberdades e garantias fundamentais devem, sempre e sempre, ceder aos reclames do Estado que, qual Midas, transforma em interesse público tudo aquilo que toca".[197]

Apesar de se notar algum exagero no trecho transcrito acima, é forçoso reconhecer que a doutrina tradicional do princípio da supremacia do interesse público sobre o particular não oferece resposta convincente a essa crítica. Embora *nem tudo* que o Estado "toca" seja anunciado como de interesse público, são necessários parâmetros mais objetiváveis de enunciação do interesse público pelo Estado. Não obstante as barreiras colocadas pelo princípio da legalidade e da juridicidade administrativa – cuja problemática já introduzimos a poucas linhas – a proteção de direitos fundamentais exige maior objetividade do manuseio do princípio da supremacia.

E a proteção dos direitos individuais, requisito inegociável do Estado Democrático de Direito, é justamente uma das mais importantes formas de limitação do poder estatal. Em 1979, Loewenstein já senten-

---

194 LOEWENSTEIN, Karl. *Teoría de la Constituición*. Barcelona: Editorial Ariel, 1979, p. 149.

195 Grifos no original. CANOTILHO, J. J. Gomes. *Direito constitucional e teoria da constituição*. 7ª ed. Coimbra: Edições Almedina, 2003, p. 1440.

196 SCHIER, Paulo. Ensaio sobre a supremacia do interesse público sobre o privado e o regime jurídico dos direitos fundamentais. Pensar – *Revista de Ciências Jurídicas*, v. 12, p. 162–172, 2007.

197 Ibidem.

ciava que "entre todos os limites impostos ao poder do Estado, se considera que o mais eficaz é o reconhecimento jurídico de determinados âmbitos de autodeterminação individual nos quais o Leviatã não pode penetrar".[198]

Ante a análise empreendida, é possível concluir que o princípio da supremacia do interesse público sobre o particular – entendido como mandamento de prevalência do interesse público em caso de colisão deste com um interesse particular em não havendo lei que disponha de modo contrário – encontra fragilidades no atual contexto constitucional de proteção de direitos fundamentais também nos seus aspectos *externos*.

### 2.1.2. *O poder econômico*

> Ah! Mas como era mão de vaca nos negócios esse Scrooge! Um velho e ganancioso pecador que sabia espremer, arrancar, agarrar, apertar! Duro e agudo como uma ponta de sílex do qual nenhum aço jamais houvesse tirado o fogo generoso; dissimulado, reservado e solitário como uma ostra. [...]
>
> A porta da contabilidade de Scrooge estava aberta, para que ele pudesse ficar de olho em seu auxiliar de escritório, que, num triste cubículo mais adiante, uma espécie de cisterna, copiava cartas. Era tão pequena a lareira de Scrooge, mas a do auxiliar era tão menor que parecia consistir em um único carvão. Ele, porém, não a podia reabastecer, pois Scrooge guardava a caixa de carvão em sua própria sala; e todas as vezes que o auxiliar entrava com a pá nas mãos, o patrão logo avisava que o poria no olho da rua.[199]
>
> Como era criança, Oliver estava desesperado de fome, e a miséria lhe tornara imprudente. Ele levantou-se da mesa e, indo em direção ao diretor, com tigela e colher em mãos, disse, um tanto alarmado com a própria temeridade:
>
> – Por favor, senhor, eu queria um pouco mais.
>
> O diretor era um homem gordo e saudável, mas ficou lívido. Por alguns segundos, ele olhou fixamente com estupefata perplexidade para o pequeno rebelde, e depois se escorou na caldeira. As ajudantes ficaram paralisadas de espanto, e os meninos, com medo.
>
> – O quê?! – disse o diretor lentamente com voz falha.
>
> – Por favor, senhor – retrucou Oliver –, eu queria um pouco mais.
>
> O diretor mirou um golpe com a concha na cabeça de Oliver, agarrou-o pelos braços e gritou alto pelo bedel.
>
> O conselho estava sentado em um solene conclave quando o senhor Bumble entrou apressado na sala, muito afobado, e, dirigindo-se ao cavalheiro na cadeira alta, disse:

---

[198] Tradução nossa. No original: "Entre todos los límites impuestos al poder del Estado se considera que el más eficaz es el reconocimiento jurídico de determinados ámbitos de autoderminación individual en los que el Leviatán no puede penetrar". *In:* LOEWENSTEIN, Karl. *Teoría de la Constituición*. Barcelona: Editorial Ariel, 1979, p. 390.

[199] DICKENS, Charles. *Um cântico de Natal e outras histórias*. Tradução de Roberto Leal Ferreira. São Paulo: Martins Claret, 2015, p. 54-56.

– Senhor Limbkins, peço licença, senhor! Oliver Twist pediu a mais mingau!

Houve um sobressalto geral. Horror estampou-se em cada semblante.

– Mais mingau! – exclamou o senhor Limbkins. – Recomponha-se, Bumble, e responda-me com clareza. Estou mesmo entendendo que ele pediu mais, depois de ter comido o jantar indicado nas regras da dieta?

– Sim, senhor – respondeu Bumble.

– Aquele menino acabará indo para a forca – disse o cavalheiro com o colete branco. – Sei que acabará indo para a forca.[200]

Os dois textos acima, carregados do exagero caricato próprio da obra dickensiana, retratam duras críticas ao liberalismo extremo que imperava no século XIX. O primeiro trecho traz o famoso personagem Ebenezer Scrooge, a caricatura de um homem mau que explora desumanamente os seus empregados com o único intuito de acumular riquezas. A segunda passagem apresenta o pequeno órfão Oliver Twist em uma cena na qual os administradores do orfanato em que vive, representando metaforicamente os "donos do poder", se escandalizam com a súplica do garoto faminto que pede um pouco mais de comida, também em uma metáfora que simboliza a reação dos poderosos à súplica do povo por mais direitos sociais.

Na esteira das críticas ao liberalismo, muitos autores identificam a escola individualista e sua cruzada contra o princípio da supremacia do interesse público sobre o particular como a tentativa de fazer emergir, no coração do direito administrativo brasileiro, o neoliberalismo. Di Pietro classifica a escola individualista[201] como "uma ala retrograda" que "prega a volta de princípios próprios do liberalismo, quando se protegia apenas uma classe social e inexistia a preocupação com o bem comum, com o interesse público".[202]

Até autores que são críticos ao princípio da supremacia do interesse público tecem reprimendas ao pensamento neoliberal puro. É o caso de Paulo Schier, segundo o qual os neoliberais têm uma visão do "fenômeno constitucional" que "o reduzem a um simples instrumento de governo e de economia, totalmente descompromissado com os

---

[200] DICKENS, Charles. *Oliver Twist*. Tradução de João Sette Câmara. Jandira-SP: Ciranda cultural, 2019, p. 17.

[201] A autora obviamente não utiliza a expressão "escola individualista", pois essa expressão foi criada por nós e publicada apenas em 2021 no artigo BARBOSA, Jandeson da Costa. Interesse público constitucional, harmonização de direitos fundamentais e transformação da sociedade. *Revista do TCU*. Edição n. 146 (2020), p. 120-132. Disponível em: <https://revista.tcu.gov.br/ojs/index.php/RTCU/article/view/1678>. Acesso em 24 mar 2021. A autora se refere à "doutrina que se considera inovadora" e "direito administrativo econômico". DI PIETRO, Maria Sylvia Zanella. O princípio da Supremacia do Interesse Público: sobrevivência diante dos ideais do neoliberalismo. *In*: DI PIETRO, Maria Sylvia Zanella; RIBEIRO, Carlos Vinícius Alves (Orgs.). *Supremacia do interesse público e outros temas relevantes do direito administrativo*. São Paulo: Atlas, 2010, p. 100-101.

[202] Idem, p. 101.

direitos fundamentais, que deixam de ser o seu núcleo e passam a ser espécies de 'concessão', direitos que substanciam o 'resto' do banquete e da lógica dos incluídos".[203]

Seria o neoliberalismo "uma ideologia partidária do mercado sem limites" que busca "que, em matéria de direitos fundamentais sociais, se regresse ao século XIX, ao Estado do *laissez-faire, laissez-passer*".[204] Segundo Pierre Bourdieu, "o neoliberalismo faz voltar, sob as aparências de uma mensagem muito chique e muito moderna, as idéias mais arcaicas do patronato mais arcaico".[205] É a falácia de que "o corte nas políticas de bem-estar social honra a dignidade do trabalho, tornando a vida mais difícil para quem é ocioso e cortando relação de dependência entre as pessoas e o governo".[206]

Ao relembrar que o direito administrativo "nasceu justamente no período do Estado liberal, cuja preocupação maior era a de proteger os direitos individuais frente aos abusos do poder", Di Pietro assevera que "protegeu tanto a liberdade, que acabou por gerar profunda desigualdade social, porque, afinal os homens não nascem tão livres e iguais como pretendia Rosseau e foi afirmado no artigo 1° da Declaração dos [Direitos dos] Homens e do Cidadão de 1789".[207]

Luiz Edson Fachin se refere à "expressão neoliberal" como um "questionável projeto que merece crítica e resistência". O autor destaca que tal projeto não oferece "respostas efetivas que liguem o homem real ao sentido de justiça" e arremata que, com tal projeto, pretende-se "excluir do público uma seara de direitos básicos sequer realizados para a maioria esmagadora da população".[208]

De fato, não encontra guarida no sistema constitucional de proteção de direitos fundamentais investidas que possam flexibilizar direitos sociais já conquistados, o que seria um notável retrocesso. É preciso "que se preservem as conquistas do liberalismo, mas respeitando-se os

203 SCHIER, Paulo. Ensaio sobre a supremacia do interesse público sobre o privado e o regime jurídico dos direitos fundamentais, Pensar – *Revista de Ciências Jurídicas*, v. 12, p. 162–172, 2007.

204 AZEVEDO, Plauto Faraco. *Neoliberalismo*: desmonte do Estado Social. Porto Alegre: Libretos, 2018, p. 72.

205 BOURDIEU, Pierre. *Contre-feux*: propôs pour servir à la résistance contre l'invasion néo-libérale. Tradução de Lucy Magalhães. Rio de Janeiro: Jorge Zahar Ed., 1998, p. 31.

206 SANDEL, MICHAEL J. *A tirania do mérito*: o que aconteceu com o bem comum? Tradução de: Bhuvi Libanio. 2ª ed. Rio de Janeiro: Civilização Brasileira, 2020, p. 292.

207 DI PIETRO, Maria Sylvia Zanella. O princípio da Supremacia do Interesse Público: sobrevivência diante dos ideais do neoliberalismo. *In*: DI PIETRO, Maria Sylvia Zanella; RIBEIRO, Carlos Vinícius Alves (Orgs.). *Supremacia do interesse público e outros temas relevantes do direito administrativo*. São Paulo: Atlas, 2010, p. 99.

208 FACHIN, Luiz Edson. Limites e possibilidades do ensino e da pesquisa jurídica: repensando paradigmas. *Argumenta Journal Law*, Jacarezinho – PR, n. 1, p. 25-34, jan. 2013. ISSN 2317-3882. Disponível em: <http://seer.uenp.edu.br/index.php/argumenta/article/view/2>. Acesso em: 08 fev. 2021. doi:http://dx.doi.org/10.35356/argumenta.v1i1.2.

direitos fundamentais sociais indispensáveis à fruição das liberdades públicas".[209]

Noberto Bobbio assegurava que a manutenção e o avanço das conquistas sociais não seriam uma questão de ordem filosófica, mas política: "O problema fundamental em relação aos direitos do homem, hoje, não é tanto o de *justificá-los*, mas de *protegê-los*. Trata-se de um problema não filosófico, mas político". De acordo com o autor, quando "se trata de enunciá-los" os acordos de proteção aos direitos sociais são formados "com relativa facilidade" e "independentemente do maior ou menor poder de convicção de seu fundamento absoluto". Já "quando se trata de passar à ação, ainda que o fundamento seja inquestionável, começam as reservas e as oposições".[210]

Fachin assegura que esse é também um problema do sistema jurídico, que "ao refletir o modelo que governa relações econômicas e sociais, serve para marcar uma marginalização", tendo em vista que a posição jurídica depende do "universo de titularidades que o próprio sistema define". E, desse modo, "percebe-se claramente que o sistema jurídico pode ser, antes de tudo, um sistema de exclusão".[211]

Nessa senda, é importante destacar a repercussão de eventual adoção de uma postura constitucionalmente inadequada do direito administrativo. Como direito que regulamenta o funcionamento interno da Administração concretizadora de direitos fundamentais, e, portanto, também sociais, o direito administrativo é um importante componente do sistema jurídico que deve gerar inclusão, até porque, na maioria das vezes, a Administração Pública atua positivamente por intermédio de ações materiais.

Citam-se como exemplo os arranjos econômicos e jurídicos ocorridos nos países da América Latina durante a década de 80, cujos "programas neoliberais provocaram miséria social e o crescimento dos níveis de desemprego que não foram compensados pela existência de uma sólida rede de segurança".[212]

---

[209] AZEVEDO, Plauto Faraco. *Neoliberalismo: desmonte do Estado Social*. Porto Alegre: Libretos, 2018, p. 61-62.

[210] Bobbio, Norberto. *A era dos direitos*. Tradução Carlos Nelson Coutinho. Rio de Janeiro: Elsevier, 2004, p. 15-16.

[211] FACHIN, Luiz Edson. Limites e possibilidades do ensino e da pesquisa jurídica: repensando paradigmas. *Argumenta Journal Law*, Jacarezinho – PR, n. 1, p. 25-34, jan. 2013. ISSN 2317-3882. Disponível em: <http://seer.uenp.edu.br/index.php/argumenta/article/view/2>. Acesso em: 08 fev. 2021. doi:http://dx.doi.org/10.35356/argumenta.v1i1.2.

[212] GARGARELLA, Roberto. *Constitucionalismo latino-americano*: direitos sociais e a "sala de máquinas" da Constituição. Tradução de Thiago Pádua e Jefferson Guedes. Revista Universitas Jus, v. 27, n. 2 (2016), p. 33-41.

O próprio Binenbojm, expoente da escola individualista, assevera na sua recente obra que o "mínimo existencial consiste na medida necessária e suficiente das condições materiais, intelectuais e psicológicas para que todos os indivíduos tenham igual acesso às diferentes dimensões da liberdade", sem as quais "as liberdades se convertem em proclamações formais destituídas de efeito prático".[213]

É verdade que o autor acaba colocando "no mesmo balaio" socialismo e social-democracia em uma suposta busca de *igualdade de resultados* como requisito para a justiça social.[214] Como se verá no tópico 4.2 deste livro, há diferenças elementares entre socialismo e social-democracia. E – adianta-se desde já – a Constituição afasta a primeira e proclama a segunda. Não seria absurdo, então, repetir a "crítica da crítica" que Di Pietro faz em relação ao princípio da supremacia do interesse público: "Exagera-se o seu sentido, para depois combatê-lo".[215]

Portanto, longe de contribuir com a concretização de direitos fundamentais, essa visão neoliberal extremada que prega uma atuação estatal aquém do que determina a Constituição não pode encontrar guarida justamente no direito administrativo. E isso não é uma valoração ideológica, é uma simples constatação do conteúdo constitucional.

Nesse sentido, acerta Di Pietro quando afirma que o direito administrativo econômico é apenas uma parte do direito administrativo, e que "a Constituição não quer a proteção apenas do interesse econômico".[216] De modo semelhante, e em relação aos direitos fundamentais em geral, asseverava Carlos Santiago Nino que "um necessário complemento aos direitos econômicos são os direitos sociais".[217]

Em argumentação muito semelhante àquela construída por Di Pietro, Azevedo afirma que a "falsa pretensão de 'modernidade', susten-

---

[213] BINENBOJM, Gustavo. *Liberdade igual*: o que é e por que importa. Rio de Janeiro: História Real, 2020, p. 102.

[214] Ibidem.

[215] DI PIETRO, Maria Sylvia Zanella. O princípio da Supremacia do Interesse Público: sobrevivência diante dos ideais do neoliberalismo. *In*: DI PIETRO, Maria Sylvia Zanella; RIBEIRO, Carlos Vinícius Alves (Orgs.). *Supremacia do interesse público e outros temas relevantes do direito administrativo*. São Paulo: Atlas, 2010, p. 85-102, p. 100.

[216] Idem, p. 101.

[217] Tradução nossa. No original, o trecho completo: "Un necesario complemento de los derechos económicos son los derechos llamados 'sociales'. En realidad, estos derechos pueden verse como un indispensable correctivo frente a las falencias de los derechos económicos, ya sea en lo que hace a la defic.iente distribución equitativa de la propiedad y de la libertad de trabajo, comercio o industria, o en lo que se refiere a un ejercicio de esos derechos que no contempla las necesidades de los menos favorecidos". *In*: NINO, Carlos Santiago. *Fundamentos de derecho constitucional*: análisis filosófico, jurídico y politológico de la práctica constitucional. Buenos Aires: Editorial Astrea, 2013, p. 397.

tada pelo neoliberalismo globalitário, não pode levar ao esquecimento daquilo foi realizado pelo Estado do Bem-Estar Social", ressaltando que o "direito positivo foi modificando princípios e conceitos, *atenuando o individualismo liberal*".[218]

Nesse contexto, ressurge a importância da discussão sobre o conceito de interesse público, que "não se constrói a partir da impossibilidade técnica de os particulares satisfazerem determinados interesses individuais, mas pela afirmação da impossibilidade ética de deixar de atendê-los".[219] Porque, ampliando o alcance do argumento de Loewenstein,[220] não é apenas o poder político que sempre se excede quando não é limitado, mas qualquer tipo de poder.

E aqui cabe afastar a lógica cartesiana criticada por Carlos Ari Sundfeld de que: "O Estado é o bem; os particulares, o mal. O direito administrativo é o direito do interesse público, o direito privado é o direito do dinheiro. O direito administrativo é o direito do bem, o direito privado é o direito do mal".[221] De certo, o relato é demasiadamente caricaturado, mas a exposição requer afirmar que essas máximas também não encontram guarida na Constituição, ou quase todas elas, pois não há como não reconhecer que o direito administrativo é sim por excelência o direito do interesse público, dentro da ótica que permeia esse trabalho, de um interesse público constitucional concretizador de direitos fundamentais.

É forçado e inadequado, pois, dissociar direito administrativo de interesse público, finalidade do Estado. Acerta Carvalho Filho ao afirmar que "o interesse público, então, se antagoniza com a ideia do isolacionismo e do egocentrismo. Ultrapassa as fronteiras dos interesses individuais e representa uma demanda de satisfação por parte das comunidades".[222]

Hegel já denunciava o que chamava de "privatização do direito", que tem como uma de suas faces a "instrumentalização ou subordinação do direito público ao direito privado – pelo qual o direito público

---

[218] AZEVEDO, Plauto Faraco. *Neoliberalismo*: desmonte do Estado Social. Porto Alegre: Libretos, 2018, p. 99.

[219] GABARDO, Emerson. O conceito de interesse público no direito administrativo brasileiro. *Revista Brasileira de Estudos Políticos*, v. 115, p. 267–318, 2017.

[220] LOEWENSTEIN, Karl. *Teoría de la Constituición*. Barcelona: Editorial Ariel, 1979, p. 28.

[221] SUNDFELD, Carlos Ari. *Direito administrativo para céticos*. São Paulo: Malheiros, 2017, p. 139.

[222] CARVALHO FILHO, José dos Santos. Interesse Público: Verdades e Sofismas. *In*: DI PIETRO, Maria Sylvia Zanella; RIBEIRO, Carlos Vinícius Alves (Coord.). *Supremacia do interesse público e outros temas relevantes do direito administrativo*. São Paulo: Atlas, 2010, p. 73.

passa à condição de instrumento para a realização do direito privado dos indivíduos".[223]

Há de se ressaltar que também acerta Sundfeld ao descrever que, no Brasil, há uma "sobrevida ao critério da autoridade, justificando que os poderes e a supremacia do Estado sobre os privados fossem muitas vezes presumidos ou exacerbados".[224] Por isso, este trabalho se esforça para demonstrar as incongruências de uma teoria do interesse público que seja dissociada da concretização de direitos fundamentais. Incongruências estas que causam, como narrou o autor, desmandos por parte dos detentores do poder político-administrativo, mas que não podem servir de justificativa para a incontinência do poder econômico sobre outras classes de direitos fundamentais.

O interesse público, portanto, busca a concretização de todos os matizes de direitos fundamentais enunciados no Estado Constitucional. Ele impõe – no mundo do *dever ser* e deve transcender ao mundo do *ser* – limites à atuação do poder econômico que ultrapassa a esfera da liberdade e invade as outras classes de direitos fundamentais. Nas plêiades de enunciados da escola individualista, há, pois, dentre outras, algumas doutrinas que pregam que os interesses privados-econômicos não mais encontrem limite no interesse público.[225] Essas doutrinas não encontram amparo na Constituição.

Jacques Chevalier aponta, inclusive, "poderosos e agressivos interesses econômicos" por trás da atuação dos detentores do poder político-administrativo para fazer prevalecer os seus interesses, utilizando os Estados como "instrumentos de ação".[226] É hipótese em que se unem o poder político-administrativo e o poder econômico para, por vezes, finalidades que passam muito ao largo do interesse público. É o pior cenário possível, a união de dois excessos cuja prejudicialidade o presente trabalho pretende estar demonstrando.

---

[223] HEGEL, Georg Wilhelm Friedrich. *Sobre as maneiras científicas de tratar o direito natural*: seu lugar na filosofia prática e sua relação com as ciências positivas do direito. Tradução e apresentação de: Agemir Bavaresco e Sérgio B. Christino. São Paulo: Edições Loyola, 2007, p. 19-20.

[224] SUNDFELD, Carlos Ari. *Direito administrativo para céticos*. São Paulo: Malheiros, 2017, p. 140.

[225] O autor também não utiliza a expressão "escola individualista", pois ela foi criada por nós e publicada apenas em 2021 no artigo "BARBOSA, Jandeson da Costa. Interesse público constitucional, harmonização de direitos fundamentais e transformação da sociedade. No prelo". O autor se refere a "novas doutrinas jurídicas". RIBEIRO, Carlos Vinícius Alves. Interesse Público: um conceito jurídico indeterminável. *In*: DI PIETRO, Maria Sylvia Zanella; RIBEIRO, Carlos Vinícius Alves (Orgs.). *Supremacia do interesse público e outros temas relevantes do direito administrativo*. São Paulo: Atlas, 2010, p. 104.

[226] CHEVALIER, Jacques. *O Estado pós-moderno*. Trad. Marçal Justen Filho. Belo Horizonte: Fórum, 2009, p. 49.

### 2.1.3. *A sala de máquinas*[227] *e os "puxadinhos"*[228] *da Constituição*

Roberto Gargarella faz uma análise acerca do perfil político das constituições latino-americanas do século XIX. De acordo com o autor, a maioria dos países da América Latina "entrou no século XX com constituições liberais-conservadoras, para dizer com isso constituições que foram resultado de um acordo político entre liberais e conservadores".[229]

Essas cartas, continua o autor, são um misto dos compromissos dos dois grupos heterogêneos, tendo, ao mesmo tempo, "o compromisso com um sistema de pesos e contrapesos e para declarar neutralidade – sobretudo tolerância religiosa – que caracterizou as aspirações do grupo liberal" e "o compromisso com um sistema de autoridade concentrada – centralização regional e perfeccionismo moral – que caracterizou as aspirações do grupo conservador". Gargarella aponta que as iniciativas de aspirações sociais e de inclusão da massa na esfera pública foram amplamente rejeitadas pelo pacto liberal-conservador.[230]

O século XX, por outro lado, foi marcado pelo constitucionalismo social, a da Revolução Mexicana de 1910, que culminou com a promulgação da Constituição de 1917, de cunho fortemente social. A partir daí, a história do constitucionalismo latino-americano mudou radicalmente, com vários de seus países incluindo diversos direitos sociais em suas constituições, como ocorreu no Brasil em 1937.[231] Há de se ressaltar

---

[227] A expressão "sala de máquinas da Constituição", ou "*the engine room of the Constitution*" foi criada por Roberto Gargarella em GARGARELLA, Roberto. *Latin american constitutionalism, 1810-2010*: the engine room of the Constitution. Oxford: Oxford University Press, 2013.

[228] O termo "puxadinho" foi acrescentado por nós à expressão "Sala de máquinas da Constituição" de Roberto Gargarella com o sentido a ser explicado no texto. Eis o sentido original:

"A palavra *puxadinho* aponta para uma prática, bastante disseminada no Brasil, de ampliar uma moradia, adicionando uma construção, como uma extensão, uma edícula ou outra".

A formação da palavra com diminutivo "–inho" indica um sentido popular, de realizar algo nos limites entre o permitido e o não permitido.

A nomeação abre também para um espaço de juridismo, visto que o imóvel que recebe esse tipo de ampliação deve ser regularizado conforme a legislação vigente. Ao ler a definição abaixo, do dicionário Aulete Digital, observa-se que puxadinho é significado como obra "não prevista", evocando-se uma possível irregularidade da construção:

"Bras. Pequena obra anexa não prevista na planta original de uma construção: Morava num puxadinho construído na casa dos seus pais. [AULETE DIGITAL – O DICIONÁRIO DA LÍNGUA PORTUGUESA. Disponível em: http://www.aulete.com.br. Acesso em 17 de março de 2015.]" *In:* NUNES, José Horta. *Enciclopédia Discursiva da Cidade.* Disponível em: <https://www.labeurb.unicamp.br/endici/index.php?r=verbete%2Fview&id=250> Acesso em: 15 mar 2021.

[229] GARGARELLA, Roberto. Constitucionalismo latino-americano: direitos sociais e a "sala de máquinas" da Constituição. Tradução de Thiago Pádua e Jefferson Guedes. *Revista Universitas Jus*, v. 27, n. 2 (2016), p. 33-41.

[230] Ibidem.

[231] GARGARELLA, Roberto. *Latin american constitutionalism, 1810-2010*: the engine room of the Constitution. Oxford: Oxford University Press, 2013. p. 105-148.

que "se não se pretende negar as particularidades sociais, políticas, institucionais e jurídicas de cada país, não se pode lançar um olhar único ao movimento constitucional"[232] comum dos países latino-americanos.

A segunda metade do século passado e primeira década do atual foram marcadas pelo multiculturalismo e pela relevância dos direitos humanos. A par disso, diversos governos pós-ditatoriais promoveram reformas de cunho neoliberal marcadas pela "drástica redução de gastos públicos e a eliminação de programas sociais", que provocaram, segundo Gargarella, "miséria social e o crescimento dos níveis de desemprego que não foram compensados pela existência de uma sólida rede de segurança".[233]

Desse modo, as pessoas, que até então contavam com uma estrutura estatal que lhes assegurava trabalho e certa proteção social, viram o Estado diminuir de tamanho ao mesmo tempo que em empresas estatais "eram vendidas em transações rápidas e não transparentes". Esse cenário desencadeou uma série de manifestações de movimentos sociais na América Latina, cujo efeito foi o de que "ao final do século, a maioria dos países da região tem adotado constituições extremamente fortes, ao menos no que se refere aos direitos sociais, econômicos e culturais que elas incluem".[234]

Essa rápida digressão é necessária para contextualizar o leitor na teoria da "sala de máquinas" de Roberto Gargarella. Sustenta o autor que, ao mesmo tempo em que o pacto conservador-liberal permitiu que as novas constituições incorporassem no seu texto uma longa lista de direitos sociais, houve o cuidado de evitar alterações substanciais na seção de "organização dos poderes", a qual o Gargarella denomina a "sala de máquinas" da Constituição.[235]

Ao proclamar textualmente diversos direitos sociais, sem realizar as alterações na estrutura do poder condizentes com tais transformações, ao mesmo tempo dificultavam a concretização de tais direitos e protegiam de sobremaneira os seus interesses – sobretudo o direito à propriedade. Segundo o autor, "acima de tudo, eles pareciam não ter dúvidas sobre o significado de ter um Executivo forte para alcançar as

---

[232] BARBOSA. Jandeson da Costa. Constitucionalismo em rede: a Argentina e o meio ambiente. In: VASCONCELOS, Adaylson Wagner Sousa de (Org.). *Direito: Ramificações, Interpretações e Ambiguidades* 3. Ponta Grossa-PR: Atena, 2021, p. 77-93.

[233] GARGARELLA, Roberto. *Constitucionalismo latino-americano*: direitos sociais e a "sala de máquinas" da Constituição. Tradução de Thiago Pádua e Jefferson Guedes. Revista Universitas Jus, v. 27, n. 2 (2016), p. 33-41.

[234] Idem, p. 37-38.

[235] GARGARELLA, Roberto. *Latin american constitutionalism, 1810-2010*: the engine room of the Constitution. Oxford: Oxford University Press, 2013, p. 185-187.

mudanças que desejavam (ou seja, em relação à preservação dos direitos de propriedade existentes)".[236]

Feita essa breve descrição conceitual da "sala de máquinas da constituição", convém, obviamente, perquirir a conexão de tal assunto com o tema do presente trabalho: o interesse público. Ora, no atual contexto de proteção de direitos fundamentais, permeia o conceito de interesse público a concretização máxima possível de todas as classes de direitos fundamentais.[237] E o desequilíbrio na proteção estatal de apenas uma das classes desses direitos, como os direitos individuais, mais precisamente o direito de propriedade, em franco sacrifício de outras classes de direitos, como os sociais, antagoniza com o mais elementar conceito de interesse público.

Da mesma forma, um arranjo institucional que permita aos detentores do poder político-administrativo a sua manutenção e a conservação de seus privilégios, ao arrepio da concretização de direitos fundamentais – aqui incluída a liberdade-política e novamente os diretos sociais, direitos de fraternidade, dentre outros – de igual maneira obstaculiza, ataca, faz oposição ao interesse público.

Nesse contexto, emerge e urge a necessidade de discussão sobre o interesse público e a sua aplicação hermenêutica. É claro que o direito, sobretudo a hermenêutica do direito administrativo, não tem a pretensão de esgotar ou mesmo ser a principal frente para "entrar na sala de máquinas", para mudar a estrutura de poder do Estado e das relações de poder da sociedade.

Mas a impossibilidade de transformação do todo não desobriga da ação aquele que pode transformar a parte. E os operadores do direito administrativo – especialmente os administradores públicos, mas também os juízes – têm o dever moral – e constitucional – de justificar sob critérios objetivos nos seus atos decisórios administrativos, na execução de políticas públicas, nas decisões judiciais, como seus atos atendem ao interesse público. Se o direito administrativo não pode entrar na sala de máquinas, ele tem acesso aos "dutos e eletrodos" que a comunica com os outros compartimentos da "máquina da Constituição".

Além da preservação da "organização dos poderes", ou da "sala de máquinas", o sistema jurídico-constitucional tem sofrido, sobretudo nos últimos anos, a construção de "puxadinhos" dessa sala de máqui-

[236] Tradução nossa. No original: "Above all, they seemed to have no doubts about the meaning of having a strong Executive for achieving the changes they wanted (i.e., regarding the preservation of existing property rights). *In*: GARGARELLA, Roberto. *Latin american constitutionalism, 1810-2010: the engine room of the Constitution*. Oxford: Oxford University Press, 2013, p. 186.

[237] Necessária, pois, a concretização e *harmonização* das diversas classes de direitos fundamentais. O assunto será abordado detidamente no subitem 2.3 deste livro.

nas em vários compartimentos da "máquina". Isso quer dizer que, por meio de reformas constitucionais – ou mesmo legais – têm sido criadas outras amarras à concretização de direitos sociais. São os "puxadinhos" dos detentores do poder político e econômico.

Aqui faz-se novamente a ressalva de que o presente trabalho não pretende opor nenhum tipo de negativação a tais poderes, pelo contrário. O que se propõe é a reflexão, restrita ao escopo desta obra, sobre eventuais ações dos detentores de tais poderes que não se coadunam com o Estado Democrático de Direito, com o interesse público e com as opções realizadas pela Constituição.

De um lado, detentores do poder político-administrativo constroem "puxadinhos" de implosão a médio e longo prazos da política fiscal do país, endividando de sobremaneira o Estado, obrigando-o a pagar pesados juros que consomem mais da metade do seu orçamento fiscal. E aqui não se está referindo a opções políticas keynesianas[238] de impulsionamento da economia através da ação estatal, mas ao déficit fiscal indiscriminado. Tal conduta compromete a concretização de direitos das próximas gerações, condenando-as à instabilidade econômica e à paralisia estatal.

Doutro lado, é proposta como solução para o primeiro problema – como que na sequência de uma sinfonia – a velha fórmula de corte indiscriminado dos gastos sociais do Estado, venda também indiscriminada de empresas estatais e as demais ações de austeridade neoliberal. Tais ações, a pretexto de resolver o déficit fiscal do país, passam ao largo de alterar outros "puxadinhos" da sala de máquina, como o pesado sistema de tributação regressiva, a precária infraestrutura e o ambiente de negócios favorável à construção de monopólios.

Nesse cenário, o interesse público precisa abandonar as "supremacias" e se tornar "constitucional", para impor a quem lance mão de tal conceito o dever de demonstrar o alinhamento da ação estatal – e também privada – à concretização de todas as classes de direitos fundamentais, a submissão *real* da ação estatal – repita-se, e também privada –, à Constituição.

[238] "O Keynesianismo, ou Escola Keynesiana, é uma doutrina político-econômica que defende o Estado como um agente ativo contra a recessão e alta no desemprego.

As ideias do Keynesianismo surgiram com o economista John Maynard Keynes, principalmente a partir da publicação de seu livro *A Teoria Geral do Emprego, do Juro e da Moeda* em 1936.

Por exigir um governo maior como decisor na economia de um país, o Keynesianismo, gerou uma oposição ao Liberalismo, ideia que defende um Estado o menor possível". *In*: <https://www.dicionariofinanceiro.com/keynesianismo/#:~:text=O%20Keynesianismo%2C%20ou%20Escola%20Keynesiana,recess%C3%A3o%20e%20alta%20no%20desemprego.&text=Por%20exigir%20um%20governo%20maior,um%20Estado%20o%20menor%20poss%C3%ADvel.> Acesso em: 15 mar 2021.

O interesse público deve, desse modo, limitar a atuação dos poderes político-administrativo e econômico quando estes se oporem desmedidamente à concretização de direitos fundamentais. Sua utilização na hermenêutica, interpretação e aplicação deve ser um óbice a ações da "sala de máquinas" e dos "puxadinhos" que visem a retardar ou mesmo a regredir na concretização de direitos sociais assegurados peça própria Constituição.

## 2.2. O interesse público na jurisprudência do STF

As pesquisas de jurisprudência podem ter diversas aplicações. Podem ser pesquisas quantitativas – denominadas recentemente de *jurimetria* –, podem realizar uma análise temática com apresentação das linhas de entendimento do órgão julgador, ou mesmo esquadrinhar os impactos da jurisprudência, dentre várias outras possibilidades.[239] "Outras vezes, os julgados são utilizados como exemplificações do problema que se pretende endereçar";[240] é o caso da diminuta pesquisa jurisprudencial realizada neste ponto do presente trabalho.

Esta pequena pesquisa da jurisprudência tem, pois, um caráter auxiliar à metodologia amplamente utilizada em todo o trabalho, e visa a agregar à discussão sobre o interesse público como elemento *exemplificativo* o tratamento da temática em julgados da amostra colhida. Por não se constituir na metodologia principal do trabalho, tal pesquisa não tem o condão de demonstrar o posicionamento do órgão julgador ante a existência de uma supremacia do interesse público ou do interesse particular, tampouco de apontar um conceito de interesse público utilizado pelo órgão. Mas visa, como via auxiliar, residual, complementar, a obter *exemplos* de abordagem da temática pelo julgador estudado.

O problema de pesquisa parcial a ser investigado para contribuir com a resposta ao problema principal é perquirir, exemplificativamente, se nos julgados analisados é utilizado um *conceito* de interesse público, se esse instituto é citado com o fito de *restringir* ou *concretizar* direitos fundamentais ou para *limitar* poderes, sejam eles estatais ou particulares.

A amostra estudada é constituída dos seguintes recortes jurisprudenciais: julgados do Supremo Tribunal Federal (STF), do tipo acórdãos, apenas do seu órgão Pleno, prolatados com reconhecimento de

---

[239] FEFERBAUM, Marina. QUEIROZ, Rafael Mabei Rabelo. *Metodologia da pesquisa em direito*: técnicas e abordagens para elaboração de monografias, dissertações e teses. 2ª ed. São Paulo: Saraiva, 2019, p. 99-108.

[240] Idem, p. 104.

repercussão geral, julgados entre 1º/1/2019 e 31/12/2020, contendo a expressão "interesse público". A pesquisa no sítio eletrônico do STF retornou o resultado de 11 acórdãos, sendo um de relatoria do Ministro Edson Fachin, dois relatados pelo Ministro Roberto Barroso, três pelo Ministro Luiz Fux, e, finalmente, cinco acórdãos de relatoria do Ministro Marco Aurélio.

O único acórdão da amostra de relatoria do Ministro Edson Fachin trata da constitucionalidade do "estabelecimento de tratamento processual especial para a Fazenda Pública, fixando-se prazo de 30 dias para opor embargos à execução". O Relator, citando precedentes[241] da Suprema Corte, alerta que o referido tratamento processual diferenciado consignado à Fazenda Pública "não restringe de forma desproporcional os direitos fundamentais das partes adversas, mas, sim, busca dar máxima efetividade ao princípio de proteção ao interesse público".[242]

Nesse acórdão, aprovado por maioria, é interessante a menção a um "princípio de proteção ao interesse público". Há de se ressaltar que o julgado não traz um conceito de interesse público. Destaca-se, também, que o Relator entendeu que o prazo em dobro da Fazenda Pública "não restringe de forma desproporcional os direitos fundamentais das partes adversas", o que, a *contrario sensu*, implica afirmar que tal regra *restringe de forma proporcional os direitos fundamentais* da parte adversa.[243]

Essa conclusão levanta questões importantes sobre a temática do interesse público. Uma delas é a de que a Suprema Corte *permite* que direitos fundamentais sejam restringidos em nome do interesse público. Desse primeiro ponto, surge o questionamento de como isso é possível, já que, de acordo com o sistema de proteção de direitos fundamentais, um direito dessa natureza somente pode ser restringido por outro que também seja direito fundamental. Soma-se à indagação anterior, a tese de que o Estado não é e não pode ser titular de direitos fundamentais.[244]

---

[241] Precedentes: ADI 2.418, Relator Ministro Teori Zavascki, DJe 09.06.2016; ADC 11, Relator Ministro Gilmar Mendes, Plenário, J. 23.08.2019.

[242] BRASIL. Supremo Tribunal Federal. RE 590871, Relator: Edson Fachin, Tribunal Pleno, julgado em 11/11/2019, Acórdão Eletrônico Repercussão Geral – Mérito DJe-260 Divulg 27-11-2019 Public 28-11-2019. Disponível em: <https://jurisprudencia.stf.jus.br/pages/search/sjur415863/false> Acesso em 17 mar 2021.

[243] Ibidem.

[244] Ver: FERREIRA, Hamanda Rafaela Leite. *O Estado como titular de direitos fundamentais:* (im)possibilidade e consequências da atribuição de direitos fundamentais às pessoas jurídicas de direito público. Dissertação de Mestrado da Universidade de Brasília, 2014. Disponível em: <https://repositorio.unb.br/bitstream/10482/16106/3/2014_HamandaRafaelaLeiteFerreira.pdf> Acesso em: 17 mar 2021.

Então, se consideradas como verdadeiras essas duas premissas (de que um direito fundamental somente pode ser restringido em face de outro e de que o Estado não é titular de direitos fundamentais), questiona-se como tais direitos fundamentais foram restringidos em face do interesse da Fazenda Pública. Outro ponto importante é exatamente discutir se o interesse público pode ser entendido como o interesse da Fazenda Pública, e, portanto, da Administração Pública, ao passo que no Capítulo 1 desta obra foi concluído que esses dois interesses não são idênticos.

Uma resposta para ambos os questionamentos pode ser encontrada também no Capítulo 1 desta obra, quando se afirma que o interesse do Erário se *equipara* juridicamente a um direito fundamental, uma vez que recursos públicos são necessários para que o Estado aja na concretização de diversos direitos fundamentais. É uma conclusão necessária, pois de outro modo se estaria defendendo o desmantelamento do Estado. E aqui cabe consignar algo importante: sem o Estado não há direitos fundamentais, há somente a barbárie. Conforme assevera Luiz Edson Fachin: "Quando o poder desaparece, o único meio para a manutenção da existência desse grupo enquanto tal é a violência".[245] O desafio que a Constituição impõe é fazê-lo cada vez mais Social, Democrático e de Direito.

Da amostra selecionada, dois acórdãos foram relatados pelo Ministro Roberto Barroso. O Acórdão 1 fixou a tese de que: "É constitucional a imposição da pena de suspensão de habilitação para dirigir veículo automotor ao motorista profissional condenado por homicídio culposo no trânsito".[246] No julgado, um motorista profissional pugnava pela inconstitucionalidade do art. 302, parágrafo único, IV, da Leu 9.503/97, texto legal que permite a proibição temporária do direito de dirigir veículo automotor.

Dentre outros pontos, a parte argumentava que a norma legal cerceava o seu direito fundamental ao exercício de trabalho, ofício ou profissão, consagrado no art. 5º, XIII, da Constituição Federal. O Relator entende que o "exercício do trabalho depende, basicamente, da combinação de talento e de técnica", sendo o primeiro "uma característica estritamente pessoal, cujos efeitos, positivos ou negativos, não prejudicam a esfera de terceiros".[247]

---

[245] FACHIN, Luiz Edson. GONÇALVES, Fernanda Bernardo. *Um significado para a política*: notas sobre a teoria política em Hannah Arendt. No prelo.

[246] BRASIL. Supremo Tribunal Federal. RE 607107, Relator(a): Roberto Barroso, Tribunal Pleno, Julgado em 12/02/2020, Processo Eletrônico Repercussão Geral – Mérito Dje-088 Divulg 13-04-2020 Public 14-04-2020. Disponível em: <https://jurisprudencia.stf.jus.br/pages/search/sjur422056/false> Acesso em 17 mar 2021.

[247] Ibidem.

A falta de técnica, no entanto, continua o Relator, "pode ocasionar sérios danos a terceiros, o que faz surgir um interesse público na regulação de determinados trabalhos". Adverte que "a legitimidade da atuação legislativa no campo do exercício do trabalho deve ser restrita apenas ao indispensável para viabilizar a proteção de outros bens jurídicos de interesse público igualmente resguardados pela própria Constituição", e cita como exemplos desses *bens jurídicos de interesse público* "a segurança, a saúde, a ordem pública, a incolumidade das pessoas e do patrimônio, a proteção especial da infância e outros".[248]

No julgado em comento, o Relator, acompanhado pela unanimidade do Colegiado, também restringe um direito fundamental em face do interesse público. Mas aponta objetivamente *em que consiste esse interesse público* ao apontar a proteção a determinados bens jurídicos de terceiros. Já na ementa do acórdão, está esse enunciado: "Em primeiro lugar, inexiste direito absoluto ao exercício de atividades profissionais (CF, art. 5º, XIII). É razoável e legítima a restrição imposta pelo legislador, visando proteger bens jurídicos relevantes de terceiros, como a vida e a integridade física".[249]

Em outra passagem do *decisum* que faz menção expressa ao interesse público, o Relator aborda o princípio da supremacia e, ao comentar sobre o poder de polícia do Estado, afirma categoricamente que "vige em nosso ordenamento jurídico o princípio da supremacia do interesse público".[250]

No Acórdão 2 de relatoria do Ministro Roberto Barroso, o Tribunal fixou as seguintes teses: "A proibição ou restrição da atividade de transporte privado individual por motorista cadastrado em aplicativo é inconstitucional, por violação aos princípios da livre iniciativa e da livre concorrência"; e "No exercício de sua competência para regulamentação e fiscalização do transporte privado individual de passageiros, os Municípios e o Distrito Federal não podem contrariar os parâmetros fixados pelo legislador federal (CF/1988, art. 22, XI)".[251]

A menção ao "interesse público" surgiu quando o Relator indaga se o serviço em comento "assume a feição de um serviço público" ou "se

---

[248] BRASIL. Supremo Tribunal Federal. RE 607107, Relator(a): Roberto Barroso, Tribunal Pleno, Julgado em 12/02/2020, Processo Eletrônico Repercussão Geral – Mérito Dje-088 Divulg 13-04-2020 Public 14-04-2020. Disponível em: <https://jurisprudencia.stf.jus.br/pages/search/sjur422056/false> Acesso em 17 mar 2021.

[249] Ibidem.

[250] Ibidem.

[251] BRASIL. Supremo Tribunal Federal. RE 1054110, Relator: Roberto Barroso, Tribunal Pleno, Julgado em 09/05/2019, Processo Eletrônico Repercussão Geral – Mérito Dje-194 Divulg 05-09-2019 Public 06-09-2019. Disponível em: <https://jurisprudencia.stf.jus.br/pages/search/sjur410190/false> Acesso em 17 mar 2021.

seria uma atividade econômica livremente ao alcance de qualquer particular e qual seria a margem de regulamentação à disposição do Poder Público para conciliar essa prática com o interesse público". O termo é novamente citado ao mencionar o pedido do recorrente "de se reconhecer o transporte individual remunerado de passageiros como atividade de interesse público e, por isso, sujeito a restrições na livre iniciativa e concorrência, em conformidade com o art. 170, parágrafo único, da CF/1988...".[252]

Nas passagens citadas, a expressão "interesse público" não se refere ao *princípio* do interesse público debatido por esse trabalho, mas é utilizado na sua acepção *comum* ou *estritamente administrativista* para designar que determinado tema é do *interesse de regulação pelo direito público*. E aqui cabe lembrar que, no Brasil, o critério para definir se determinado serviço é público é a simples definição em lei.[253]

O Ministro Luiz Fux relatou três dos acórdãos que compõem a amostra. O Acórdão 1 fixou a seguinte tese de repercussão geral:

> A expressão "Procuradores", contida na parte final do inciso XI do art. 37 da Constituição da República, compreende os Procuradores Municipais, uma vez que estes se inserem nas funções essenciais à Justiça, estando, portanto, submetidos ao teto de noventa inteiros e vinte e cinco centésimos por cento do subsídio mensal, em espécie, dos Ministros do Supremo Tribunal Federal.[254]

Em apertada síntese, o objetivo do recurso fora desvincular os Procuradores Municipais do teto remuneratório aplicado aos demais servidores municipais – o subsídio do Prefeito Municipal – para vinculá-los ao teto já aplicado aos Procuradores Estaduais – qual seja, o subsídio dos Desembargadores do Tribunal de Justiça –, limite esse superior ao do subsídio do Prefeito.

Na primeira aparição da expressão "interesse público", percebe-se o seu uso em sentido amplíssimo, como se nota: "os Procuradores Municipais constituem carreira típica de Estado, no sentido de serem imprescindíveis à consecução das atividades administrativas para o melhor alcance do interesse público".[255]

---

[252] BRASIL. Supremo Tribunal Federal. RE 1054110, Relator: Roberto Barroso, Tribunal Pleno, Julgado em 09/05/2019, Processo Eletrônico Repercussão Geral – Mérito Dje-194 Divulg 05-09-2019 Public 06-09-2019. Disponível em: <https://jurisprudencia.stf.jus.br/pages/search/sjur410190/false> Acesso em 17 mar 2021.

[253] Leciona Celso Antônio Bandeira de Mello que: "O segundo elemento, *formal*, isto é, a submissão a um regime de Direito Público, o regime jurídico-administrativo, é que confere caráter jurídico à noção de serviço público". *In*: MELLO, Celso Antônio Bandeira de. *Curso de Direito Administrativo*. 30ª ed. São Paulo: Malheiros, 2013, p. 692.

[254] BRASIL. Supremo Tribunal Federal. RE 663696, Relator(A): Luiz Fux, Tribunal Pleno, Julgado em 28/02/2019, Processo Eletrônico Repercussão Geral – Mérito Dje-183 Divulg 21-08-2019 Public 22-08-2019. Disponível em: <https://jurisprudencia.stf.jus.br/pages/search/sjur408947/false> Acesso em 17 mar 2021.

[255] Ibidem.

Na segunda aparição do termo, o Relator observa que o constituinte elevou a advocacia pública ao *status* de função essencial à Justiça, como o fez, cita, com o Ministério Público e com a Defensoria Pública. Por essa razão, continua o Relator, "também à Advocacia Pública está destinado o mister de exercer a defesa combativa do interesse público, que se consubstancia na concretização do Estado Democrático de Direito preconizado pela Constituição".

Em outro trecho, aponta que o teto remuneratório dessa carreira não pode ficar estagnado para que "não comprometa a defesa do interesse público realizada por essa carreira". De modo semelhante, em um quarto trecho, o Relator afirma que: "Procurador, quer o estadual, quer o municipal, defende interesse público – e defende interesse público da mesma envergadura, atuando no campo administrativo e também no contencioso". Em outra passagem, argumenta que "a simetria de tratamento [entre Procuradores Estaduais e Municipais] impõe-se, como forma de garantia da defesa de parcela do interesse público e da justiça".[256]

Em todos os excertos, há menção da defesa do interesse público como argumento para justificar a simetria remuneratória entre as carreiras nos níveis estadual e municipal. Esse ponto merece algumas considerações. Primeiro, é certo que a tais carreiras a Constituição atribui a defesa dos interesses do Estado e da Administração Pública, sendo esses muitas vezes contrários à concretização de direitos fundamentais de cidadãos que vão até o Poder Judiciário a fim de obrigar o Estado a fazer ou deixar de fazer algo.

Chama a atenção o trecho em que o Relator defende que a simetria remuneratória é "forma de garantia da defesa de *parcela* do interesse público",[257] como que afirmando que o interesse do Estado corresponde a uma *parte* do que pode ser entendido por interesse público, que contemplaria também o interesse do Estado.

Na verdade, ao se concluir que interesse público e interesse do Estado não significam a mesma coisa,[258] uma interpretação possível do julgado é a de que o interesse do Estado tem *alguma coisa* de interesse público, que seria a manutenção do Erário para possibilitar que o Estado atue na concretização de direitos fundamentais. Novamente, parece haver compatibilidade com a tese desposada por este trabalho de que a defesa do Erário *se equipara* a um direito fundamental da sociedade.

---

[256] BRASIL. Supremo Tribunal Federal. RE 663696, Relator(A): Luiz Fux, Tribunal Pleno, Julgado em 28/02/2019, Processo Eletrônico Repercussão Geral – Mérito Dje-183 Divulg 21-08-2019 Public 22-08-2019. Disponível em: <https://jurisprudencia.stf.jus.br/pages/search/sjur408947/false> Acesso em 17 mar 2021.

[257] Grifo nosso. Ibidem.

[258] Ibidem.

O Acórdão 2, também de relatoria do Ministro Luiz Fux, discute se tem relevância constitucional e repercussão geral a questão de lei municipal que proíbe a "produção e comercialização de *foie gras* e artigos de vestuário confeccionados com pele de animal". O único trecho que ostenta a expressão "interesse público" é o que se segue: "[...] a Carta Magna consagra, no parágrafo único do artigo 170, a liberdade de iniciativa como princípio fundamental. Sem embargo, a relevância constitucional deste direito não o habilita a interferir no núcleo essencial de outros princípios de elevado interesse público".[259]

No Acórdão 3, relatado pelo Ministro Luiz Fux, foi fixada a seguinte tese de repercussão geral:

> É constitucional a promulgação, pelo Chefe do Poder Executivo, da parte incontroversa de projeto de lei que não foi vetada, antes da manifestação do Poder Legislativo pela manutenção ou pela rejeição do veto, inexistindo vício de inconstitucionalidade dessa parte inicialmente publicada pela ausência de promulgação da derrubada dos vetos.[260]

Na maioria das passagens do termo "interesse público", o julgado está se referindo a uma das possibilidades de veto total ou parcial a projeto de lei prevista no art. 66, §1°, da Constituição Federal. Contudo, o Relator faz interessante comentário à indeterminabilidade do conceito nesse trecho: "Ainda que o interesse público constitua conceito jurídico indeterminado, o preenchimento de seu conteúdo lacunoso para fins de justificativa do veto aposto é de atribuição do próprio Poder Executivo".[261] E faz importante observação que transcrevemos a seguir:

> Assim é que, sob um viés de uma interpretação constitucional contextual e pragmático-consequencial, o sentido de um verbete constitucional lacunoso deve ser apreendido mediante a análise de elementos da cultura político-institucional em que inserido o texto normativo, bem como a realidade dos arranjos e das capacidades institucionais das instâncias político-administrativas.[262]

Dos cinco acórdãos da amostra que foram relatados pelo Ministro Marco Aurélio, em quatro deles o Ministro compôs a corrente minoritária, sendo nos quatro acórdãos designado como Redator o Ministro Alexandre de Moraes.[263] O Acórdão 5, no qual a tese do Ministro Marco

---

[259] BRASIL. Supremo Tribunal Federal. RE 1030732 RG, Relator: Luiz Fux, Tribunal Pleno, Julgado em 05/03/2020, Processo Eletrônico Dje-053 Divulg 11-03-2020 Public 12-03-2020. Disponível em: <https://jurisprudencia.stf.jus.br/pages/search/repercussao-geral11262/false> Acesso em 17 mar 2021.

[260] BRASIL. Supremo Tribunal Federal. RE 706103, Relator: Luiz Fux, Tribunal Pleno, Julgado Em 27/04/2020, Processo Eletrônico Repercussão Geral – Mérito Dje-119 Divulg 13-05-2020 Public 14-05-2020. Disponível em: <https://jurisprudencia.stf.jus.br/pages/search/repercussao-geral11262/false> Acesso em 17 mar 2021.

[261] Ibidem.

[262] Ibidem.

[263] No Acórdão 3, relatado pelo Ministro Marco Aurélio e redigido pelo Ministro Alexandre de Moraes, o termo "interesse público" é mencionado apenas nominando um artigo científico citado

Aurélio sagrou-se vencedora, fixou a seguinte tese: "Ante conflito entre a liberdade de expressão de agente político, na defesa da coisa pública, e honra de terceiro, há de prevalecer o interesse coletivo".[264]

Em diversas passagens, a expressão "interesse público" também foi utilizada no seu sentido comum. Foram elas: "A relação entre eles e a Administração, funcionalizada quanto ao interesse público materializado no cargo, exige que alguns direitos fundamentais tenham a extensão reduzida";[265] "Primeiro, existe evidente interesse público em que os agentes políticos mantenham os administrados plenamente informados a respeito da condução dos negócios públicos.";[266] e "Além disso, mostra-se necessária a existência de um ambiente de segurança jurídica para que pessoas verdadeiramente comprometidas com o interesse público venham a ocupar os cargos políticos".[267]

Em outro trecho, o interesse público é utilizado para restringir direitos fundamentais dos cidadãos, como se observa:

> Na óptica prevalecente, redigida pelo Justice Harlan, ficou expresso que a necessidade de proteção dos cidadãos contra os danos decorrentes das ações dos agentes públicos é superada pelo interesse público existente tanto para que (i) os servidores públicos possam opinar sobre os temas sociais relevantes, desincumbindo-se das obrigações que lhes cabem com maior desembaraço e (ii) seja criado ambiente propício à circulação livre e desimpedida de ideias, sem o temor de represálias administrativas ou judiciais.
>
> [...]
>
> Dessa forma, em se tratando de disputas de interesse público, como a presente nos autos, não cabe ao Judiciário a censura ou repreensão de falas tidas por ácidas, mas deve, em regra, permitir que a outra parte contradite, em iguais condições, a versão exposta previamente em prol de amplas divulgação e apuração dos fatos em questão.[268]

No Acórdão 1,[269] de relatoria do Ministro Marco Aurélio, sendo redator para o acórdão o Ministro Alexandre de Moraes, as menções

---

pelo Redator, razão pela qual foi omitido da análise. *In*: BRASIL. Supremo Tribunal Federal. RE 748543, Relator: Marco Aurélio, Relator P/ Acórdão: Alexandre De Moraes, Tribunal Pleno, Julgado em 05/08/2020, Processo Eletrônico Repercussão Geral – Mérito Dje-224 Divulg 09-09-2020 Public 10-09-2020. Disponível em: <https://jurisprudencia.stf.jus.br/pages/search/sjur431224/false> Acesso em 17 mar 2021.

[264] BRASIL. Supremo Tribunal Federal. RE 685493, Relator(a): Marco Aurélio, Tribunal Pleno, Julgado em 22/05/2020, Acórdão Eletrônico Repercussão Geral – Mérito Dje-204 Divulg 14-08-2020 Public 17-08-2020. Disponível em: <https://jurisprudencia.stf.jus.br/pages/search/sjur429401/false> Acesso em 17 mar 2021.

[265] Ibidem.

[266] Ibidem.

[267] Ibidem.

[268] Ibidem.

[269] BRASIL. Supremo Tribunal Federal. RE 1026923, Relator(a): Marco Aurélio, Relator(A) p/ Acórdão: Alexandre de Moraes, Tribunal Pleno, Julgado em 16/11/2020, Processo Eletrônico Repercussão Geral – Mérito Dje-034 Divulg 23-02-2021 Public 24-02-2021. Disponível em: <https://jurisprudencia.stf.jus.br/pages/search/sjur440941/false> Acesso em 17 mar 2021.

a expressão "interesse público" foram utilizadas no mesmo sentido, o *comum*, expressando a ideia de *interesse geral*.

O Acórdão 2, também de relatoria do Ministro Marco Aurélio, sendo redator para o acórdão o Ministro Alexandre de Moraes, fixou a seguinte tese de repercussão geral:

> Servidores temporários não fazem jus a décimo terceiro salário e férias remuneradas acrescidas do terço constitucional, salvo (I) expressa previsão legal e/ou contratual em sentido contrário, ou (II) comprovado desvirtuamento da contratação temporária pela Administração Pública, em razão de sucessivas e reiteradas renovações e/ou prorrogações.[270]

Todas as menções à expressão "interesse público" se referiam ao teor do art. 37, inciso IX, da Constituição Federal, ou ao art. 11 da Lei estadual nº 10.254/1990, do estado de Minas Gerais, que preveem a contratação de servidores temporários para "atender a necessidade temporária de excepcional interesse público".[271] [272]

No Acórdão 4, também de relatoria do Ministro Marco Aurélio, sendo redator para o acórdão o Ministro Alexandre de Moraes, fixou como tese de repercussão geral o que se segue: "A exigência de garantia para o exercício da profissão de leiloeiro, prevista nos artigos 6º a 8º do Decreto 21.981/1932, é compatível com o artigo 5º, XIII, da CF/1988".[273] As menções a expressão "interesse público" foram retiradas do Acórdão 1[274] de relatoria do Ministro Roberto Barroso, já comentado há poucas linhas, razão pela qual não se faz necessário discorrer novamente.

Da análise da amostra, é possível concluir que a pesquisa, de cunho meramente exemplificativo, não encontrou expressamente a formula-

---

[270] BRASIL. Supremo Tribunal Federal. RE 1066677, Relator(a): MARCO AURÉLIO, Relator(a) p/ Acórdão: Alexandre de Moraes, Tribunal Pleno, Julgado em 22/05/2020, Processo Eletrônico Repercussão Geral – Mérito Dje-165 Divulg 30-06-2020 Public 01-07-2020. Disponível em: <https://jurisprudencia.stf.jus.br/pages/search/sjur427651/false>. Acesso em 17 mar 2021.

[271] Art. 37, inciso IX, da Constituição Federal: "a lei estabelecerá os casos de contratação por tempo determinado para atender a necessidade temporária de excepcional interesse público". *In*: BRASIL. *Constituição da República Federativa do Brasil de 1988*. Brasília, DF: Presidência da República. Disponível em: <http://www.planalto.gov.br/ccivil_03/constituicao/constituicao.htm>. Acesso em: 19 mar 2021.

[272] MINAS GERAIS. *Lei estadual nº 10.254/1990*. Disponível em: <https://www.almg.gov.br/consulte/legislacao/completa/completa.html?num=10254&ano=1990&tipo=LEI>. Acesso em: 19 mar 2021.

[273] BRASIL. Supremo Tribunal Federal. RE 1263641, Relator(a): MARCO AURÉLIO, Relator(a) p/ Acórdão: ALEXANDRE DE MORAES, Tribunal Pleno, julgado em 13/10/2020, PROCESSO ELETRÔNICO REPERCUSSÃO GERAL – MÉRITO DJe-259 DIVULG 27-10-2020 PUBLIC 28-10-2020. Disponível em: <https://jurisprudencia.stf.jus.br/pages/search/sjur434949/false> Acesso em 17 mar 2021.

[274] BRASIL. Supremo Tribunal Federal. RE 607107, Relator(a): Roberto Barroso, Tribunal Pleno, Julgado em 12/02/2020, Processo Eletrônico Repercussão Geral – Mérito Dje-088 Divulg 13-04-2020 Public 14-04-2020. Disponível em: <https://jurisprudencia.stf.jus.br/pages/search/sjur422056/false> Acesso em 17 mar 2021.

ção de um conceito de interesse público, tendo um acórdão ressaltado o seu caráter juridicamente indeterminado.[275] Na maioria dos acórdãos, o interesse público é utilizado como justificativa para a restrição de direitos fundamentais, e em vários deles o julgado explica que tal interesse público se consubstancia na proteção de direitos fundamentais de uma quantidade indeterminada de pessoas. Por fim, não foram encontradas aplicações do conceito de interesse público que o utilizasse preponderantemente para restringir poderes estatais ou econômicos.

## 2.3. O interesse público e a concretização de direitos fundamentais

No atual estágio de desenvolvimento do sistema de direitos fundamentais, o interesse público passou a ser entendido como a concretização desses direitos.[276] É dizer que "o Estado legitima-se e justifica-se a partir dos direitos fundamentais e não estes a partir daquele. O Estado gira em torno do núcleo gravitacional dos direitos fundamentais".[277]

E, como visto anteriormente, uma suposta ofensa a direitos dos particulares é justamente uma das mais repetidas críticas ao princípio da supremacia do interesse público. É o que se nota, a título de exemplo, no seguinte trecho: "verifica-se não ser possível extrair 'o princípio da supremacia do interesse público' da análise do conjunto normativo constitucional, haja vista a ampla proteção dispensada aos interesses particulares". Concluindo o autor que "aceitá-lo como norma-princípio é deixar subsistir a contrariedade sistêmica que representa e afrontar a constante busca pela unidade constitucional".[278]

Acrescenta-se que, nesse contexto, até a interpretação jurídica deve ser voltada aos direitos fundamentais. Ou seja, a "interpretação conforme os direitos fundamentais é um caso particular da chamada *interpretação conforme a Constituição*, segundo a qual, entre as várias

---

[275] BRASIL. Supremo Tribunal Federal. RE 706103, Relator: Luiz Fux, Tribunal Pleno, Julgado Em 27/04/2020, Processo Eletrônico Repercussão Geral – Mérito Dje-119 Divulg 13-05-2020 Public 14-05-2020. Disponível em: <https://jurisprudencia.stf.jus.br/pages/search/repercussao-geral11262/false> Acesso em 17 mar 2021.

[276] BARBOSA, Jandeson da Costa. *Interesse público constitucional, harmonização de direitos fundamentais e transformação da sociedade*. Revista do TCU. Edição n. 146 (2020), p. 120-132. Disponível em: <https://revista.tcu.gov.br/ojs/index.php/RTCU/article/view/1678>. Acesso em: 24 mar 2021.

[277] SCHIER, Paulo. *Ensaio sobre a supremacia do interesse público sobre o privado e o regime jurídico dos direitos fundamentais*. Pensar – Revista de Ciências Jurídicas, v. 12, p. 162–172, 2007.

[278] BINENBOJM, Gustavo. Da supremacia do interesse público ao dever de proporcionalidade: um novo paradigma para o direito administrativo. *Revista de Direito Administrativo*, v. 239, p. 15, 2015.

interpretações possíveis, merece preferência aquela que melhor responder à Constituição".[279]

Assim, é acertado o alerta de Paulo Schier, segundo o qual "os direitos, liberdades e garantias fundamentais não são compreendidos como 'concessões' estatais e nem tampouco podem ser vistos como um 'resto' de direitos que só podem ser afirmados quando não estejam presentes outros interesses mais 'nobres', quais sejam, os públicos".[280] Sem embargo, esse raciocínio merece o necessário complemento de que, na guisa do interesse público, o Estado e a Administração Pública devem não apenas limitar o seu poder e garantir direitos individuais, mas também devem atuar pela concretização de direitos políticos, sociais e coletivos.[281]

É nesse ponto que reside a incompletude que fere de morte as doutrinas mais extremadas da escola individualista: se os direitos fundamentais não podem ser os "restos" do interesse público, muitas vezes entendido erroneamente como interesse do Estado, os direitos sociais e coletivos não podem ser igualmente os "restos" dos direitos individuais. Se o Estado deve justificar a limitação de direitos fundamentais,[282] não pode o Estado permitir que determinadas classes de direitos sejam limitadas de maneira desmedida em favor dos direitos individuais. Há de haver um equilíbrio, o que neste trabalho chamamos de *harmonização* de direitos fundamentais.

Nesse ponto, é importante uma breve síntese acerca da classificação dos direitos tipos, classes, gerações ou dimensões de direitos fundamentais. A conceituação mais clássica nesse sentido é a formulada por George Jellinek, cujo objetivo é demonstrar a *"relação entre o particular e o Estado"*, que não se trata propriamente de uma classificação de direitos fundamentais, mas da exposição de suas *funções*. Segundo essa classificação, existe o *status negativus*, que são as liberdades em face do Estado, *"direitos de defesa"*, aqueles direitos fundamentais que "previnem ingerências na liberdade e propriedade".[283]

Nos direitos com *status positivus*, "o particular *não pode ter a sua liberdade sem o Estado*, mas em que depende de medidas do Estado para a criação e conservação da sua existência livre". São os *"direitos de reinvindicação, de proteção, de participação, de prestação e de procedimento"*.

[279] PIEROTH, Bodo.; SCHLINK, Bernhard. *Direitos fundamentais*. Tradução de António Francisco de Sousa e António Franco. 2. ed. São Paulo: Saraiva, 2019, p. 77.

[280] SCHIER, Paulo. Ensaio sobre a supremacia do interesse público sobre o privado e o regime jurídico dos direitos fundamentais. Pensar – *Revista de Ciências Jurídicas*, v. 12, p. 162–172, 2007.

[281] MEDAUAR, Odete. *Direito Administrativo moderno*. 21. ed. Belo Horizonte: Fórum, 2018, p. 21-22.

[282] PIEROTH; SCHLINK, *op. cit.*, p. 50-51.

[283] Idem, p. 66-67.

Enquanto os direitos com *status activus* são aqueles "em que o particular exerce a sua liberdade no e para o Estado, o ajuda a construir e nele participa. E é conformado e assegurado pelos direitos cívicos".[284]

Outra classificação amplamente utilizada é a que divide os direitos fundamentais em *gerações*. A primeira geração abrange aqueles direitos conquistados nas Revoluções americana e francesa, sendo "postulados de abstenção dos governantes, criando obrigações de não fazer, de não intervir sobre aspectos da vida pessoal de cada indivíduo".[285] Tais direitos "implicam para o Estado, um dever de abstenção de agir, de não interferência ou de não intromissão na esfera de liberdade individual que estaria, então, imune ao *jus imperii* do Estado".[286]

Nessa geração de direitos fundamentais, sendo os primeiros a serem conquistados, "não desponta a preocupação com desigualdades sociais", sendo que "a liberdade sindical e o direito de greve – considerados, então, fatores desarticuladores do livre encontro de indivíduos autônomos – não eram tolerados no Estado de Direito liberal".[287]

A insatisfação com o Estado liberal, com as grandes disparidades sociais, conduziu os trabalhadores a reinvindicações por um papel mais ativo do Estado no sentido de que este realize prestações positivas. Daí surgem os "os direitos de segunda geração, por meio dos quais se intenta estabelecer uma liberdade real e igual para todos, mediante a ação corretiva dos Poderes Públicos. Dizem respeito a assistência social, saúde, educação, trabalho, lazer etc.".[288] Essa geração de direitos fundamentais se traduz em "uma etapa de evolução na proteção da dignidade humana. Sua essência é a preocupação com as necessidades do ser humano".[289]

Os direitos de terceira geração, por sua vez, são caracterizados "pela titularidade difusa ou coletiva, uma vez que são concebidos para a proteção não do homem isoladamente, mas de coletividades, de grupos".[290] Dentre os quais cita-se "o direito à paz, ao desenvolvimento, à qualidade do meio ambiente, à conservação do patrimônio histórico e

---

[284] PIEROTH, Bodo; SCHLINK, Bernhard. *Direitos fundamentais*. Tradução de António Francisco de Sousa e António Franco. 2. ed. São Paulo: Saraiva, 2019, p. 67-69.

[285] MENDES, Gilmar Ferreira; COELHO, Inocêncio Mártires; BRANCO, Paulo Gustavo Gonet. *Curso de Direito Constitucional*. 4ª ed. São Paulo: Saraiva, 2009, p. 267.

[286] BIAGI, Cláudia Perotto. *A garantia do conteúdo essencial dos direitos fundamentais na jurisprudência constitucional brasileira*. Porto Alegre: Sergio Antonio Fabris Editor, 2005, p. 44.

[287] MENDES; COELHO; BRANCO, *op. cit.*, p. 267.

[288] Idem, p. 267-268.

[289] ARAUJO, Luiz Alberto David. NUNES JÚNIOR, Vidal Serrano. *Curso de Direito Constitucional*. 9ª ed. São Paulo: Saraiva, 2005, p. 116.

[290] MENDES; COELHO; BRANCO, *op. cit.*, p. 268.

cultural".[291] A essência dessa geração de direitos "se encontra em sentimentos como a solidariedade e a fraternidade, constituindo mais uma conquista da humanidade no sentido de ampliar os horizontes de proteção e emancipação dos cidadãos".[292]

Nessa esteira existem classificações que indicam a quarta ou até quinta geração/dimensão de direitos fundamentais.[293] Todas elas detêm peculiaridades que lhes tornam apropriadas para a análise de direitos fundamentais a depender da abordagem que se pretenda dar. Não obstante, para os fins deste trabalho, se mostra mais adequada a velha "classificação das dimensões dos direitos fundamentais a partir dos postulados da liberdade, igualdade e fraternidade, inspirados no famoso lema da Revolução Francesa",[294] conforme já mencionado.

É essa a classificação utilizada por diversos autores. Alexy trata do "direito geral de liberdade" e do "direito geral de igualdade",[295] ao passo que Lewandowski se refere a "uma nova geração de direitos, desenvolvidos em meados do século passado, no contexto de um mundo globalizado" a qual chama de "direitos de solidariedade ou fraternidade".[296]

Fachin também aponta que "a comunidade internacional, por meio do conceito de 'direitos de solidariedade', buscava emprestar força normativa a princípios que haviam sido recém-estabelecidos". Essa classe de direitos fundamentais surgiu da necessidade de juridicização desses ideais. Assim aponta o autor: "Nada obstante, com a defesa da paz, era preciso que essa verdadeira conquista não cedesse à tradição. Não bastava, assim, a proclamação, constante de diversas declarações de princípios, da proibição do uso da força, era preciso que se desse a ela verdadeira força normativa".[297]

Será utilizada, portanto, a classificação dos direitos fundamentais a partir dos postulados da *liberdade*, *igualdade* e *fraternidade*, conforme

---

[291] MENDES, Gilmar Ferreira; COELHO, Inocêncio Mártires; BRANCO, Paulo Gustavo Gonet. *Curso de Direito Constitucional*. 4ª ed. São Paulo: Saraiva, 2009, p. 268.

[292] ARAUJO, Luiz Alberto David. NUNES JÚNIOR, Vidal Serrano. *Curso de Direito Constitucional*. 9ª ed. São Paulo: Saraiva,2005, p. 116.

[293] SARLET, Ingo Wolfgang. *A eficácia dos direitos fundamentais*. Porto Alegre: Livraria do Advogado, 1998, p. 52.

[294] BARBOSA, Jandeson da Costa. Interesse público constitucional, harmonização de direitos fundamentais e transformação da sociedade. *Revista do TCU*. Edição n. 146 (2020), p. 120-132. Disponível em: < https://revista.tcu.gov.br/ojs/index.php/RTCU/article/view/1678>. Acesso em: 24 mar 2021.

[295] ALEXY, Robert. *Teoria dos direitos fundamentais*. Trad. de Virgílio Afonso da Silva da 5ª ed. alemã *Theorie der Grundrechte*. 2ª ed. São Paulo: Malheiros, 2011, p. 341 e 393.

[296] LEWANDOWSKI, Enrique Ricardo. Reflexões em torno do princípio republicano. *Revista da Faculdade de Direito da Universidade de São Paulo*. v. 100, p. 189-200, jan./dez. 2005.

[297] FACHIN, Luiz Edson; MACHADO FILHO, Roberto Dalledone. Direito comum da humanidade. In: TOFFOLI, José Antonio Dias (Org.). *30 anos da Constituição brasileira*: democracia, direitos fundamentais e instituições. Rio de Janeiro: Forense, 2018, p. 571-588.

já apontamento já realizado em outro trabalho, segundo o qual "estão incluídos no postulado da 'liberdade' os direitos individuais, ou liberdades públicas, as chamadas garantias negativas de inspiração liberal que comumente são considerados direitos de primeira geração".[298] Estão incluídos nesse postulado "os direitos políticos e de participação dos indivíduos na tomada de decisão estatal.[299] Rousseau já defendia essa acepção de 'liberdade', a qual chamava de 'liberdade dos antigos'".[300] [301]

Na guisa dessa classificação, o postulado da igualdade "englobará os direitos sociais, considerados direitos de segunda dimensão".[302] Esses são "direitos diretamente ligados à dignidade da pessoa humana,[303] que veiculam a pretensão de que cada homem tenha condições materiais e existenciais razoáveis que garantam oportunidades de autodesenvolvimento".[304] São, pois, "Direitos a prestação em sentido estrito, são direitos do indivíduo, em face do Estado, a algo que o indivíduo, se dispusesse de meios financeiros e se houvesse uma oferta suficiente no mercado, poderia também obter de particulares".[305]

Na linha da classificação referida, incluem-se no postulado da *fraternidade* "todos os direitos coletivos *latu sensu*, englobando tanto aqueles que podem ser exercidos por um grupo determinado de pessoas, quanto aqueles que são transindividuais ou dizem respeito a toda a humanidade". Nesse feixe de direitos fundamentais "estão o direito ao meio ambiente, à paz, à segurança genética, dentre outros. São comumente classificados, a depender do autor, como direitos de terceira, quarta ou até quinta geração/dimensão".[306] [307]

---

298 COMPARATO, Fábio Konder. *A afirmação histórica dos direitos humanos*. 3ª ed. 2ª tir. São Paulo: Saraiva, 2003, p. 51.

299 MENDES, Gilmar Ferreira; BRANCO, Paulo Gustavo Gonet. *Curso de Direito Constitucional*. 9ª ed. São Paulo: Saraiva, 2014, p. 137.

300 ROUSSEAU, Jean-Jacques. *Du contrat social*, I, 7.

301 BARBOSA, Jandeson da Costa. Interesse público constitucional, harmonização de direitos fundamentais e transformação da sociedade. *Revista do TCU*. Edição n. 146 (2020), p. 120-132. Disponível em: <https://revista.tcu.gov.br/ojs/index.php/RTCU/article/view/1678>. Acesso em: 24 mar 2021.

302 MENDES; BRANCO, *op. cit.*, p. 137.

303 Reproduz-se nota do trabalho referenciado: "Não que os outros postulados de direitos fundamentais não estejam atrelados à dignidade da pessoa humana, mas os direitos sociais, aqui representados pelo postulado da igualdade, tem com ela ligação umbilical. Sobre o assunto, ler: CANOTILHO, J. J. Gomes. *Direito constitucional e teoria da constituição*. 7ª ed. Coimbra: Almedina, 2003, p. 385-386". *In*: BARBOSA, *op. loc. cit.*

304 BARBOSA, *op. cit.*

305 ALEXY, Robert. *Teoria dos direitos fundamentais*. Trad. de Virgílio Afonso da Silva da 5ª ed. alemã *Theorie der Grundrechte*. 2ª ed. São Paulo: Malheiros, 2011, p. 499.

306 SARLET, Ingo Wolfgang. *A eficácia dos direitos fundamentais*. Porto Alegre: Livraria do Advogado, 1998, p. 52.

307 BARBOSA, *op. cit.*

Temos, então, três postulados representando quatro classes de direitos fundamentais. A *liberdade*, que inclui os direitos individuais ($l_1$) e os direitos políticos e de participação nas decisões do Estado ($l_2$); a *igualdade* ($i$), incluindo todos os direitos sociais; e a *fraternidade* ($f$), que abarca todos os direitos transindividuais.

Essa classificação tem várias vantagens para os fins desta obra. A primeira delas é a natureza distinta de cada uma das quatro classes. A liberdade ($l_1$) protege o indivíduo dos abusos do Estado e de uma política demasiadamente comunitarista[308] que não respeite as suas particularidades. A liberdade ($l_2$) propicia ao cidadão participar das decisões dos rumos do Estado e da comunidade em que está inserido, fazendo dele um indivíduo que também compõe um *todo*.

A igualdade ($i$) visa a assegurar uma dignidade mínima à existência da pessoa, e propiciar oportunidades mínimas para todos. A fraternidade ($f$), por sua vez, integra o ser humano no conjunto de *elementos* que compõem o seu meio, incluindo todos os outros seres humanos da Terra, a fauna, a flora, e dignifica esse ser como componente de um sistema que pode ser belo e harmônico.

Essa classificação desfaz também possíveis confusões entre a titularidade e a natureza desses direitos. Um direito individual, por exemplo, pode ser exercido por ou para um conjunto de pessoas, determinadas ou determináveis, como se observa no caso de um *habeas corpus* coletivo. Os direitos sociais podem ser, e na maioria das vezes o são, exercidos individualmente, como no caso de um mandado de segurança que visa a obter a matrícula em uma creche ou a compra de um medicamento.

Feito esse recorte sobre a classificação a ser utilizada, o que será útil para os desdobramentos deste livro mais à frente, passa-se a comentários gerais sobre tais direitos fundamentais. O primeiro deles é que a dignidade da pessoa humana "tem servido de fundamento para muitas inovações no discurso teórico e prático dos direitos fundamentais", e de que "tenha respaldado sérias inovações evolutivas no âmbito dos direitos personalíssimos – em sede de direitos clássicos liberais – em que sua força jurídica é, praticamente, um dogma".

Apesar de termos, em linhas anteriores, a vinculado a dignidade da pessoa humana aos direitos de igualdade ($i$), é recorrente a noção de que – embora constituindo-se em quase um dogma no desenvolvimento dos direitos de liberdade ($l_1$), como exposto acima –"quando o argumento da dignidade da pessoa humana é invocado para a solução

---

308 Para aprofundamento sobre a temática do comunitarismo, remetemos o leitor à seguinte obra: GARGARELLA, Roberto. *As teorias da justiça depois de Raws:* um breve manual de filosofia política. Tradução: Alonso Reis Freire. São Paulo: WMF Martins Fontes, 2008, p. 137-182.

de casos que envolvem direitos fundamentais sociais, sua eficácia fica seriamente condicionada".[309]

Uma postura moralmente neutra quando se trata do bem comum é defendida abertamente pelo pensamento liberal e pela tradição jurídica moderna, principalmente no direito constitucional de raiz anglo-saxônica, pois "as sociedades liberais podem estabelecer o que é respeitar os outros, mas não podem ter concepções imperativas sobre o que seja fazer o bem aos outros".[310]

Assumir tal premissa, defende Mezzaroba, representaria "uma intervenção abusiva no âmbito da autonomia da vontade dos sujeitos de direito". Ao que o autor conclui que a "distinção entre respeitar e fazer o bem aos outros tem sido tratada como pouco relevante no discurso público teórico liberal".[311] Então ressurge a crítica de Di Pietro, segundo a qual "a liberdade de uns acabou por gerar a opressão de outros".[312]

A partir de críticas como essas, e das mudanças na teoria do Estado, é elementar reconhecer que o Estado liberal burguês, em que o indivíduo era um ser autossuficiente e autônomo e somente necessitava de proteção "*em face do Estado*", não mais subsiste. Fora substituído por um Estado social, cuja função é "em primeiro lugar de *criar e assegurar as condições de liberdade*"; e que no lugar "da fição do indivíduo autocrático da sociedade burguesa, surgiu a imagem de um indivíduo simultaneamente necessitado e responsável na comunidade social".[313]

Por isso, mesmo autores com tendência liberal reconhecem que a "parte principal do direito – a parte que define e executa as políticas sociais, econômicas e externas – não pode ser neutra".[314] De outro lado, é necessário reconhecer também que "os direitos fundamentais 'privados' devem integrar a própria noção do que seja o interesse público, e este somente se legitima na medida em que nele estejam presentes aqueles".[315]

---

309 MEZZAROBA, Orides; STRAPAZZON, Carlos Luiz. *Direitos fundamentais e a dogmática do bem comum constitucional*. Sequência (Florianópolis), Florianópolis, n. 64, p. 335-372, July 2012. Disponível em: <http://www.scielo.br/scielo.php?script=sci_arttext&pid=S2177-70552012000100014&lng=en&nrm=iso>. Acesso em: 08 fev 2021.

310 Ibidem.

311 Ibidem.

312 DI PIETRO, O princípio da Supremacia do Interesse Público: sobrevivência diante dos ideais do neoliberalismo. *In*: DI PIETRO, Maria Sylvia Zanella; RIBEIRO, Carlos Vinícius Alves (Orgs.). *Supremacia do interesse público e outros temas relevantes do direito administrativo*. São Paulo: Atlas, 2010, p. 90.

313 PIEROTH, Bodo; SCHLINK, Bernhard. *Direitos fundamentais*. Tradução de António Francisco de Sousa e António Franco. 2ª ed. São Paulo: Saraiva, 2019, p. 72-73.

314 DWORKIN, Ronald. *Levando os direitos a sério*. Tradução: Nelson Boeira. 3ª ed. São Paulo: WMF Martins Fontes, 2010, p. 314.

315 SCHIER, Paulo. Ensaio sobre a supremacia do interesse público sobre o privado e o regime jurídico dos direitos fundamentais. Pensar – *Revista de Ciências Jurídicas*, v. 12, p. 162–172, 2007.

A resposta para tais questionamento nos é dada por Pérez Luño, que aponta uma *interdependência* mútua dos diversos direitos fundamentais, em que sua unidade de sentido não está nas características particulares de cada um, "mas como característica de todos eles como conjunto".[316] Na discussão de interesse público, é o que afirma Paulo Schier: "A regra, portanto, é de que [os ditos interesses públicos – entendidos apenas como interesses coletivos – e os interesses privados] não se excluem, pois compõem uma unidade normativa e axiológica".[317]

É por isso que, no sistema constitucional de direitos fundamentais, o interesse público deve ser entendido, em um conceito teórico preliminar ($IP_1$), como resultado da harmonização de direitos fundamentais de liberdade individual ($l_1$), liberdade política ($l_2$), *igualdade* ($i$) e *fraternidade* ($f$). Essas classes compõem um todo monolítico que é a sistemática constitucional de direitos fundamentais cujo ponto central harmônico entre todos esses direitos é o interesse público, conforme ilustrado na figura abaixo:

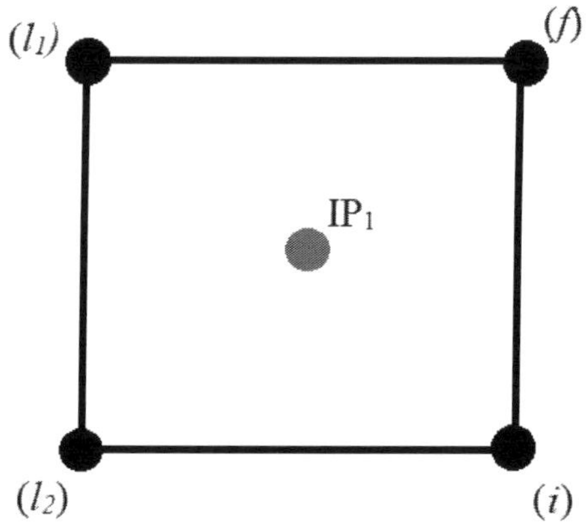


A unicidade do sistema dos direitos fundamentais se deve à interdependência mencionada, pois "os direitos humanos são interdependentes e inter-relacionados, o que significa que a realização de um direito depende da dos demais".[318] Não há como se proclamar a liber-

[316] LUÑO, Antonio Enrique Pérez. *Perspectivas e tendências atuais do Estado Constitucional*. Tradução de: Jose Luis Bolzan de Morais e Valéria Ribas do Nascimento. Porto Alegre: Livraria do Advogado, 2012, p. 18.

[317] SCHIER, Paulo. Ensaio sobre a supremacia do interesse público sobre o privado e o regime jurídico dos direitos fundamentais. Pensar – *Revista de Ciências Jurídicas*, v. 12, p. 162–172, 2007.

[318] FACHIN, Luiz Edson; MACHADO FILHO, Roberto Dalledone. Direito comum da humanidade. *In*: TOFFOLI, José Antonio Dias (Org.). *30 anos da Constituição brasileira*: democracia, direitos fundamentais e instituições. Rio de Janeiro: Forense, 2018, p. 571-588.

dade de um indivíduo que não tem condições materiais mínimas sequer de prover a sua integridade nutricional básica, ou de exaltar os direitos sociais de um povo que não pode livremente afirmar o contrário. Não pode haver fraternidade em um povo que não decida os seus rumos, ou direitos sociais ou liberdade em um mundo ecologicamente dilacerado, para dar alguns exemplos.

# 3. Constituição, hermenêutica e interesse público

Os dois primeiros Capítulos deste livro procuraram esmiuçar o conteúdo semântico, axiológico e jurídico do interesse público, sua relação com o bem comum e principalmente os seus contornos moldados pela Constituição e pela sistemática de direitos fundamentais. O presente Capítulo explora o conteúdo hermenêutico do "interesse público constitucional" e tem como objetivo utilizar as conclusões até aqui amealhadas a fim de apontar um itinerário interpretativo que guie o intérprete em um roteiro de aplicação que parte do sistema jurídico à identificação do interesse público no caso concreto.

## 3.1. A normatividade da Constituição e o direito administrativo

As ciências humanas são comumente divididas a partir do seu objeto e método. A filosofia debate o conhecimento, a realidade e outros aspectos através da reflexão e problematização. Por sua vez, a sociologia interpreta os fenômenos sociais por intermédio de pesquisa empírica. O direito é também fruto dessas reflexões e dos fenômenos sociais. Deve, todavia, ser respondido o questionamento sobre o que difere o direito das demais ciências humanas e sociais aplicadas.

Talvez uma das maiores contribuições juspositivistas, e citando o seu mais conhecido expoente, Hans Kelsen, com a sua *Teoria Pura*,[319] tenha sido não o fato de isolar o direito das demais ciências humanas como estudo de um objeto que seria unicamente o direito posto pelo Estado, mas por reafirmar a sua principal característica: exigir, vindicar, ordenar, impor-se, determinar, imperar. Segundo Barroso: "Não é

[319] KELSEN, Hans. *Teoria Pura do Direito*. Traduzido por João Baptista Machado. São Paulo: Martins Fontes, 1999.

próprio das normas jurídicas [...] sugerir, aconselhar, alvitrar. São elas comandos imperativos".[320]

Nesse ponto cabe o alerta de que: "Kelsen faz uma cisão entre Direito e Ciência do Direito, mas não uma cisão entre Direito e Moral". É dizer que a "pureza metodológica buscada destinava-se ao projeto científico e não ao Direito enquanto práxis social".[321] Ou seja, em que pese este Capítulo sustentar a necessidade de superação do paradigma juspositivista, é necessário separar o esforço teórico do jurista austríaco em isolar o objeto do Direito dos demais objetos das outras ciências da *aplicação* do Direito ao caso concreto.

Outra característica básica do Direito é a *garantia*, que nada mais é do que a promessa da existência prática da imperatividade do direito, ou seja, de que o Estado fará cumprir aquilo que o direito determina, ou imporá consequências àquele que o descumprir.[322] É dizer que o direito, e por decorrência lógica a Constituição, são dotados de efetividade e aplicabilidade.[323] Em outras palavras, o Direito impõe e se impõe.

Há de se ressaltar, desse modo, o caráter normativo do Direito, em todos os seus ramos, bem como a imperatividade da lei, entendida na ótica positivista como o direito posto pelo Estado. Se não se deve negar o caráter de imperatividade de uma lei, estritamente se referindo a uma lei ordinária, muito menos se poderia negar a normatividade daquela que é chamada de "Lei Maior" – no atual estágio constitucional.

As leis ordinárias, delegadas, complementares e tantos outros tipos editados pelo Parlamento são ditas normas infraconstitucionais, ou seja, abaixo da Constituição. Esse é, inclusive, o esquema descrito por Kelsen na famosa "pirâmide normativa".[324] Logo, seria um dissenso negar eficácia normativa ao texto constitucional, que está, portanto, acima da lei.[325] Seria como honrar a Constituição com uma "falsa supremacia" que não se concretizaria na prática.[326]

---

[320] BARROSO, Luis Roberto. *O novo direito constitucional brasileiro*: contribuições para a construção teórica e prática da jurisdição constitucional no Brasil. Belo Horizonte: Fórum. 2018, p. 60.

[321] STRECK, Lenio Luiz; MATOS, Daniel Ortiz. Mitos sobre o positivismo jurídico: uma leitura para além do senso comum teórico. *Revista UNIFESO – Humanas e Sociais*. v. 1, n. 1, 2014, p. 120-140.

[322] BARROSO, Luis Roberto. *Curso de direito constitucional contemporâneo:* os conceitos fundamentais e a construção do novo modelo. 5ª ed. São Paulo: Saraiva. 2015, p. 224.

[323] CANOTILHO, J. J. Gomes. *Direito constitucional e teoria da constituição*. 7ª ed. Coimbra: Edições Almedina, 2003, p. 1.150.

[324] KELSEN, Hans. *Teoria Pura do Direito*. Traduzido por João Baptista Machado. São Paulo: Martins Fontes, 2009.

[325] Aqui evita-se utilizar o termo "supralegal" para não causar confusão com o termo empregado para referir-se a normas que estão entre as constitucionais e legais. Para maior profundidade sobre o tema, ler: MENDES. Gilmar Ferreira; BRANCO, Paulo Gustavo Gonet. *Curso de Direito Constitucional*. 9ª ed. São Paulo: Saraiva, 2014, p. 1.151.

[326] BARROSO, Luis Roberto. *O novo direito constitucional brasileiro*: contribuições para a construção teórica e prática da jurisdição constitucional no Brasil. Belo Horizonte: Fórum. 2018, p. 60.

Negar a normatividade da Constituição seria negar a evolução histórica da democracia, que submete não apenas o Estado-Executivo, mas o próprio Estado-Legislador à supremacia do texto constitucional. Essa normatividade submete também o Estado-Juiz, na medida em que o obriga a enxergar o problema que está sendo julgado, a interpretar a lei, e a conformar a atuação dos Poderes sob a ótica da Constituição.

De fato, durante o ápice do positivismo jurídico, na primeira metade do século XX, era quase uníssona a teoria de Lassalle segundo o qual a Constituição tratava de questões políticas, e não jurídicas, servindo meramente para descrever os acontecimentos da *Realpolitik*.[327] Nesse contexto, "considerava-se que a Constituição não seria autêntica norma jurídica, dotada de cogência e imperatividade, mas antes uma proclamação retórica de valores e diretrizes políticas".[328]

Aponta Binenbojm, todavia, que a "doutrina contemporânea, rotulada como pós-positivista, tem enfatizado, em uníssono, a força vinculante da principiologia constitucional, que não depende da mediação do legislador infraconstitucional para produzir efeitos jurídicos".[329] Assim, "a Constituição aparece não já como um resultado, mas como um ponto de partida; já não é descritiva, mas criadora; a sua razão de ser não se encontra na sua vestustez, mas no seu significado jurídico...".[330]

Nessa esteira, considerar que a interpretação literal de uma lei (*stricto sensu*) não deve ser conformada pelo texto constitucional por ser a primeira detentora de maior densidade semântica é negar o caráter normativo da chamada "Lei Maior". E, com isso, relegar o direito constitucional a mero escriba dos acontecimentos políticos. Nos dizeres de Konrad Hesse: "Como toda ciência jurídica, o Direito Constitucional é ciência normativa".[331]

Em outro giro, impende reconhecer que várias das "respostas conferidas pelas teorias políticas à crise da política hoje, tais como as teorias de John Rawls e Jürgen Habermas, concluem pela dissolução das fronteiras entre Direito e Política". E essa "juridicização" da Constituição, antes tida como apenas uma carta política, também fez o caminho inverso "transformando questões essencialmente políticas em deman-

---

[327] HESSE, Konrad. *A força normativa da Constituição*. Tradução de Gilmar Ferreira Mendes, p. 2.

[328] BINENBOJM, Gustavo. *Uma teoria do direito administrativo*: direitos fundamentais, democracia e constitucionalização. 3ª ed. rev. Rio de Janeiro: Renovar, 2014, p. 61.

[329] Idem, p. 63-64.

[330] MIRANDA, Jorge; MENEZES, Fernando Antônio Dias; SILVEIRA, João José Custódio da (coords.). *Justiça constitucional*. São Paulo: Almedina, 2018, p. 10.

[331] HESSE, Konrad. *A força normativa da Constituição*. Tradução de Gilmar Ferreira Mendes, p. 3.

das judicializáveis, submetendo o político ao jurídico e retirando tais questões da esfera pública de discussão".[332]

Essa dissolução – embora não absoluta – de fronteiras entre Direito e Política, portanto, não tem consequências apenas ontológicas e teóricas, mas também práticas. A "orquestração" política da sociedade, antes "anotada" na Constituição, passa a receber influxos do mundo jurídico, pois esta, ao se tornar também um documento propriamente jurídico, leva todo o seu conteúdo ao debate do Direito. A partir do novo paradigma constitucional, a "Constituição chamou para si a fonte básica dos princípios e regras, ampliando sobremaneira o papel da atuação dos juízes".[333]

Nesse fito que "se reduzir a Política ao Direito não fornece respostas adequadas à crise do significado da política na contemporaneidade", Fachin assevera que "o tema não pode ser olvidado por aqueles que se dedicam a trabalhar com o Jurídico, em especial quando se leva em conta a adequada hermenêutica e a efetividade da Constituição, *locus* por excelência de interlocução entre ambos os fenômenos".[334]

Nesse contexto, negar a normatividade e impedir a concretização das normas constitucionais não é apenas retirar do direito constitucional o *status* de componente da ciência jurídica (o que não é pouca coisa). Ao se negar a normatividade da Constituição, nega-se que há um poder acima de tudo e de todos, nega-se que há um "cabresto" no "Leviatã", e, portanto, nega-se o próprio Estado de Direito e se relega a democracia a um *status* puramente formal, uma miragem, antítese do pretendido, inclusive, pelo ideal liberal.

Parte do direito administrativo, e sobretudo a práxis da Administração Pública, atrasaram-se ao compasso das mudanças hermenêuticas, políticas e sobretudo da irradiação constitucional. Enquanto em diversos ramos do direito já se tornou razoavelmente comum o conceito de "bloco de constitucionalidade", no direito administrativo não é raro a aplicação exclusivamente literal da lei, ou até extraindo-se o

[332] FACHIN, Luiz Edson. GONÇALVES, Fernanda Bernardo. *Um significado para a política*: notas sobre a teoria política em Hannah Arendt. No prelo.

[333] FACHIN, Luiz Edson. Código Civil Brasileiro: entre Avanços e Retrocessos = Das brasilianische Zivilgesetzbuch zwischen Fortschritten und Rückschritten. In: MEYER, Cord; SCHMIDT, Jan Peter; WOLF, Burkard J. (coord.). *O Código Civil Brasileiro de 2002 e a lei imobiliária: contribuições para a XXXIII Reunião anual da DBJV de 20 a 23 de novembro de 2014 em Hannover = Das brasilianische Zivilgesetzbuch von 2002 und die Realitäten des Grundstücksrechts: beiträge zur XXXIII Jahrestagung der DBJV* vom 20 bis 23 November 2014 in Hannover. Aachen: Shaker Verlag, 2016. p.5-54. (Escritos da Associação Alemão-Brasileira de Advogados = *Schriften der Deutsch-Brasilianischen Juristenvereinigung*).

[334] FACHIN, Luiz Edson; GONÇALVES, Fernanda Bernardo. *Um significado para a política*: notas sobre a teoria política em Hannah Arendt. No prelo.

que há de mais injustificável em interpretações destituídas de qualquer caráter axiológico.

E, no direito administrativo, há um "nicho" de intérpretes compelidos à vertente mais extremada do juspositivismo: o administrador público. Por medo, ou em nome do medo do controle, o administrador público, por vezes, toma decisões baseadas em interpretações *a-axiológicas* e até irracionais. Negando-se secreta e inconscientemente normatividade à Constituição, garante-se o império da portaria, da ordem de serviço, da instrução normativa, da literalidade deslocada de contexto da lei em detrimento do texto constitucional.

Com o avançar da teoria constitucional, e da filosofia jurídica em si, o direito administrativo tem sido instigado a abandonar sua práxis legalista e abraçar as correntes pós-positivistas. Relembrando a célebre frase de Victor Hugo: "Nada é mais forte do que uma ideia cuja hora chegou".[335] E chegou o momento de o direito administrativo ser de maneira ainda mais inequívoca elemento concretizador da vontade constitucional. E é de suma importância que isso aconteça, pois o direito administrativo talvez seja um dos ramos do direito mais próximo do cidadão, seja regulando o espaço e os serviços públicos, seja instrumentalizando as mais diversas políticas públicas.

É nesse contexto que se insere a chamada "constitucionalização do direito administrativo" como forma de atribuir normatividade ao texto constitucional e vencer as limitações do legalismo estrito. Esse fenômeno é observado em todos do direito, tendo, obviamente, diferentes repercussões em cada um, apesar da base teórica e propósitos únicos: atribuir força normativa à Constituição através da incidência da sua carga axiológica e jurídica em todo o sistema jurídico, colmatando-o ao seu conteúdo e às suas proposições.

Binenbojm sintetiza adequadamente essa mudança de paradigma a que deve se submeter o direito administrativo brasileiro, de "uma legalidade administrativa como vinculação positiva à lei, traduzida numa suposta submissão total do *agir administrativo* à vontade previamente manifestada pelo Legislativo" ao novo paradigma em que "a Constituição, e não mais a lei, passa a situar-se no cerne da vinculação administrativa à juridicidade".[336]

Quando se utiliza o termo "concretizar", tornar concreto, tornar real, quer-se que um instituto, uma prerrogativa, um direito, uma si-

---

[335] Tradução literal de *"Rien n'est plus fort qu'une idée dont l'heure est venue"*. In: HUGO, Victor-Marie. *Annales de droit de Louvain*: Volume 58" – página 5, *Association des diplômés en droit de l'Université de Louvain – J. Goemaere, Association des diplômés en droit de l'Université catholique de Louvain*, 1998.

[336] BINENBOJM, Gustavo. *Uma teoria do direito administrativo*: direitos fundamentais, democracia e constitucionalização. 3ª ed. rev. Rio de Janeiro: Renovar, 2014, p. 24-25.

tuação abstrata se liberte do papel e tinta do texto constitucional e passe a existir no mundo real, a regular o mundo dos vivos, o mundo em que o objeto-mor para quem o texto constitucional foi escrito – o homem. Como assevera Fachin: "Passagem e caminho são dois termos iniciais que podem ser utilizados para denominar as pontes entre a norma e a efetividade, entre a proclamação discursiva e a concretização de direitos", e a "argamassa desse laço é feita de um mínimo de esperança e de crença constitucional".[337]

Luís Roberto Barroso classifica esse ato de "concretização" como um quarto plano dos atos jurídicos, em sequência aos planos da existência, da validade e da eficácia.[338] Barroso denomina esse quarto plano como o da efetividade, e conceitua como "a realização do Direito, o desempenho concreto de sua função social",[339] e acrescenta que: "Ela [a efetividade] representa a materialização, no mundo dos fatos, dos preceitos legais e simboliza a aproximação, tão íntima quanto possível, entre o *dever-ser* normativo e o *ser* da realidade social".[340]

Fachin faz interessante apontamento ao comentar a dificuldade em atribuir normatividade aos direitos de fraternidade, os quais chama de "direitos de solidariedade". Indica o autor que "a defesa de uma normatividade em um espaço que há pouco parecia de anomia assemelha-se com o curso pela efetividade da Constituição Federal". Ou seja, o mesmo estranhamento e dificuldade de se conferir força normativa à Constituição são sentidos mais tarde em relação às gerações mais avançadas de direitos fundamentais, e pelo mesmo motivo: "tanto a Constituição quanto os direitos humanos são forjados nos processos decisórios em que sua normatividade é suscitada".[341]

No âmbito do direito administrativo, a concretização da constituição impõe ao administrador público um dever e uma prerrogativa. O dever advém da obrigação de seguir e perseguir na sua atuação os contornos dados pela Constituição. A finalidade (o interesse público) é um elemento jurídico do ato administrativo e axiológico da atuação dos agentes públicos em geral.

Ocorre que finalidade pública é um conceito muito amplo, que consegue afastar situações não impessoais, mas ainda assim deixa um amplo espaço para a atuação discricionária do administrador. Quando

---

337 FACHIN, Luiz Edson; MACHADO FILHO, Roberto Dalledone. Direito comum da humanidade. In: TOFFOLI, José Antonio Dias (Org.). *30 anos da Constituição brasileira*: democracia, direitos fundamentais e instituições. Rio de Janeiro: Forense, 2018, p. 571-588.

338 BARROSO, Luis Roberto. *Curso de direito constitucional contemporâneo*: os conceitos fundamentais e a construção do novo modelo. 5ª ed. São Paulo: Saraiva. 2015, p. 255.

339 Ibidem.

340 Ibidem.

341 FACHIN; MACHADO FILHO, *op. cit.*, p. 571-588.

se impõe o dever de concretizar o texto constitucional, a finalidade a que está adstrito o administrador público adquire caráter menos genérico, pois o texto constitucional dá comandos mais específicos e o guia para uma ou outra direção.

Damos como exemplo o discutido princípio da eficiência, esculpido no *caput* do art. 37 da Constituição Federal. Quando o administrador público toma uma decisão, é necessário que, dentre as opções disponíveis, seja escolhida aquela que o administrador considere mais eficiente. Da mesma forma, dentre as opções disponíveis, o administrador deve escolher aquela que melhor proteja o meio ambiente, pois assim preconiza o art. 225 da Carta Magna.

Esse "dever" diminui a discricionariedade do administrador público e, inclusive, possibilita a apreciação judicial desses atos antes afastados do controle do Judiciário.[342] Ocorre que são muitos os mandamentos constitucionais, e, na tomada de decisão, o administrador deve conciliar todas essas ordenanças. No próximo subtópico, serão analisados esse problema e as hipóteses possíveis.

A concretização da Constituição, como narrado, também impõe ao administrador público uma prerrogativa. Vale lembrar que, como toda prerrogativa em um Estado constitucional democrático, ela tem por fim último o interesse público. Essa prerrogativa é o poder-dever de dar ao texto legal ou infralegal a interpretação melhor atenda os preceitos constitucionais. É uma necessidade que urge, conforme aponta Marçal Justen Filho: "O conteúdo e as interpretações do direito administrativo permanecem vinculados e referidos a uma realidade sociopolítica que há muito deixou de existir. O instrumental do direito administrativo é, na sua essência, o mesmo de um século atrás".[343]

Ao interpretar o texto infraconstitucional, o administrador público deve fazê-lo da forma que melhor atenda aos mandamentos constitucionais. Deve ler o dispositivo constitucional sob a ótica da Constituição e levando em consideração o melhor modo de garantir a efetividade do texto constitucional olhando os elementos fáticos. Deve o administrador, desse modo, "esgotar todas as potencialidades interpretativas do texto constitucional, sem ficar no aguardo dos agentes infraconstitucionais".[344]

Assim leciona Barroso ao sustentar que o fenômeno da constitucionalização do direito administrativo, em relação à Administração

[342] Sobre o assunto, ver: BINEMBOJM, Gustavo. *Uma Teoria do Direito Administrativo*: direitos fundamentais, democracia e constitucionalização. Rio de Janeiro: Renovar, 2008.

[343] JUSTEN FILHO, Marçal. *Curso de Direito Administrativo*. São Paulo: Saraiva, 2005, p. 13.

[344] BARROSO, Luis Roberto. *O novo direito constitucional brasileiro*: contribuições para a construção teórica e prática da jurisdição constitucional no Brasil. Belo Horizonte: Fórum. 2018, p. 59.

Pública, "além de igualmente (i) limitar-lhe a discricionariedade e (ii) impor a ela deveres de atuação, ainda (iii) fornece fundamento de validade para a prática de atos de aplicação imediata da Constituição, independentemente da interposição do legislador ordinário".[345]

Está o administrador sob o princípio da ótima concretização da norma (*Gebot optimaler Verwirklichung der Norm*).[346] Conforme leciona Konrad Hesse: "A interpretação adequada é aquela que consegue concretizar, de forma excelente, o sentido (*Sinn*) da proposição normativa dentro das condições reais dominantes numa determinada situação".[347]

Nas discussões sobre o conceito de justiça, democracia e direitos fundamentais, muito foi debatido a respeito do aparente enfrentamento entre justiça formal e justiça material. Nessa seara, foi criada a famosa Fórmula de Radbruch, segundo a qual: "A injustiça extrema não é direito".[348] Essa fórmula seria então a ponderação entre a justiça material e a segurança jurídica.[349]

No campo do direito administrativo, temos, de um lado, o legalismo estrito, que encontra esteio na democracia representativa e na segurança jurídica, e, de outro lado, temos a juridicidade administrativa, fundamentada nos princípios da eficiência, economicidade, celeridade, e na necessidade de melhor concretização de diversos mandamentos constitucionais.

É possível, com as ressalvas óbvias, estabelecer uma comparação entre a Fórmula de Radbruch e o direito administrativo. Não se quer aqui de forma alguma colocar direitos humanos e problemas administrativos do Estado em um mesmo patamar. Isso é absolutamente inconcebível. O que se quer é extrair da Fórmula de Radbruch a ideia de que se um dispositivo legal tem, dentre as interpretações possíveis, e inclusive a literal, uma interpretação que está em dissonância de todo o sistema jurídico, e em especial das normas constitucionais que disciplinam aquela matéria, essa interpretação prejudicial não encontra guarida no direito.

O intérprete, seja ele o juiz ou o administrador, deve conferir uma interpretação às normas de gestão que se coadune com toda o sistema

---

[345] BARROSO, Luis Roberto. A constitucionalização do direito e suas repercussões no âmbito administrativo. *In*: ARAGÃO, Alexandre Santos de. MARQUES NETO, Floriano de Azevedo (Coordenadores). *Direito administrativo e seus novos paradigmas*. Belo Horizonte: Fórum, 2008, p. 32-33.

[346] HESSE, Konrad. *A força normativa da Constituição*. Tradução de Gilmar Ferreira Mendes, p. 9.

[347] Ibidem.

[348] ALEXY, Robert. A defense of Radbruch's formula. *In*: FREEMAN. M. D. A. (org.). *Lloyd's Introduction to Jurisprudence*. 8ª ed. London: Sweet & Maxwell and Thomson Reuters, 2008, p. 428.

[349] ALEXY, Robert. *The dual nature of law*. *Ratio Juris*, 23, 167-182, 2010, p. 177.

jurídico, não apenas com a literalidade, ou até com uma ultraliteralidade que garanta maior segurança ao gestor público, a preço do sacrifício do interesse público. Nesse contexto, a "necessidade de um Estado Social, ativo, tendente a satisfazer as necessidades da população, mediante a efetivação de direitos e garantias individuais é ambiente propício à constitucionalização".[350] Impende advertir que o "Estado Constitucional continua a agir por meio da lei, mas a concebe como meio para atingir a determinado objetivo, dentro dos anseios determinados pela Constituição Federal".[351]

Ressalte-se, entretanto, que o ponto de partida da interpretação deve ser o texto normativo. Do contrário, todo o sistema jurídico-administrativo, a estrutura da Administração Pública e do controle restariam prejudicados. Alexy faz semelhante alerta a respeito da Fórmula de Radbruch: "Se toda e qualquer injustiça levasse à invalidade jurídica, a função do sistema jurídico de coordenação estrutural e garantir as vantagens da coordenação e cooperação social ficaria em perigo".[352]

Necessário, assim, que o intérprete fuja do chamado "charlatanismo constitucional".[353] Uma crítica recorrente ao neoconstitucionalismo ou a qualquer técnica hermenêutica diferente dos instrumentos tradicionais é que seriam teorias que dariam ao intérprete poder absoluto sobre o texto normativo. Dessa forma, sob a falsa premissa de dar normatividade à Constituição, o intérprete faria o que fosse da sua vontade, sem nenhuma limitação do texto legal. A Constituição serviria, então, como uma espécie de verniz para legitimar qualquer que fosse a vontade do intérprete.

Essa crítica é importante e merece atenção. De fato, sem o rigor científico na construção da interpretação do texto legal, estaríamos regredindo a uma espécie de absolutismo pulverizado, no qual todos os intérpretes fariam o que bem entendessem sem nenhuma limitação imposta pela maioria (representada pelo Parlamento). Contudo, a própria crítica traz no seu conteúdo o elemento garantidor da verdadeira

---

[350] CADEMARTORI, Luiz Henrique Urquhart; OLIVEIRA, Vitória Cristina. Constitucionalização do direito administrativo e a sindicabilidade do ato discricionário. *REI – Revista Estudos Institucionais*, [S.l.], v. 2, n. 1, p. 168-191, jul. 2016. ISSN 2447-5467. Disponível em: <https://www.estudosinstitucionais.com/REI/article/view/38/48>. Acesso em: 03 maio 2021.

[351] Ibidem.

[352] Tradução nossa. No original: "If each and every injustice were to lead to legal invalidity, the function of the legal system to coordinate behavior and to secure the advantages of social coordination and cooperation would be endangered". ALEXY, Robert. *Formal principles*: Some replies to critics. International Journal of Constitutional Law, Volume 12, Issue 3, July 2014, Pages 511–524. Disponível em: <https://doi.org/10.1093/icon/mou051>. Acesso em: 31 mar 2021.

[353] Expressão utilizada por Luís Roberto Barroso. In: BARROSO, Luis Roberto. *O novo direito constitucional brasileiro*: contribuições para a construção teórica e prática da jurisdição constitucional no Brasil. Belo Horizonte: Fórum. 2018, p. 60.

hermenêutica constitucional, que é o rigor na construção da interpretação.

Desse modo, apontar uma teoria para instrumentalizar a concretização constitucional pelo administrador público por meio da interpretação dos dispositivos infraconstitucionais é, sobretudo, dotar o intérprete de rigor científico para fazê-lo. Portanto, ao contrário de legitimar eventual "charlatanismo constitucional", pretende-se, aqui, estabelecer parâmetros e elementos quanto mais objetivos possíveis para o tema. Como aponta Carlos Ari Sundfeld: "As visões estão mudando, há novos conceitos a elaborar. Não é um momento fácil para quem quer entender o direito administrativo, mas é fascinante para influir em sua construção".[354]

## 3.2. A superação do positivismo jurídico e o retorno da moral e da razão ao direito: interpretação como construção

### 3.2.1. *Do positivismo jurídico à judicidade administrativa*

O juspositivismo, em apertada síntese, remete o intérprete ao confinamento textual da norma, justificando a sua análise a-axiológica no fato de que a norma fora posta pelo poder competente e legítimo para tal, o que, por vezes, pode render decisões completamente descoladas de valores caros à sociedade ou mesmo de duvidosa racionalidade. Não é por outra razão que a própria Lei de Introdução às normas do Direito Brasileiro apregoa, no seu art. 5º que: "Na aplicação da lei, o juiz atenderá aos fins sociais a que ela se dirige e às exigências do bem comum".[355]

Não obstante, para bem analisar o fenômeno do juspositivismo e seus reflexos no direito administrativo brasileiro, é necessário antes acorrer a importante alerta apontado por Lenio Streck: "antes do desenvolvimento de leituras críticas, os fenômenos devem ser adequadamente compreendidos e explicitados. Caso contrário, as propostas rupturais restarão equivocadas diante da parcialidade ou superficialidade de suas análises".[356]

---

[354] SUNDFELD, Carlos Ari. *Direito administrativo para céticos*. São Paulo: Malheiros, 2017, p. 54.

[355] BRASIL. *Lei de Introdução às normas do Direito Brasileiro*. Decreto-Lei nº 4.657, de 4 de setembro de 1942. Disponível em: <http://www.planalto.gov.br/ccivil_03/decreto-lei/del4657compilado.htm>. Acesso em: 13 abr 2021.

[356] STRECK, Lenio Luiz; MATOS, Daniel Ortiz. Mitos sobre o positivismo jurídico: uma leitura para além do senso comum teórico. *Revista UNIFESO – Humanas e Sociais*. v. 1, n. 1, 2014, p. 120-140.

Tal alerta serve para extirpar das análises sobre o juspositivismo leituras rasas e argumentações incompletas, sobretudo dissociadas do seu contexto histórico. Continua a advertir o autor que "na tentativa de propor um Direito mais adequado às novas exigências histórico--emergenciais, é imprescindível uma leitura adequada das construções paradigmáticas pretéritas e/ou presentes".[357] Escrevendo em outras palavras: para se propor o novo, deve-se primeiro conhecer o velho.

Face mais identificável do juspositivismo no direito administrativo, o princípio da legalidade "é um marco jurídico fundador da administração pública no Estado de direito".[358] Há importante mudança de paradigma, pois "a legitimidade da atuação administrativa deixa de ser consequência da tradição que elevava o soberano ao *status* de 'senhor absoluto', passando a se relacionar com a lei racionalmente elaborada".[359]

Na lição de Bandeira de Mello, o "princípio da legalidade administrativa significa que a Administração não só está impedida de agir *contra legem* ou *extra legem*, mas também que só pode agir *secundum legem*". O administrativista pontua, ainda, que o ato administrativo deve buscar satisfazer "à finalidade da regra do Direito".[360] Peña de Moraes aponta que "a atividade administrativa é subordinada à vontade da lei, positivamente imposta no Estado de Direito", e que tal atividade "é sujeita à atividade legislativa, uma vez que é da atribuição da Administração Pública concretizar e individualizar normas legais".[361]

Essa primazia do princípio da legalidade não é observada apenas no direito administrativo brasileiro, antes, é um traço do direito administrativo romano-germânico. O alemão Hartmut Maurer, por exemplo, aponta que Administração Pública é pautada por diversos princípios, e, dentre eles, o mais importante é o princípio da legalidade da Administração.[362]

Segundo o autor, o princípio da legalidade da Administração é composto de dois componentes, a primazia da lei e a reserva da lei. A primazia expressa que a Administração está vinculada à lei, que a

---

[357] STRECK, Lenio Luiz; MATOS, Daniel Ortiz. Mitos sobre o positivismo jurídico: uma leitura para além do senso comum teórico. *Revista UNIFESO – Humanas e Sociais*. v. 1, n. 1, 2014, p. 120-140.

[358] CHICOSKI, Davi. A legalidade administrativa e a crise do positivismo jurídico. *Revista Digital de Direito Administrativo*, vol. 3, n. 1, 2016, p. 254-283.

[359] Ibidem.

[360] MELLO, Celso Antônio Bandeira de. *Grandes Temas do Direito Administrativo*. São Paulo: Malheiros, 2009, p. 56-58.

[361] MORAES, Guilherme Peña de. *Direito Constitucional*: Teoria da Constituição. Rio de Janeiro: Editora Lumen Juris, 2004, p. 109.

[362] MAURER, Hartmut. *Elementos de direito administrativo alemão. (Vinculação à Lei, Poder Discricionário e Conceitos Jurídicos Indeterminados)*. São Paulo: Sergio Antonio Fabris Editor, 2000, p. 45.

maior tarefa das autoridades administrativas é executar as leis. A reserva de lei, por sua vez, é ao mesmo tempo o fundamento e a autorização legal da Administração Pública. Como a Administração, no conceito do autor, somente pode agir com autorização legal, é a lei que serve de fundamento para os seus atos.[363]

Uma das mais alardeadas qualidades do juspositivismo consiste na segurança jurídica que teoricamente sua exegese proporciona. No contexto histórico, "a inserção do princípio da legalidade no ordenamento jurídico do Estado de direito se deu em razão de uma sensível preocupação da burguesia em garantir segurança em suas relações jurídicas".[364]

Em termos de direito administrativo, o juspositivismo está longe de ser um "desconhecido". A segurança jurídica conferida pela exegese juspositivista encontrou nas fileiras da Administração Pública e no direito administrativo em geral campo propício para se desenvolver. É o que se nota, por exemplo, em contundente passagem da clássica obra de Marcello Caetano, datada de 1977: "não se deve esquecer de que a observância da legalidade se justifica por si mesma, independentemente do valor que reveste como proteção dos particulares que travam relações com a Administração".[365]

E nesse ponto reside a forte conexão entre o juspositivismo, o "interesse público *Katchanga* Real",[366] o *real* interesse público, e o entrave em se concretizar direitos fundamentais por meio da hermenêutica na Administração Pública. Por ironia, sob o argumento de combater a "*Katchanga* Real" (o uso desvirtuado do argumento do interesse público), algumas teorias acabam por sacrificar o *real* interesse público em um compromisso preponderante com o interesse privado.

Marcello Caetano continua sua exposição: "O interesse público a prosseguir, os órgãos e agentes incumbidos de o fazer, os poderes funcionais de que uns e outros lançam para o efeito e ainda, em maior ou menor medida, as formas de agir e os meios de ação a adotar", todos

[363] MAURER, Hartmut. *Elementos de direito administrativo alemão. (Vinculação à Lei, Poder Discricionário e Conceitos Jurídicos Indeterminados).* São Paulo: Sergio Antonio Fabris Editor, 2000, p. 45-64.

[364] CHICOSKI, Davi. A legalidade administrativa e a crise do positivismo jurídico. *Revista Digital de Direito Administrativo*, vol. 3, n. 1, p. 254-283, 2016.

[365] CAETANO, Marcelo. *Princípios fundamentais do direito administrativo.* Rio de Janeiro: Forense, 1977, p. 476.

[366] A expressão "*Katchanga* Real" é uma anedota contada por George Marmelstein para satirizar o uso distorcido da teoria dos princípios de Alexy, pois, segundo o autor, sempre que conveniente, um princípio jurídico é invocado sem muitos parâmetros para justificar qualquer decisão que seja do interesse de quem decide. Ora, há muito no direito administrativo temos uma "*Katchanga* Real" (que vence a "*Katchanga* comum", que é o uso sem parâmetros do "interesse público". *In*: LIMA, George Marmelstein. Alexy à brasileira ou a Teoria da Katchanga. *Revista Jus Navigandi*, ISSN 1518-4862, Teresina, ano 17, n. 3222, 27 abr. 2012. Disponível em: <https://jus.com.br/artigos/21646>. Acesso em: 6 abr. 2021.

esses, prossegue o autor, "são aspectos que à lei cabe definir e regular em termos que a Administração deve respeitar".[367]

Os trechos acima mostram a íntima ligação entre o argumento do interesse público, o juspositivismo e o afastamento de uma análise axiológica ou necessidade de justificativa por parte do intérprete, em especial do administrador público. Se decide em razão do interesse público, e quem sabe *o que é* o interesse público é apenas o legislador. E quem *interpreta* o que disse o legislador em termos de direito administrativo na condução da Administração Pública é apenas o administrador, pois, repita-se: "não se deve esquecer de que a observância da legalidade se justifica por si mesma, independentemente do valor que reveste como proteção dos particulares que travam relações com a Administração".[368]

Nesse sentido, "a lei seria um fim em si mesma, e não seria tarefa do intérprete indagar o seu conteúdo ou buscar qualquer aspecto axiológico ou mesmo de racionalidade, mas tão somente cumprir os seus mandamentos". Desse modo, "se a lei fora emanada de autoridade competente, a legitimação representativa do legislador seria suficiente para legitimar a sua aplicação literal, por mais absurda que esta parecesse".[369]

É bem verdade que o juspositivismo não é uma corrente de pensamento uniforme, tendo sofrido diversas mudanças sobretudo a partir do século XX.[370] Mas é inegável que o traço marcante e distintivo do juspositivismo sendo "o 'porquê' das coisas e acontecimentos, no que se refere ao seu sentido, é substituído pelo 'como', pela forma que se dão e existem", e "uma predileção por modelos mecanicistas e funcionalistas de explicação".[371] No "paradigma positivista, o direito reduz a amplitude do conceito de justiça aos estritos limites da legalidade, por meio de um raciocínio lógico-dedutivo".[372]

Davi Chicoski aponta os principais "traços recorrentes" do pensamento juspositivista. O primeiro deles seria "no plano metodológico, a radical distinção entre juízos de fato e juízos de valor, com a exclusão

[367] CAETANO, Marcelo. *Princípios fundamentais do direito administrativo*. Rio de Janeiro: Forense, 1977, p. 476.

[368] Ibidem.

[369] BARBOSA, Jandeson da Costa. Uma teoria hermenêutica para a gestão pública do século XXI. *In*: DEZAN, Sandro Lúcio; CARMONA, Paulo Afonso Cavichioli; GUEDES, Jefferson Carlos Carús (orgs.). *Hermenêutica do Direito e processo administrativo:* fundamentos do processo administrativo contemporâneo. Curitiba: CRV, 2021, p. 20.

[370] STRECK, Lenio Luiz; MATOS, Daniel Ortiz. Mitos sobre o positivismo jurídico: uma leitura para além do senso comum teórico. *Revista UNIFESO – Humanas e Sociais*. v. 1, n. 1, 2014, p. 120-140.

[371] Ibidem.

[372] MENDONÇA, Paulo Roberto Soares. *A argumentação nas decisões judiciais*. 2ª ed. Rio de Janeiro: Renovar, 2000, p. 75.

destes do campo jurídico, bem como uma tendência à formalização do direito". O segundo traço seria a "elevação da lei formal como principal 'fonte' do direito – fonte qualificadora –, responsável pela inovação do sistema jurídico, e o desinteresse pelos princípios".[373]

Um terceiro traço do positivismo jurídico, continua o autor, seria "a busca por um sistema jurídico fechado, em que inexistam contradições ou incompletudes, tudo segundo um ponto de vista lógico". E, por fim, o quarto traço distintivo do positivismo jurídico seria "uma teoria da interpretação mecanicista, em que o Judiciário e a Administração são encarados como meros reprodutores do conteúdo já previamente definido nas normas legais".[374]

Nesse escopo, a obediência da lei deixa de ser *meio* para alcançar objetivos da sociedade – que atualmente podem ser entendidos como a concretização de direitos fundamentais –, para ser o fim em si mesma. Pois se entende que "porque o interesse coletivo exige o respeito das leis em vigor pela Administração [...], não basta que existam e funcionem garantias dos administrados: importa também organizar garantias da legalidade".[375]

Essas respostas dadas pelo juspositivismo, bem como o argumento de autoridade da lei, sobretudo em plena crise do modelo representativo, não fazem frente às inquietações e à complexidade da sociedade e dos seus problemas atuais. Houve, assim, um "esgotamento do paradigma legalista" com "a evolução da democracia e a consequente demanda da sociedade por decisões fundadas em razões substantivas, não mais sendo suficientes as justificações puramente formais e amparadas na autoridade".[376]

Alerta Fachin que o "princípio reitor é o princípio da felicidade, decorrente da secularização engendrada pela modernidade, que privou o homem da imortalidade e, conseqüentemente, de preocupações com a permanência do mundo", fez com que este passasse a se ocupar tão somente com a tarefa "de proporcionar à vida a maior felicidade possível, ao maior número possível de pessoas, elevando a vida à posição de bem supremo da humanidade, que deveria ser protegido e cuja manutenção passa a competir ao Estado".[377]

---

[373] CHICOSKI, Davi. A legalidade administrativa e a crise do positivismo jurídico. *Revista Digital de Direito Administrativo*, vol. 3, n. 1, p. 254-283, 2016.

[374] Ibidem.

[375] CAETANO, Marcelo. *Princípios fundamentais do direito administrativo*. Rio de Janeiro: Forense, 1977, p. 476.

[376] PEREIRA, Jane Reis Gonçalves. *Interpretação Constitucional e Direitos Fundamentais*. São Paulo: Saraiva, 2018, p. 47.

[377] FACHIN, Luiz Edson; GONÇALVES, Fernanda Bernardo. *Um significado para a política*: notas sobre a teoria política em Hannah Arendt. No prelo.

Esse deslocamento das necessidades da vida para o centro do debate público, com o consequente declínio das preocupações que até tradicionalmente o ocupavam, são um fenômeno da modernidade. Fachin assevera que "a modernidade também ensejou a perda da autoridade, aquelas 'experiências autênticas e incontestes comuns a todos', que está relacionada à quebra da tradição trazida com as novas formas de pensar e fazer política", pois era "a autoridade que conferia ao mundo a permanência necessária à segurança dos seres humanos, exigindo obediência e respeito".[378]

Complementa Chicoski que um "fator decisivo que leva à descrença na lei formal como garantia de segurança jurídica é a crescente complexidade das sociedades no decorrer do século XX, na medida em que não mais se verifica a tendência de permanência de normas legislativas e administrativas".[379]

O modelo legitimador do princípio da legalidade, pois, não subsiste. A sociedade procura por respostas que vão além da mera previsão legal e obrigam o intérprete, incluído o intérprete do direito administrativo, administrador ou magistrado, a olhar para o sistema jurídico e colher respostas mais convincentes, pois "ao contrário do que se constatava no início do século XIX, as leis são inúmeras e parecem conflitantes, pois não resultam mais de uma sociedade 'monoclasse', como era a que se impunha no século XIX".[380]

Binenbojm classifica como "truísmo" e "obviedade" apontar a crise da lei formal "no seu sentido liberal clássico". Sustenta o autor que o positivismo legalista europeu desenvolveu um ambiente em que "não havia limites para a atuação do legislador e os juízes e administradores eram meros repetidores do texto legal", sendo "exatamente esta visão liberal idealista e mitificadora que sucumbiu".[381]

O autor carioca, uma das principais vozes críticas ao princípio da legalidade no direito administrativo atual, reconhece que "a lei não foi capaz de atender às demandas que ela própria pretendia tratar no Estado liberal, sendo, ainda mais, inábil a responder aos anseios do Estado providência".[382]

---

[378] FACHIN, Luiz Edson; GONÇALVES, Fernanda Bernardo. *Um significado para a política*: notas sobre a teoria política em Hannah Arendt. No prelo.

[379] CHICOSKI, Davi. A legalidade administrativa e a crise do positivismo jurídico. *Revista Digital de Direito Administrativo*, vol. 3, n. 1, p. 254-283, 2016.

[380] Ibidem.

[381] BINENBOJM, Gustavo. *Uma teoria do direito administrativo*: direitos fundamentais, democracia e constitucionalização. 3ª ed. rev. Rio de Janeiro: Renovar, 2014, p. 132-133.

[382] Idem, p. 133.

Fachin observa que: "No diálogo concreto entre a Constituição e o Código Civil, o grande personagem que surgiu no Brasil foi o juiz contemporâneo", e que "a superação do formalismo e do conceito mecânico da atividade jurisdicional implicou em travessia do juiz tradicional ao juiz funcionalista e teleológico".[383] Sob essa perspectiva, o mesmo pode ser dito em relação ao direito administrativo e ao administrador público.

A segurança jurídica, principal verniz justificador do juspositivismo, já não é suficiente para atender aos anseios, expectativas e exigências da sociedade. A "modernidade, portanto, com a substituição do público pelo social, representou a transferência da liberdade", entendida esta como "uma liberdade especificamente política, exercida no espaço público em conjunto com outros homens", do "centro e sentido da política, colocando em seu lugar a necessidade".[384]

É dizer que: "Sob o ponto de vista axiológico, a segurança jurídica perde terreno para os valores do bem comum e da justiça social". Nessa mudança paradigmática do direito, o "pensamento jurídico passa a orientar-se mais em função dos valores do que dos interesses, recorrendo cada vez mais às cláusulas gerais e aos princípios jurídicos, categorias que não permitem maior rigor no trabalho lógico-dedutivo, ou raciocínio de subsunção".[385]

O Direito sai dos muros imaginários do mundo ideal para "regular o mundo dos vivos, o mundo em que [vive] o objeto-mor para quem o texto constitucional foi escrito – o homem".[386] Dessa forma, o "exame de valores axiomáticos e, assim, deônticos, ou seja, jurídico-axiomáticos, leva a algo mais: propicia encarar o Direito à luz dos fatos e não os fatos à luz do Direito".[387] Sandro Dezan é categórico ao afirmar que: "Valores são padrões normativos vinculativos mais diretamente rela-

---

383 FACHIN, Luiz Edson. Código Civil Brasileiro: entre Avanços e Retrocessos = *Das brasilianische Zivilgesetzbuch zwischen Fortschritten und Rückschritten*. In: MEYER, Cord; SCHMIDT, Jan Peter; WOLF, Burkard J. (coords.). *O Código Civil Brasileiro de 2002 e a lei imobiliária:* contribuições para a XXXIII Reunião anual da DBJV de 20 a 23 de novembro de 2014 em Hannover = *Das brasilianische Zivilgesetzbuch von 2002 und die Realitäten des Grundstücksrechts: beiträge zur XXXIII Jahrestagung der DBJV* vom 20 bis 23 November 2014 in Hannover. Aachen: Shaker Verlag, 2016. p.5-54. (Escritos da Associação Alemão-Brasileira de Advogados = *Schriften der Deutsch-Brasilianischen Juristenvereinigung*).

384 FACHIN, Luiz Edson; GONÇALVES, Fernanda Bernardo. *Um significado para a política*: notas sobre a teoria política em Hannah Arendt. No prelo.

385 AMARAL, Francisco. Racionalidade e Sistema do Direito Civil Brasileiro. *Revista de Direito Civil*. São Paulo, n. 63, p. 45-56, 1994. p. 55.

386 BARBOSA. Jandeson da Costa. Constitucionalismo em rede: a Argentina e o meio ambiente. *In*: VASCONCELOS, Adaylson Wagner Sousa de (Org.). *Direito: Ramificações, Interpretações e Ambiguidades* 3. Ponta Grossa-PR: Atena, 2021, p. 77-93.

387 DEZAN, Sandro Lúcio; HERKENHOFF, Henrique Geaquinto; GUIMARÃES, Jader Ferreira. *A administração pública concretista de direitos fundamentais*: um olhar para além do positivismo jurídico. Belo Horizonte: Arraes Editores, 2019, p. 59.

cionados aos fatos em si e devem, com efeito, serem observados pelo intérprete e aplicador do Direito".[388]

Davi Chicoski, com uma visão inegavelmente otimista em relação à práxis administrativa, vislumbra a mudança para o paradigma pós-positivista ao afirmar que "a legalidade administrativa é mais propriamente vista como juridicidade, na medida em que a relação entre lei e atividade administrativa é informada por toda a principiologia e valores consagrados pelo sistema jurídico aberto, e não apenas pela letra ou pelo texto da lei formal". Reconhece, contudo, que, "a legalidade estrita continua exercendo uma função importante na formação da decisão", ressaltando que "a diferença consiste em que ela não é mais a única fonte qualificadora, porém mais um dos princípios a ser ponderado no caso concreto administrativa".[389]

Manuel Atienza trata desses diferentes campos jurídicos em que ocorrem as argumentações. O primeiro deles seria o da "*produção ou estabelecimento de normas jurídicas*"; o segundo campo seria o da "*aplicação* das normas jurídicas à solução dos casos, embora essa seja uma atividade levada a cabo por juízes em sentido estrito, por órgãos administrativos no sentido mais amplo da expressão ou por simples particulares"; enquanto o terceiro campo jurídico seria justamente o da dogmática jurídica, cujas funções seriam as de "fornecer critérios para a produção do Direito nas diversas instâncias em que ele ocorre", "oferecer critérios para a aplicação do Direito", e "ordenar e sistematizar um setor do ordenamento jurídico".[390]

Entre a dogmática e a práxis há sempre uma distância temporal. Em se tratando da práxis administrativa, como se verá no próximo tópico, há elementos que explicam a possibilidade de que esse lapso temporal de substituição paulatina do princípio da legalidade pelo princípio da juridicidade seja maior.

O fato é que a doutrina administrativista tem apontado, há mais de um par de décadas, a necessidade dessa mudança paradigmática. O português Paulo Otero já tratava, nos idos de 2003, da necessidade da legalidade na Administração Pública ter o sentido da vinculação administrativa à juridicidade. Segundo o autor, a Administração Pública

---

388 DEZAN, Sandro Lúcio; HERKENHOFF, Henrique Geaquinto; GUIMARÃES, Jader Ferreira. *A administração pública concretista de direitos fundamentais*: um olhar para além do positivismo jurídico. Belo Horizonte: Arraes Editores, 2019, p. 59.

389 CHICOSKI, Davi. A legalidade administrativa e a crise do positivismo jurídico. *Revista Digital de Direito Administrativo*, vol. 3, n. 1, p. 254-283, 2016.

390 ATIENZA, Manuel. *As razões do direito*: Teorias da Argumentação Jurídica. Tradução de: Maria Cristina Guimarães Cupertino. São Paulo: Landy, 2000, p. 18-20.

deve recusar a aplicação das normas inconstitucionais ou ilegais, pois antijurídicas.[391]

Também defende o autor que a Administração não deve-se pautar apenas pela literalidade da norma, mas pelo conjunto de normas – regras e princípios – que formam o sistema jurídico. Aponta, entretanto, que há "um conflito dilemático que, sem prejuízo das recentes tentativas de resolução interpretativa no sentido da ampliação da competência administrativa de recusa de aplicação de normas inconstitucionais", o qual "exige uma delicada ponderação entre valores e princípios constitucionais cuja decisão, permitindo superar a 'quebra do sistema' hoje existente, deverá envolver a introdução de uma expressa norma no sistema jurídico positivo".[392]

O autor português, preocupado com uma "quebra do sistema" jurídico, entende que há a necessidade da introdução de uma norma positiva que redefina "o posicionamento dos órgãos administrativos na determinação da normatividade reguladora da respectiva atividade". Segundo Otero, sem a edição de tal norma no ordenamento jurídico-positivo, "o sentido vinculativo da Administração Pública à juridicidade revela-se contraditório, imperfeito e incompleto em situações de antinomia que conduzem à invalidade de uma das normas em conflito".[393]

Este parece ser um ponto de transição do modelo legalista para a assunção da juridicidade como princípio a nortear a práxis da Administração Pública. Em tal ponto, entende o autor que essa transição precisa necessariamente de uma norma positiva a legitimar o alargamento interpretativo e hermenêutico da Administração Pública, sob risco da citada "quebra do sistema" jurídico que se legitima, ainda sob o paradigma juspositivista, a partir da lei editada pelo Parlamento, na clássica visão de democracia representativa liberal.

Essa solução apontada por Otero, apesar de tímida em relação às demais correntes que procuram levar o pós-positivismo para o seio do direito administrativo, tem as suas vantagens. Ao garantir que não haja a chamada "quebra do sistema" juspositivista, facilita a transição da Administração Pública para o novo modelo pós-positivista sem maiores dificuldades.

Perduram, no entanto, algumas lacunas. A primeira delas é o fato de que, ao se exigir uma norma legal aberta para tratar da atividade interpretativa da Administração Pública, se nega normatividade

---

[391] OTERO, Paulo. *Legalidade e administração pública*: o sentido da vinculação administrativa à juridicidade. Coimbra: Almedina, 2011, p. 639-715.

[392] Idem, p. 713-715.

[393] Idem, p. 715.

à Constituição, que, justamente através de normas abertas, confere à Administração princípios, finalidade e objetivos. Outra lacuna se refere justamente ao sobrevalor demasiado da norma-regra frente à norma-princípio, ao praticamente condicionar a aplicação dos princípios à "autorização" por meio de uma norma-regra.

A solução apontada, por outro lado, não resolveria problemas típicos do pós-positivismo, como a sobreposição por vezes conflituosa de atribuições dos órgãos administrativos e de controle. Por isso, entendemos que a transição do princípio da legalidade ao princípio da juridicidade no âmbito do direito administrativo, em particular da Administração Pública, não necessita de uma autorização por meio de lei. Sua legitimidade deriva diretamente da Constituição e dos valores do sistema jurídico, além de ser exigência do interesse público constitucional, nos contornos trabalhados por esta obra.

De qualquer modo, no direito brasileiro, o legislador ordinário inseriu importantes alterações na Lei de Introdução às normas do Direito Brasileiro (LINDB) em meados de 2018. No seu art. 23, por exemplo, a Lei estabelece que: "A decisão administrativa, controladora ou judicial que estabelecer interpretação ou orientação nova sobre norma de conteúdo indeterminado, impondo novo dever ou novo condicionamento de direito, deverá prever regime de transição...".[394] Da leitura do dispositivo, resta evidente a possibilidade de as instâncias administrativa, controladora e judicial estabelecerem nova interpretação sobre conceitos jurídicos indeterminados, estabelecendo, inclusive, diretrizes para tal.

Mais evidente é a leitura do art. 29 da LINDB,[395] que assim dispõe que em qualquer órgão ou Poder a autoridade administrativa pode editar atos normativos e que, salvo os de mera organização interna, tais atos podem ser precedidos de consulta pública. Ou seja, a norma-regra é clara ao afirmar que a autoridade administrativa pode editar normativos que não sejam de mera organização interna.

O legislador também não impõe à autoridade administrativa o clássico dever de que tais atos ocorram "no exercício regulamentar". É claro que não quer dizer que a autoridade esteja livre para editar atos normativos com qualquer tipo de conteúdo independentemente do que dispõem as leis, mas o legislador parece reconhecer a impossi-

[394] BRASIL. *Lei de Introdução às normas do Direito Brasileiro*. Decreto-Lei nº 4.657, de 4 de setembro de 1942. Disponível em: <http://www.planalto.gov.br/ccivil_03/decreto-lei/del4657compilado.htm>. Acesso em: 13 abr 2021.

[395] Redação do art. 29: "Em qualquer órgão ou Poder, a edição de atos normativos por autoridade administrativa, salvo os de mera organização interna, poderá ser precedida de consulta pública para manifestação de interessados, preferencialmente por meio eletrônico, a qual será considerada na decisão". *In*: BRASIL. *Lei de Introdução às normas do Direito Brasileiro*. Decreto-Lei nº 4.657, de 4 de setembro de 1942. Disponível em: <http://www.planalto.gov.br/ccivil_03/decreto-lei/del-4657compilado.htm>. Acesso em: 13 abr 2021.

bilidade de que haja tão somente o destrinchamento de uma lei, mas privilegiar a necessidade de adequar a práxis administrativa a todo o ordenamento jurídico, então, à juridicidade.

O art. 30 da LINDB completa a "norma em branco" à Administração Pública ao estabelecer que: "As autoridades públicas devem atuar para aumentar a segurança jurídica na aplicação das normas, inclusive por meio de regulamentos, súmulas administrativas e respostas a consultas". O seu parágrafo único complementa, ainda, que os "instrumentos previstos no *caput* deste artigo terão caráter vinculante em relação ao órgão ou entidade a que se destinam, até ulterior revisão".[396]

Desse modo, apesar de considerarmos desnecessária a previsão através de norma-regra que redefina "o posicionamento dos órgãos administrativos na determinação da normatividade reguladora da respectiva atividade",[397] apontada por Paulo Otero, entendemos que o legislador ordinário brasileiro já o fez com a edição da Lei nº 13.655/2018, que introduziu as citadas alterações na LINDB.

O fato é que, com maior ou menor rapidez, o princípio da legalidade, e todo o seu viés juspositivista, perde espaço "na medida em que o princípio da juridicidade administrativa dos atos decisionais se apresenta no cenário jurídico-normativo, para a concreção da lei na ideal medida de justiça almejada pelo Estado Democrático de Direito".[398]

Nessa toada, Dezan aponta que "a concepção de legalidade administrativa evoluiu para abarcar formas de modulações das regras e princípios, expressos e implícitos, sob o manto do Direito como um todo, a compreender as diversas possibilidades hermenêuticas e suas teorias correlatas".[399] Observa Fachin que tais princípios "apresentam relevância prática ímpar porque se adaptam a uma realidade muito fluida e dinâmica, característica da contemporaneidade", e a "ampla aplicação jurisprudencial desses princípios demonstra a sua aceitação prática".[400]

---

[396] BRASIL. *Lei de Introdução às normas do Direito Brasileiro*. Decreto-Lei nº 4.657, de 4 de setembro de 1942. <Disponível em: <http://www.planalto.gov.br/ccivil_03/decreto-lei/del4657compilado.htm>. Acesso em: 13 abr 2021.

[397] OTERO, Paulo. *Legalidade e administração pública*: o sentido da vinculação administrativa à juridicidade. Coimbra: Almedina, 2011, p. 715.

[398] DEZAN, Sandro Lúcio; CARMONA, Paulo Afonso Cavichioli. A juridicidade administrativa contrária a direitos fundamentais no processo administrativo sancionador: uma relativização inconstitucional do princípio da legalidade. *Revista da AGU*, v. 15, n. 03, p. 245-268, jul./set. 2016.

[399] Ibidem.

[400] FACHIN, Luiz Edson. Código Civil Brasileiro: entre Avanços e Retrocessos = *Das brasilianische Zivilgesetzbuch zwischen Fortschritten und Rückschritten*. In: MEYER, Cord; SCHMIDT, Jan Peter; WOLF, Burkard J. (coords.). *O Código Civil Brasileiro de 2002 e a lei imobiliária*: contribuições para a XXXIII Reunião anual da DBJV de 20 a 23 de novembro de 2014 em Hannover = *Das brasilianische Zivilgesetzbuch von 2002 und die Realitäten des Grundstücksrechts: beiträge zur XXXIII Jahrestagung der DBJV* vom 20 bis 23 November 2014 in Hannover. Aachen: Shaker Verlag, 2016. p.5-54.

Também indica Diogo de Figueiredo Moreira Neto que os "conceitos pós-modernos da legalidade limitada por valores e o desenvolvimento do conceito de juridicidade" se devem "à introdução de três categorias de ideias", citando "a da *normatividade dos princípios*, a da *supremacia da ordem constitucional* e a da *pluralidade de fontes normativas*", às quais se dedicou o tópico 3.1 desta obra, e "a transformação da então referência clássica, mas insuficiente, da qualificação de *legalidade*, no que se entende hoje como *juridicidade*", objeto deste tópico.[401]

É certo que essa mudança paradigmática trará, como qualquer outra, dificuldades e problemas[402] que serão com o passar do tempo, em maior ou menor grau, contornados pela doutrina, pela jurisprudência e pela práxis da Administração Pública. Mas é salutar que essa mudança ocorra para que o direito administrativo aumente os seus laços com os valores, com a realidade, com os anseios da sociedade, com a racionalidade, a fim de que a Administração Pública se torne única e exclusivamente concretizadora de direitos fundamentais.

### 3.2.2. *As limitações dos métodos interpretativos tradicionais*

Segundo Carlos Santiago Nino, os problemas oriundos da interpretação podem consistir em "dificuldades para extrair consequências de normas jurídicas" ou nas próprias consequências que foram deduzidas por essas normas. De qualquer modo, "ambos os grupos têm em comum o fato de impedir que se possa justificar a solução de um caso concreto com base exclusivamente num sistema jurídico".[403]

Essas conclusões de Nino sobre a atividade interpretativa são, a nosso ver, apontamentos que devem ser tipicamente voltados ao juspositivismo e aos métodos de interpretação tradicionais, uma vez que o neoconstitucionalismo, a teoria da argumentação[404] e outras realidades pós-positivistas oferecem um instrumental farto para vencer com

(Escritos da Associação Alemão-Brasileira de Advogados = *Schriften der Deutsch-Brasilianischen Juristenvereinigung*).

[401] MOREIRA NETO, Diogo de Figueiredo. *O Direito Administrativo no século XXI*. Belo Horizonte: Fórum, 2018, p. 203.

[402] Sandro Dezan e Paulo Carmona apontam, por exemplo, como efeito negativo da ascensão da juridicidade na práxis administrativa o uso indiscriminado, e portanto inconstitucional, do "*pas de nullité sans grief*". *In*: DEZAN, Sandro Lúcio; CARMONA, Paulo Afonso Cavichioli. A juridicidade administrativa contrária a direitos fundamentais no processo administrativo sancionador: uma relativização inconstitucional do princípio da legalidade. *Revista da AGU*, v. 15, n. 03, p. 245-268, jul./set. 2016.

[403] NINO, Carlos Santiago. *Introdução à análise do direito*. Tradução de: Elza Maria Gasparotto. São Paulo: WMF Martins Fontes, 2010, p. 321-322.

[404] Ver: MENDONÇA, Paulo Roberto Soares. *A argumentação nas decisões judiciais*. 2ª ed. Rio de Janeiro: Renovar, 2000, p. 85-127.

facilidade tais dificuldades. De fato, podem ser apontados problemas outros nas técnicas interpretativas modernas, problemas esses que os limites e o escopo deste trabalho nos impedem de discutir. Mas essa "amarração" interpretativa destoante de uma avaliação axiológica é, sem dúvida, um problema do juspositivismo.

O segundo problema apontado por Nino, o de o resultado da aplicação "juspositiva" da norma ser destoante do sentido de justiça e outros valores do Direito, já foi tratado no subtópico anterior. Este ponto do trabalho se ocupa, assim, do primeiro problema narrado, as dificuldades intrínsecas ao processo interpretativo. Para tanto, faremos breve digressão sobre os métodos de interpretação tradicionais e suas principais dificuldades apontadas pela doutrina.

Os métodos de interpretação tradicionais mais utilizados são: a interpretação gramatical, histórica, sistemática e teleológica. Primeiramente, é importante mencionar que não há no processo de subsunção a aplicação de apenas um desses elementos, mas a conjugação de todos. Deve-se, também, destacar a relevância da utilização desses elementos na hermenêutica moderna. Porém, afirmar que sempre são relevantes não é o mesmo que sustentar que são sempre suficientes.[405]

No tradicional método de subsunção, o intérprete acredita que as normas-regras detêm respostas para todos os problemas concretos, bastando a este identificar a regra aplicável ao caso e adotá-la à situação-problema.[406] No elemento gramatical ou literal, utiliza-se o sentido etimológico das palavras da norma-regra. O intérprete se limita a buscar o sentido vocabular do texto em estudo.

O elemento histórico, embora seja de menor aplicação na tradição romano-germânica, como é o caso do Brasil, é especialmente útil em situações em que é importante saber o contexto histórico e a motivação com que os legisladores criaram determinada lei. Todavia, em regra, a vontade do legislador (*mens legislatori*), de caráter, portanto, subjetivo, dá lugar ao objetivo da norma (*mens legis*).[407]

---

[405] BARROSO, Luis Roberto. *Curso de direito constitucional contemporâneo*: os conceitos fundamentais e a construção do novo modelo. 5ª ed. São Paulo: Saraiva. 2015, p. 343.

[406] Convém aqui citar eloquente explicação de Luís Roberto Barroso sobre o método de subsunção: "Um típico operador jurídico formado na tradição romano-germânica, como é o caso brasileiro, diante de um problema que lhe caiba resolver, adotará uma linha de raciocínio semelhante à que se descreve a seguir. Após examinar a situação de fato que lhe foi trazida, irá identificar no ordenamento positivo a norma que deverá reger aquela hipótese. EM seguida, procederá a um tipo de raciocínio lógico, de natureza sislogística, no qual a norma será a premissa maior, os fatos serão a premissa menor e a conclusão será a consequência do enquadramento dos fatos à norma. Esse método tradicional de aplicação do Direito, pelo qual se realiza o enquadramento dos fatos na previsão da norma e pronuncia-se uma conclusão, denomina-se *método subsuntivo*". *In*: BARROSO, *op. cit.*, p. 332.

[407] Idem, p. 327-328.

Luís Roberto Barroso cita como exemplo da aplicação do elemento histórico o julgamento da ADPF 130/DF,[408] no qual formou-se maioria pela não recepção da Lei de Imprensa (Lei 5.260/1967), por entender os dispositivos da norma não poderiam ser dissociados do contexto da sua criação, no regime militar, momento histórico em que as liberdades de expressão e informação sofreram diversas restrições. Por isso, a maioria entendeu que, em razão desse contexto histórico, todo o diploma legal, como um "conjunto orgânico", não poderia ser recepcionado pela Constituição Federal de 1988, independentemente do seu conteúdo.[409]

Na interpretação das normas de gestão pública, o elemento histórico parece, por vezes, servir mais para endossar o elemento literal do que para temperá-lo. Ocorre que as normas de gestão pública buscam regulamentar a atuação do administrador público de modo umbilicalmente ligado ao contexto comercial, econômico, tecnológico e de ferramentas de administração. Como o legislador não detém o dom de "adivinhar" quais mudanças ocorrerão nessas áreas, acaba criando, nessas situações, uma norma "datada" àquele contexto histórico.

Por isso mesmo, o elemento histórico merece ser utilizado como ingrediente para temperar e relativizar a interpretação literal e, com isso, atualizá-la. Não parece razoável, ou mesmo racional, que o administrador público deva ficar preso a instrumentos ultrapassados do ponto de vista tecnológico, econômico ou administrativo a fim de exclusivamente obedecer à pura literalidade do comando legal, renunciando a método interpretativo mais sofisticado.

Já a interpretação sistemática busca dar à norma um sentido a partir da sua leitura dentro de todo o conjunto normativo. Sendo a Constituição a Lei Maior, o comando legal deve ter seu sentido pelo prisma primeiro do texto constitucional, e das demais normas do sistema jurídico. Nesse prisma, as normas infraconstitucionais incompatíveis com a Constituição "ficam automaticamente revogadas; já as que são compatíveis são revivificadas, passando a viger sob novo fundamento de validade e, consequentemente, sujeitas a novas dimensões de sentido".[410]

Juarez Freitas defende que as antinomias, para além de um simples conflito entre regras, possuem natureza axiológica. Desse modo, "toda e qualquer antinomia entre regras oculta a antinomia entre princípios". Segundo o autor, a interpretação tópico-sistemática opera

---

[408] BRASIL. Supremo Tribunal Federal. ADPF 130/DF, Rel. Min. Ayres Britto. *DJe*, 6 nov 2009.

[409] BARROSO, Luis Roberto. *Curso de direito constitucional contemporâneo*: os conceitos fundamentais e a construção do novo modelo. 5ª ed. São Paulo: Saraiva. 2015, p. 328-329.

[410] Idem, p. 329-330.

através de "uma indispensável hierarquização dos princípios relacionados à justiça". Sustenta o autor que "o 'metacritério' da hierarquização posiciona o intérprete em face de objetivos fundamentais do sistema e, nessa medida, determina o enfrentamento jurídico do inescapável tema da justiça".[411]

No contexto das normas que disciplinam a gestão pública, esse elemento é importante instrumento interpretativo. Sua utilização é um avanço em relação ao uso isolado dos dois primeiros, por permitir ao gestor público olhar para todo o sistema jurídico em busca do alcance e do sentido de uma norma de gestão pública em particular. Outra vantagem prática é que a interpretação sistemática de normas mais antigas em conjunto com normas mais atuais acaba por "atualizar" o sentido das primeiras.

O elemento teleológico busca dar à norma uma interpretação que tenha por finalidade o alcance de certos objetivos. Busca-se a finalidade última da norma, pois o "Direito não é um fim em si mesmo, e todas as formas devem ser instrumentais. Isso significa que o Direito existe para realizar determinados fins sociais, certos objetivos ligados à justiça, à segurança jurídica, à dignidade da pessoa humana e ao bem-estar social".[412]

Na Administração Pública, a utilização mais disseminada da interpretação teleológica já significaria enorme avanço. Segundo esse elemento interpretativo, "não se deve sacrificar os fins às formas".[413] Sem embargo, na maioria das vezes, obedecer às formas pode significar maior segurança jurídica ao administrador público. Já o atingimento dos fins, embora gere o "sentimento de dever cumprido", não oferta necessariamente ao gestor público ganhos atrelados à sua produtividade, em razão das deficiências da política remuneratória do setor público. Porém, esse tema é assunto para outros trabalhos.[414]

Nesse contexto, uma limitação intrínseca ao direito do método subsuntivo é a ideia de que uma norma traz em si apenas um único sentido, e que cabe ao intérprete a missão puramente mecanicista de

[411] FREITAS, Juarez. *A interpretação sistemática do direito*. São Paulo: Malheiros, 1995, p. 22.

[412] BARROSO, Luis Roberto. *Curso de direito constitucional contemporâneo*: os conceitos fundamentais e a construção do novo modelo. 5ª ed. São Paulo: Saraiva. 2015, p. 331.

[413] Ibidem.

[414] Para maior aprofundamento sobre o tema, ler: BUERGUE, Sandro Trescastro. *Gestão da Remuneração em Organizações Públicas*: Limites e Possibilidades para a Assimilação de Modelos do Setor Privado. Disponível em <http://www.anpad.org.br/admin/pdf/ENGPR210.pdf>. Acesso em 20 abr. 20. ROSA, Adriana Isabel Varela. *Sistema de recompensas*: estudo de um caso. Diss. Escola Superior de Ciências Empresariais, 2013. Disponível em:< https://comum.rcaap.pt/handle/10400.26/4646>. Acesso em 20 abr. 20.

desvendá-lo e aplicar ao caso concreto.[415] É claro que o "significado das orações é determinado pelo significado das palavras que a integram e pela sua ordem sintática", contudo muitas vezes "as palavras usadas em uma oração geram problemas quanto à determinação de seu significado, e em outras, o vínculo sintático entre os termos da oração origina equívocos".[416]

A interpretação literal pode ser carregada de diversos problemas. Determinada "oração pode expressar mais de uma proposição [...] porque algumas das palavras que integram a oração têm mais de um significado ou porque a oração tem equivocidade sintática"; ou, ainda, a "proposição expressa por uma oração pode ser vaga, devido à imprecisão do significado de algumas das palavras que fazem parte da oração".[417] Desse modo, os elementos linguísticos da norma podem ser polissêmicos ou plurissignificativos, ou ainda conter enunciados linguísticos vagos, "conceitos vagos, conceitos indeterminados".[418]

Carlos Santiago Nino aponta, ainda, como problemas de interpretação da linguagem jurídica: a carga afetiva da linguagem utilizada no texto normativo; sobre a força empregada nas orações, se consiste em um comando imperativo, em uma recomendação, ou com um teor programático; bem como sobre dificuldades relacionadas à tramitação das normas, o que pode fazer com que estas empreguem expressões que acabam por exprimir exatamente o contrário do que o legislador pretendia.[419]

É perceptível que a suposta segurança jurídica advinda do juspositivismo não é posição unânime, pois é "difícil saber até que ponto o respeito à lei formalmente estabelecida garante segurança jurídica e até que ponto é um mito a que se apegam os juristas, notadamente os que adotam uma postura positivista".[420] No direito administrativo, em especial nas normas de gestão, não deve o intérprete acreditar que a norma detém sempre o mesmo significado, independentemente da situação-problema. Se assim proceder o intérprete, podem restar prejudicados diversos bens jurídicos que deveriam ser tutelados especialmente por essas normas.

---

[415] BARROSO, Luis Roberto. *Curso de direito constitucional contemporâneo*: os conceitos fundamentais e a construção do novo modelo. 5ª ed. São Paulo: Saraiva. 2015, p. 343.

[416] NINO, Carlos Santiago. *Introdução à análise do direito*. Tradução de: Elza Maria Gasparotto. São Paulo: WMF Martins Fontes, 2010, p. 305.

[417] Idem, p. 307-312.

[418] CANOTILHO, J. J. Gomes. *Direito constitucional e teoria da constituição*. 7ª ed. Coimbra: Almedina, 2003, p. 1217.

[419] NINO, *op. cit.*, p. 305-321.

[420] CHICOSKI, Davi. A legalidade administrativa e a crise do positivismo jurídico. *Revista Digital de Direito Administrativo*, vol. 3, n. 1, p. 254-283, 2016.

Outra limitação, também intrínseca ao direito, é acreditar na absoluta imparcialidade do julgador na interpretação da norma, ainda mais em relação a normas constitucionais. Ao contrário disso, "a ideologia dos magistrados constitui o elemento central, determinante da decisão judicial".[421] Tal qual o julgador, o administrador público faz um "julgamento" não apenas no exercício da sua função atípica de julgar, mas também "julga" no sentido mais *lato* da palavra, quando, ao administrar, escolhe uma dentre as várias interpretações possíveis de uma norma. Barroso se refere a essa "falsa ideia da neutralidade do jurista, de indiferença ante as decorrências ideológicas que sua adesão científica possa favorecer ou mesmo engendrar" como "uma mistificação anacrônica do liberalismo".[422]

Existem, ainda, falhas lógicas inerentes a determinado sistema jurídico que dificultam o emprego da literalidade da lei. Uma das mais mencionadas pela doutrina é a contradição entre normas jurídicas. Existe contradição "quando duas normas imputam ao mesmo caso soluções incompatíveis".[423] É certo que existem princípios hermenêuticos de prevalência que resolvem muitos dos casos concretos, como o "*lex posterior derogat legi priori* (a lei posterior derroga a lei anterior), *lex specialis derogat legi generali* (a lei especial derroga a lei geral) e outros".[424] Mas, ainda assim, persistem situações em que resta a contradição entre normas jurídicas.

Por isso, Nino aponta duas condições "para que haja inconsistência normativa", sendo a primeira delas "que duas ou mais normas se refiram ao mesmo caso, que tenham o mesmo âmbito de aplicabilidade". A segunda condição apontada pelo autor argentino é que "as normas imputem a esse caso soluções logicamente incompatíveis", e sendo soluções normativas compatíveis ou não "dependendo da lógica deôntica pressuposta".[425]

Outra falha lógica de um sistema jurídico é a contradição axiológica, que ocorre "quando a solução que o sistema jurídico atribui a um caso indica, segundo certos modelos valorativos, que outro caso deveria ter uma solução diferente da que o sistema prevê para ele". Um exemplo de contradição axiológica seria o caso de que "um direito esta-

---

[421] MELLO, Patrícia Perrone Campos. *Nos bastidores do STF*. Rio de Janeiro: Forense, 2015, p. 57.

[422] BARROSO, Luis Roberto. *O novo direito constitucional brasileiro*: contribuições para a construção teórica e prática da jurisdição constitucional no Brasil. Belo Horizonte: Fórum. 2018, p. 61.

[423] NINO, Carlos Santiago. *Introdução à análise do direito*. Tradução de: Elza Maria Gasparotto. São Paulo: WMF Martins Fontes, 2010, p. 322.

[424] BARROS, Sérgio Resende de. *Atualidade Hermenêutica*. Disponível em: <http://www.srbarros.com.br/pt/atualidade-hermeneutica.cont#:~:text=O%20choque%20entre%20regras%20jur%C3%ADdicas,derroga%20a%20lei%20geral)%20e>. Acesso em: 13 abr 2021.

[425] NINO, *op. cit.*, p. 322.

belecesse uma pena de vinte anos para quem matasse outro e de apenas dez anos para quando a vítima fosse o cônjuge".[426]

Um problema que tem consequências semelhantes com o da inconsistência é o da redundância normativa, que se caracteriza "pelo fato de o sistema estipular um excesso de soluções para os mesmos casos". Ao contrário da inconsistência, a redundância apresenta "soluções não só compatíveis, mas também reiterativas". Como condições para sua ocorrência estão: "primeiro, que se refiram aos mesmos casos; segundo, que estipulem a mesma solução para todos eles". A dificuldade da redundância seria que "os juristas e os juízes se recusam a admitir que o legislador tenha determinado normas supérfluas e, por conseguinte, se esforçam para conferir âmbitos autônomos às normas com soluções equivalentes".[427]

Nas falhas lógicas anteriormente apresentadas, o sistema jurídico apresenta uma "superabundância de soluções, sejam incompatíveis, sejam equivalentes, para um mesmo caso concreto". Mas casos em que ocorre uma lacuna do direito, que é "quando o sistema jurídico não possui nenhuma solução normativa em relação a certo caso".[428] A Lei de Introdução às normas do Direito Brasileiro (LINDB) tenta resolver esse problema no seu art. 4º: "Quando a lei for omissa, o juiz decidirá o caso de acordo com a analogia, os costumes e os princípios gerais de direito".[429] Remete o intérprete para técnicas de fora do campo da subsunção.

Ante a análise empreendida, podemos concluir que o método subsuntivo de interpretação é um importante método hermenêutico do qual não se pode prescindir, em homenagem aos valores democráticos que sustentam nossa sociedade. Contudo, em diversos casos, o método se revela insuficiente, havendo limitações intrínsecas como o fato de uma regra não deter um único sentido quando aplicada ao caso concreto e pela percepção de que é uma quimera a suposta imparcialidade do julgador. Os aspectos intrínsecos demonstram, portanto, a insuficiência do método subsuntivo em determinados casos para a obtenção de justiça, e, no campo das normas que disciplinam a gestão pública, para uma atuação eficiente, moral e racional da Administração Pública.

---

[426] NINO, Carlos Santiago. *Introdução à análise do direito*. Tradução de: Elza Maria Gasparotto. São Paulo: WMF Martins Fontes, 2010, p. 329.

[427] Idem, p. 330.

[428] Idem, p. 332.

[429] BRASIL. *Lei de Introdução às normas do Direito Brasileiro*. Decreto-Lei nº 4.657, de 4 de setembro de 1942. <Disponível em: <http://www.planalto.gov.br/ccivil_03/decreto-lei/del4657compilado.htm>. Acesso em: 13 abr 2021.

### *3.2.3. Interpretação como construção*

Iniciamos este Capítulo discorrendo acerca da normatividade do texto constitucional. A seguir, verificamos que os instrumentos tradicionais de interpretação, em que pesem ser importantes, são insuficientes para fazer frente aos desafios hermenêuticos dos tempos atuais, em especial da Administração Pública e do intérprete do direito administrativo em geral.

Tais desafios demandam do administrador público um dever, que é buscar a máxima concretização do texto constitucional, e uma prerrogativa-dever, que é extrair do texto infraconstitucional a interpretação que melhor concretize os mandamentos da Constituição. Concluiu-se, ainda, que se deve evitar o "charlatanismo constitucional" empregando cientificidade os métodos hermenêuticos.

Em seguida, foram analisados os métodos tradicionais de interpretação. Nesse diapasão, foi possível observar importante limitação do método subsuntivo: a norma-regra não permite uma única interpretação do seu conteúdo, mas, ao contrário, contempla diversas possibilidades. A ideia de que uma norma-regra comporta apenas uma interpretação seria mais por conta da "falta de imaginação" do intérprete em perceber as possíveis contradições e ambiguidades que nela se encerram.[430]

Desse modo, afasta-se a ideia juspositivista de que o intérprete é o operador de uma ciência exata ou natural, cujo único trabalho seria "traduzir" a única interpretação possível contida na norma. Como um matemático que extrai de uma operação aritmética um único resultado possível, ou um botânico ou perfumista que extrai de uma flor a única essência disponível. O Direito, como ciência humana, ou ciência social aplicada, com ainda mais razão não pode ser tido como mera atividade descritiva do trabalho legislativo.

Importante destacar que a interpretação de qualquer norma-regra implica também em uma interpretação constitucional, visto que o sistema jurídico passa a ser analisado em bloco a partir do comando legal a que se esmiúça. É a superação do conceito de legalidade estrita, que passa a ser substituído, como já mencionado, pelo conceito de juridicidade.[431]

Seguindo essa linha de raciocínio, é necessário questionar: se a norma-regra não tem uma interpretação única, como encontrar a melhor interpretação para o caso concreto? Ou melhor: qual o interesse

---

[430] PERELMAN, Chaïm. *Ética e Direito*. São Paulo: Martins Fontes, 1996, p. 547.

[431] Sobre o assunto ver: BINEMBOJM, Gustavo. *Uma Teoria do Direito Administrativo*: direitos fundamentais, democracia e constitucionalização. Rio de Janeiro: Renovar, 2008.

público dentre as hipóteses possíveis na análise do caso concreto? A resposta parece estar contida na pergunta. A leitura da situação-problema a ser regulada pela norma é de suma importância, afinal, o direito não foi criado com o objetivo de deleite intelectual, senão para proporcionar a paz social e para solucionar os conflitos da sociedade ou do Estado.

Destarte, não se deve considerar, como rezava a concepção juspositivista, que no texto legal se encontra a norma acabada. Chicoski aponta que "outro problema concernente à busca de segurança jurídica pela lei formal" seria "justamente o que se coloca a partir da perspectiva da teoria concreta da norma, quando se defende a possibilidade de que uma mesma norma legislativa (hipótese normativa) adquira diferentes significados de acordo com os casos concretos que regule".[432]

A norma acabada é, na verdade, o resultado da aplicação do texto legal ao caso concreto. Entretanto, também não nos filiamos à tese de que não há norma no texto legal. Preferem-se os conceitos de *norma-dado* e *norma-produto*. Segundo essa construção, o texto legal é a *norma-dado* que regulamenta de maneira abstrata determinada temática. O resultado da aplicação da *norma-dado* ao caso concreto, considerando todo o contexto envolvido, as suas peculiaridades, as consequências, bem como todos os mandamentos constitucionais que regulam aquela situação-problema é que é a *norma-produto*.[433]

A utilização desses conceitos traz diversas vantagens. Primeiro, estes não desconsideram, revogam ou afastam a aplicação do texto infraconstitucional, aqui chamado de *norma-dado*. Caso isso ocorresse, resultaria em desprestígio ao Parlamento, ofensa à repartição de Poderes, e ao próprio Estado Democrático.[434]

Resolve-se também a impossibilidade de o legislador necessitar prever todas as situações que possam ocorrer no mundo dos fatos, o que seria um verdadeiro castigo de Sísifo.[435] O intérprete terá de buscar, na *norma-dado* e em todo o sistema jurídico as diretrizes necessárias para solucionar a situação-problema.

Com isso, dá-se também racionalidade e razoabilidade às decisões do administrador público. Imagine-se que o legislador tenha determi-

[432] CHICOSKI, Davi. A legalidade administrativa e a crise do positivismo jurídico. *Revista Digital de Direito Administrativo*, vol. 3, n. 1, p. 254-283, 2016.

[433] PEREIRA, Jane Reis Gonçalves. *Interpretação Constitucional e Direitos Fundamentais*. São Paulo: Saraiva, 2018, p. 62-64.

[434] Idem, p. 65.

[435] Conta a Mitologia Grega que, após enganar a Morte por duas vezes e ter comportamento rebelde no tártaro, Sísifo foi condenado a rolar uma enorme pedra de mármore até o cume de uma montanha. No entanto, sempre que estava próximo ao cume, uma força irresistível rolava a pedra de volta ao ponto de início, forçando Sísifo a recomeçar a sua tarefa.

nado procedimento para uma situação prevendo-a sob determinadas circunstâncias. Na lógica simples da subsunção, ainda que a mesma situação tenha um contexto completamente diferente e que aquela decisão implique em desperdício de recursos públicos e prejuízo na implementação de políticas públicas, ela deveria ser adotada.

Necessário reforçar que as normas de gestão do direito administrativo, como o próprio nome diz, prestam-se a ordenar a gestão da coisa pública. Transpondo essa realidade para a gestão de uma empresa, por exemplo, é inimaginável que um gerente deva tomar decisões sobre o rumo daquela empresa baseado apenas por regulações abstratas, sem considerar o caso concreto.

Outra vantagem da adoção desses conceitos é que, ao levar em consideração a situação-problema para confecção da *norma-produto*, o intérprete automaticamente está atualizando a aplicação da *norma-dado* que fora editada em um contexto tecnológico, econômico e social completamente distintos. Desse modo, o Direito se torna o resultado de uma "obra coletiva",[436] fruto do trabalho do legislador, que redigiu a *norma-dado*, das características do caso concreto e do seu contexto, e do trabalho do intérprete, podendo ser este o magistrado ou o administrador público.

É claro que essa atividade do intérprete encontra limitações, para que não ocorra o já mencionado "charlatanismo constitucional" ou uma espécie de *charlatanismo hermenêutico*. O primeiro limite é o próprio texto da *norma-dado*,[437] que exige literal observância nos casos que não seja justificável uma interpretação hermenêutica mais sofisticada. Outro limite é o texto constitucional, que restringe a atuação do intérprete àquela que melhor concretize os seus valores.

Canotilho tece importantes considerações sobre o assunto "para se evitar quer as sobrevivências do positivismo quer as encapuçadas desvalorizações da norma (sociológicas, ideológicas, metodológicas)". Sustenta também o autor português que o "facto de o texto constitucional ser o primeiro elemento do processo de interpretação-concretização constitucional contenha já a decisão do problema a resolver mediante a aplicação de normas constitucionais".[438]

O autor aponta que, de modo diferente ao método dedutivo-positivista, deve-se considerar que: "a letra da não dispensa a *averiguação do seu conteúdo semântico*"; "*norma constitucional* não se identifica com o

---

[436] PEREIRA, Jane Reis Gonçalves. *Interpretação Constitucional e Direitos Fundamentais*. São Paulo: Saraiva, 2018, p. 64.

[437] Ibidem.

[438] CANOTILHO, J. J. Gomes. *Direito constitucional e teoria da constituição*. 7ª ed. Coimbra: Almedina, 2003, p. 1216.

*texto*"; que "a delimitação do âmbito normativo, feita por intermédio da atribuição de um significado à norma, deve ter em atenção elementos de concretização com o *problema* carecido de decisão".[439]

No caso do administrador público, então, não faltam instrumentos de limitação em caso de interpretações criativas injustificáveis. Diversos *watchdogs* detêm instrumentos de controle da Administração Pública, tanto para impedir a concretização do ato no momento de sua ocorrência, quanto em momento posterior de responsabilização. Citamos: Ministério Público, Poder Judiciário, Tribunais de Contas, interessados diversos, cidadãos por meio da Lei de Acesso à Informação, Ação Popular, Denúncia, etc.

Sem embargo, o maior limitador de uma possível atuação arbitrária do intérprete é mesmo a racionalidade, a lógica, a objetividade, a argumentação, o discurso. A racionalidade é, ao mesmo tempo, barreira que impede a passagem do intérprete para os campos da arbitrariedade, e ponte que conecta as normas positivas aos valores.

Segundo Alexy, entre a probabilidade e o arbítrio existe uma terceira coisa: a racionalidade, ou, a razoabilidade. E uma forma de procedimentalizar essa razoabilidade é por meio da teoria do discurso. Segundo essa teoria, uma proposição normativa ou prática somente poderá ser considerada correta se puder ser sustentada por meio de um discurso racional.[440]

Desse modo, o avançar além do método dedutivo-positivista se configura em: uma necessidade moral, política, jurídica, racional, hermenêutica e constitucional. Moral porque uma atividade mecanicista do intérprete desprezando a realidade do caso concreto não encontra amparo em qualquer justificação moral. Política porque a sociedade não aceita mais o argumento de autoridade da mera subsunção da lei como justificativa legitimadora. Racional porque a sociedade igualmente não considera admissível uma interpretação irracional – e, por vezes, destrambelhada, descolada de uma mínima lógica no mundo do ser – como solução interpretativa. Hermenêutica porque não se configura, dentro da ótica da hermenêutica moderna, minimamente alinhada com as teorias interpretativas atuais. E, por fim, é uma necessidade constitucional em razão da necessidade de conformação da atividade

---

439 CANOTILHO, J. J. Gomes. *Direito constitucional e teoria da constituição.* 7ª ed. Coimbra: Almedina, 2003, p. 1216.

440 No original: "The reply to the irrationality objection is discourse theory. Discourse theory claims that between provability on the one hand and arbitrariness on the other, a third thing exists, namely, rationality or–understood here as the same–reasonableness. Discourse theory is a procedural theory of practical rationality. According to discourse theory, a practical or normative proposition is correct (or true) if and only if it can be the result of a rational practical discourse". Em: ALEXY, Robert. *The dual nature of law. Ratio Juris*, 23, 167-182, 2010, p. 172.

interpretativa com os valores constitucionais e com o sistema de direitos fundamentais.

### 3.3. O interesse público constitucional como instrumento interpretativo e roteiro de aplicação: decisão administrativa e judicial à luz do interesse público

Este Capítulo, como o próprio título indica, se ocupa com a discussão do interesse público no campo da hermenêutica. Desde o primeiro tópico, foi abordada a necessidade de o intérprete em geral, e do direito administrativo em particular, conferir força normativa à Constituição, seja esse intérprete o juiz ou o administrador público.

Nessa mesma toada, foi encimada a discussão da superação do princípio da legalidade e da sua substituição pelo princípio da juridicidade administrativa, expondo-se a necessidade de o intérprete ir além do que lhe oferece o juspositivismo. Por isso mesmo, no subtópico seguinte, foram discutidas as limitações dos métodos interpretativos tradicionais, para, no próximo, ser exposta a necessidade de o trabalho de interpretação ser realizado como uma construção a partir do texto legal, denominado *norma-dado*, e das características do caso concreto para então termos a norma acabada, chamada de *norma-produto*.

Essa construção (e desconstrução) argumentativa resultou em conclusões que serão elementos integrantes da análise agora empreendida com o fito de buscar, não um conceito de interesse público, mas a respeito de sob quais elementos fornecidos pela Constituição e pela dogmática constitucional é possível de modo mais objetivo, técnico e axiologicamente adequado utilizar a expressão *interesse público constitucional* como critério justificador para a tomada de decisão no âmbito do direito administrativo, seja ela partindo de um juiz ou de um administrador público.

Mas para avançar é necessário retroceder brevemente e fazer uma rápida incursão sobre *o que é* a hermenêutica. Sua origem etimológica deriva do verbo grego *hermeneuein*, que pode ser traduzido como "interpretar", assim como o substantivo *hermeneia*, que significa "interpretação". Esses dois vocábulos estão ligados à mitologia grega como caracteres do deus Hermes, que "era, na visão da antiguidade ocidental, responsável pela mediação entre os Deuses e os homens", e atuava "unindo a esfera divino-transcendental e a civilização humana".[441]

Desta feita, é possível concluir que "levada à sua raiz grega mais antiga, a origem das atuais palavras, hermenêutica e hermenêutico, sugere o processo de tornar compreensíveis, especialmente enquanto tal processo envolve a linguagem".[442] É possível depreender também que a hermenêutica transmite a ideia de canal de comunicação entre os deuses e o mortal, entre o poder e o homem, entre o *transcendental* e o concreto.

Ainda na senda etimológica, "a palavra interpretação provém do termo latino *interpretare* (*inter-penetrare*), significando penetrar mais para dentro", o que "se deve à prática religiosa de feiticeiros e adivinhos, os quais introduziam suas mãos nas entranhas de animais mortos, a fim de conhecer o destino das pessoas e obter respostas para os problemas humanos".[443]

Na linha dessa análise etimológica, entre as diversas possibilidades de conceituação da hermenêutica, é possível defini-la como "um saber que procura problematizar os pressupostos, a natureza, a metodologia e o escopo da interpretação humana, nos planos artístico, literário e jurídico". Desse modo, a interpretação "indicará uma espécie de compreensão dos fenômenos culturais, que se manifestam através da mediação comunicativa estabelecida entre uma dada obra – como, por exemplo, o sistema jurídico – e a comunidade humana".[444]

Como a etimologia prenuncia, hermenêutica *jurídica* e interpretação *jurídica* não são a mesma coisa. Barroso explica que enquanto a "hermenêutica jurídica é um domínio teórico, especulativo, cujo objeto é a formulação, o estudo e a sistematização dos princípios e regras de interpretação do direito", a interpretação jurídica "é atividade prática de revelar o conteúdo, o significado e o alcance de uma norma, tendo por finalidade fazê-la incidir em um caso concreto".[445]

O autor ainda trabalha um terceiro conceito: "A aplicação de uma norma jurídica é o momento final do processo interpretativo, sua concretização, pela efetiva incidência do preceito sobre a realidade de fato". Prossegue explicando que "Esses três conceitos são marcos do itinerário intelectivo que leva à realização do direito. Cuidam eles de

---

441 SOARES, Ricardo Maurício Freire. *Hermenêutica e interpretação jurídica*. 4ª ed. São Paulo: Saraiva, 2019, p. 19.

442 Ibidem.

443 Idem, p. 19-20.

444 SIdem, p. 21.

445 BARROSO, Luís Roberto. *Interpretação e aplicação da Constituição*: fundamentos de uma dogmática constitucional transformadora. 7ª ed. São Paulo: Saraiva, 2009, p. 107.

apurar o conteúdo da norma, fazer a subsunção dos fatos e produzir a regra final, concreta, que regerá a espécie".[446]

De modo semelhante, Carlos Maximiliano aponta que a "Hermenêutica Jurídica tem por objeto o estudo e a sistematização dos processos aplicáveis para determinar o sentido e o alcance das expressões do Direito", e a interpretação consiste em "determinar o sentido e o alcance das expressões do Direito". O autor entende a interpretação como uma arte, a qual possui técnica e "ficou subordinada, em seu desenvolvimento progressivo, a uma ciência geral, o Direito obediente, por sua vez, aos postulados da Sociologia; e a outra, especial, a Hermenêutica".[447]

A hermenêutica jurídica "se aproveita das conclusões da Filosofia Jurídica; com o auxílio delas fixa novos processos de interpretação; enfeixa-os num sistema", e, desse modo, "areja com um sopro de saudável modernismo a arte, rejuvenescendo-a, aperfeiçoando-a, de modo que se conserve à altura do seu século, como elemento de progresso, propulsor da cultura profissional, auxiliar prestimosa dos pioneiros da civilização". Resume o autor que a interpretação é aplicação da hermenêutica.[448]

Mas o autor não descuida de explicar também o conceito de *aplicação* do Direito, que "consiste no enquadrar um caso concreto em norma jurídica adequada. Submete às prescrições da lei uma relação da vida real; procura e indica o dispositivo adaptável a um fato determinado". Maximiliano aponta que a "Aplicação não prescinde da Hermenêutica: a primeira pressupõe a segunda, como a medicação a diagnose [...] uma, a Hermenêutica, tem um só objeto – a lei; a outra, dois – o Direito, no sentido objetivo, e o fato".[449]

Após a leitura dos conceitos de *hermenêutica*, *interpretação* e *aplicação*, a indagação natural e seguida que se faz é em que consiste, dentro desse campo ontológico, o interesse público constitucional (IPC). Como o próprio nome demonstra, o interesse público constitucional procura apontar qual interpretação do sistema jurídico é a mais condizente com o conceito do interesse público dentro dos parâmetros constitucionais, conforme demonstrado no tópico 2.3 deste livro.

Nesse sentido, temos o interesse público constitucional preliminar ($IPC_1$) como um instrumento de *interpretação* do sistema jurídico em

---

446 BARROSO, Luís Roberto. *Interpretação e aplicação da Constituição*: fundamentos de uma dogmática constitucional transformadora. 7ª ed. São Paulo: Saraiva, 2009, p. 107.

447 MAXIMILIANO, Carlos. *Hermenêutica e aplicação do direito*. 20ª ed. Rio de Janeiro: Forense, 2011, p. 1.

448 Ibidem.

449 Idem, p. 5-7.

busca, como acaba de ser mencionado, da interpretação do sistema jurídico que seja mais condizente com o conceito do interesse público dentro dos referidos parâmetros constitucionais. Isso porque: "Interpretar uma expressão de Direito não é simplesmente tornar claro o respectivo dizer, abstratamente falando; é, sobretudo, revelar o sentido apropriado para a vida real, e conducente a uma decisão reta".[450]

Quanto ao interesse público constitucional preliminar (IPC) na sua formulação completa, que será trabalhada abaixo, consiste em um roteiro de *aplicação* do conceito de interesse público – novamente, sob os parâmetros constitucionais – pelo intérprete no caso concreto. Dentre os diversos métodos de interpretação do sistema jurídico a partir da Constituição, esse "roteiro de aplicação" do interesse público constitucional se inspira no método hermenêutico-concretizador. A partir desse método, a interpretação "é uma *compreensão de sentido*, um preenchimento de sentido juridicamente criador, em que o intérprete efectua uma atividade prático-normativa, *concretizando* a norma e a partir de uma situação histórica concreta".[451]

Canotilho enumera os "vários pressupostos da tarefa interpretativa" que esse método ilumina e realça. Destaca os pressupostos subjetivos "dado que o intérprete desempenha um papel criador (pré-compreensão) na tarefa de obtenção do sentido do texto constitucional". Realça também os pressupostos objetivos, ou seja, "o *contexto*, actuando o intérprete como operador de mediações entre o texto e a situação em que se aplica". O método afirma, ainda, a "relação entre o *texto* e o *contexto* com a mediação criadora do intérprete, transformando a interpretação em «movimento de ir e vir» (círculo hermenêutico)".[452]

É claro que há críticas a esse novo panorama, como "o grau de incerteza que essa principiologia pode trazer ao ordenamento jurídico", mas há de se reconhecer que "o objetivo é justamente ampliar a possibilidade hermenêutica em cada caso concreto, de modo a garantir a efetividade à norma".[453]

---

[450] MAXIMILIANO, Carlos. *Hermenêutica e aplicação do direito*. 20ª ed. Rio de Janeiro: Forense, 2011, p. 8.

[451] CANOTILHO, J. J. Gomes. *Direito constitucional e teoria da constituição*. 7ª ed. Coimbra: Almedina, 2003, p. 1212.

[452] Ibidem.

[453] FACHIN, Luiz Edson. Código Civil Brasileiro: entre Avanços e Retrocessos = *Das brasilianische Zivilgesetzbuch zwischen Fortschritten und Rückschritten*. In: MEYER, Cord; SCHMIDT, Jan Peter; WOLF, Burkard J. (coords.). *O Código Civil Brasileiro de 2002 e a lei imobiliária*: contribuições para a XXXIII Reunião anual da DBJV de 20 a 23 de novembro de 2014 em Hannover = *Das brasilianische Zivilgesetzbuch von 2002 und die Realitäten des Grundstücksrechts: beiträge zur XXXIII Jahrestagung der DBJV* vom 20 bis 23 November 2014 in Hannover. Aachen: Shaker Verlag, 2016. p.5-54. (Escritos da Associação Alemão-Brasileira de Advogados = *Schriften der Deutsch-Brasilianischen Juristenvereinigung*).

O roteiro de aplicação do interesse público constitucional possui também traços da metódica jurídica normativo-estruturante, sendo que esta tem como tarefa "investigar as *várias funções de realização do direito constitucional* (legislação, administração, jurisdição)". Outras características do método jurídico normativo estruturante são a sua ligação "à resolução de problemas práticos" e a preocupação "com a *estrutura* da norma e do texto normativo, com o sentido da normatividade e de processo de concretização, com a concretização normativa e com as funções jurídico-práticas".[454]

De acordo com a metódica jurídica normativo-estruturante, "o texto de um preceito jurídico positivo é apenas a parte descoberta de um iceberg normativo (F. Müller)", sendo que "a norma não compreende apenas o texto, antes abrange um 'domínio normativo', isto é, um 'pedaço de realidade social' que o programa normativo só parcialmente contempla".[455]

No último tópico do Capítulo 2, concluiu-se que, no sistema constitucional de direitos fundamentais, o interesse público deve ser entendido, em um conceito teórico preliminar ($IP_1$), como resultado da harmonização de direitos fundamentais de liberdade individual ($l_1$), liberdade política ($l_2$), *igualdade* ($i$) e *fraternidade* ($f$). Compondo esses elementos harmonizados um todo monolítico, o interesse público foi ilustrado na seguinte figura:

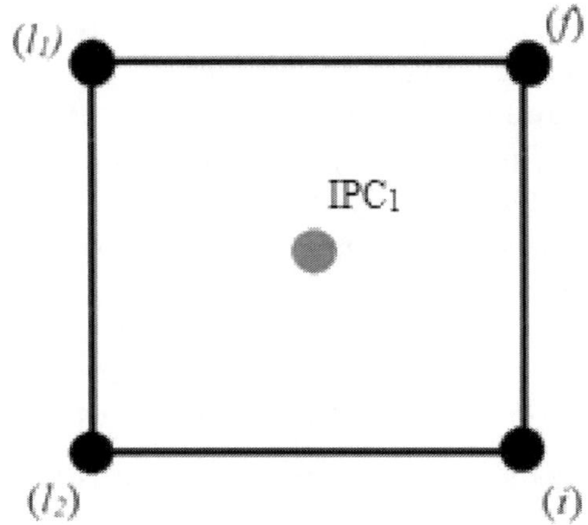


Acrescenta-se, ainda, conclusão do Capítulo 1 deste livro segundo o qual o interesse do Erário se *equipara* juridicamente a uma classe de

---

[454] CANOTILHO, J. J. Gomes. *Direito constitucional e teoria da constituição*. 7ª ed. Coimbra: Almedina, 2003, p. 1213.

[455] Ibidem.

direito fundamental, visto que recursos públicos são necessários para que o Estado atue na concretização de diversos direitos fundamentais. De outro modo, estar-se-ia defendendo o desmantelamento do Estado. E, conforme já exposto, a existência do Estado é *conditio sine qua non* para a existência de direitos fundamentais.

Importante frisar que não se está defendendo a necessidade de superávit fiscal ou de acumulação de riquezas pelo Estado, mas da manutenção da sua saúde fiscal. Busca-se, também, o equilíbrio entre o gasto do Estado em uma ação específica e o direito fundamental que se pretende concretizar, uma vez que, como reza a máxima popular, "o frio é grande e o cobertor é curto". Desse modo, para que haja um método hermenêutico de tomada de decisão e controle com base no interesse público constitucional, é necessário acrescentar nesse bloco monolítico dos direitos fundamentais o interesse do Erário (*ie*). Temos, então, a seguinte figura ilustrativa:

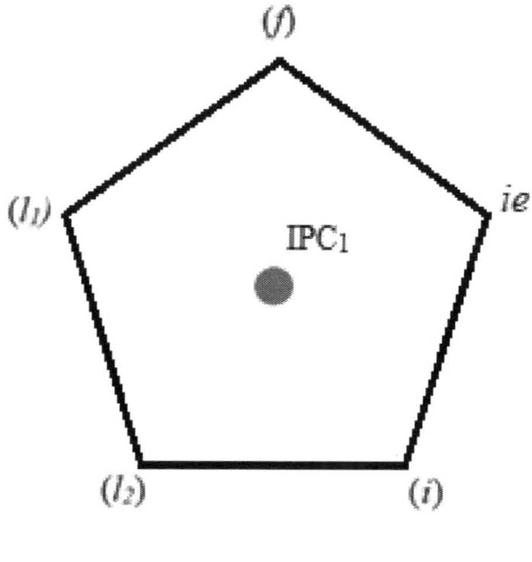


É certo que quase sempre o interesse puro e simples do Erário irá antagonizar com a concretização dos direitos fundamentais. A harmonização destes com o interesse do Erário fará com que, na prática, a decisão concretize na máxima medida possível as diversas classes de direitos fundamentais com o menor dispêndio de recursos públicos possível, tendo um impacto positivo na já mencionada saúde fiscal e possibilitando a utilização desses recursos em outras ações estatais.

No outro extremo do processo interpretativo está o contexto particular e as peculiaridades intrínsecas do caso concreto. Concluímos no início deste Capítulo que essas características peculiares do caso concreto devem ser levadas em consideração para o intérprete obter a chamada *norma-produto*, que é o resultado da aplicação do texto legal, a *norma-regra*, formatado pelas peculiaridades do caso concreto. Isso porque "na interpretação constitucional, o intérprete deve sempre considerar a realidade, sob pena ou de decidir o impossível ou de deixar de extrair todas as potencialidades do texto constitucional".[456]

De um lado, então, temos a harmonização dos direitos fundamentais sob a qual é interpretado o sistema jurídico para a extração de uma primeira aplicação teórica e preliminar do interesse público constitucional. Do outro lado, temos o caso concreto e suas peculiaridades que amoldarão a referida aplicação. Entre um e outro falta uma "lente corretiva"[457] que adapte essa harmonização teórica ao contexto estrutural em que está sendo aplicada.

Ao analisar esse contexto estrutural, de seus valores axiomáticos, com o fito já mencionado "de encarar o Direito à luz dos fatos, e não os fatos à luz do Direito",[458] se rompe com o reducionismo juspositivista e se inaugura uma fase no processo interpretativo que formata o agir estatal que partiu da norma, não mais entendida como o texto legal em si, mas em conjunto com a harmonização dos direitos fundamentais, a reconhecer que o direito não é atemporal e necessita dos contornos históricos e sociais em que o objeto de aplicação da norma está inserido.

Nesse ínterim, concordamos com a posição de Sandro Dezan de considerar "o valor juridicizado por um cariz temporalizado, ora mais, ora menos perene, pela fusão de horizontes de Gadamer, para um *locus* de historicidade, a declinar a objetividade enquanto ôntico-ontologicamente verdadeiros e válidos, para determinado contexto sociocultural".[459]

Esse contexto estrutural, além do seu aspecto histórico, sociológico e cultural citados por Dezan, envolve também o seu contexto *jurídico*-estrutural. No primeiro tópico do mesmo Capítulo 2 foi abordado o papel do interesse público na limitação de poderes estatais e econômicos. Naquele ponto, fez-se breve análise do que Roberto Gargarella

[456] SOUZA NETO, Cláudio Pereira de. SARMENTO, Daniel. *Direito constitucional*: teoria, história e métodos de trabalho. Belo Horizonte: Fórum, 2012, p. 423.

[457] BARBOSA, Jandeson da Costa. Interesse público constitucional, harmonização de direitos fundamentais e transformação da sociedade. *Revista do TCU*. Edição n. 146 (2020), p. 120-132. Disponível em: <https://revista.tcu.gov.br/ojs/index.php/RTCU/article/view/1678>. Acesso em: 24 mar 2021. Metáfora inspirada em aplicação em sentido diverso do texto: HERBELÍN, Mártin. *Uma teoria do interesse público*: fundamentos do Estado meritocrático de direito. Porto Alegre: Livraria do Advogado, 2017, p. 242-246.

[458] DEZAN, Sandro Lúcio; HERKENHOFF, Henrique Geaquinto; GUIMARÃES, Jader Ferreira. *A administração pública concretista de direitos fundamentais*: um olhar para além do positivismo jurídico. Belo Horizonte: Arraes Editores, 2019, p. 59.

[459] Ibidem.

chama de "a sala de máquinas da Constituição",[460] que em rasa síntese seria a parte da Constituição e define a estrutura do Estado e da organização dos poderes que seria controlado por um pacto conservador-liberal e seriam um empecilho para a concretização da outra parte da Constituição que proclama direitos sociais.

Naquele ponto, utilizamos o termo "puxadinho" para reformas constitucionais legais nas quais têm sido criadas outras amarras, de diversas ordens, à concretização desses direitos sociais. Essas seriam características das constituições latino-americanas que enviesariam a aplicação das normas constitucionais de modo a perturbar a harmonização das categorias de direitos fundamentais acima mencionadas. Esse contexto jurídico é, portanto, aspecto relevante para formar o contexto macro que chamamos de *contexto estrutural* (CE).

Esse contexto histórico, cultural, jurídico e de assentamento e estruturação da dinâmica de poder fazem com que a tarefa do intérprete de aplicar os dizeres do sistema jurídico ao caso específico, ou seja, de levar o Direito do transcendental ao concreto, se torne mais complexa.

Essa *lente corretiva* busca, desse modo, harmonizar *materialmente* a aplicação preliminar do interesse público constitucional teórico ao adaptá-lo ao contexto estrutural, mas ainda não ao caso concreto. Numa terceira fase, aí então deve o intérprete necessariamente abordar as especificidades do caso concreto (CC), enxergá-lo à luz do interesse público constitucional teórico ($IPC_1$) filtrada pela lente corretiva do contexto estrutural (CE). Em um esquema visual, seria o que se segue:

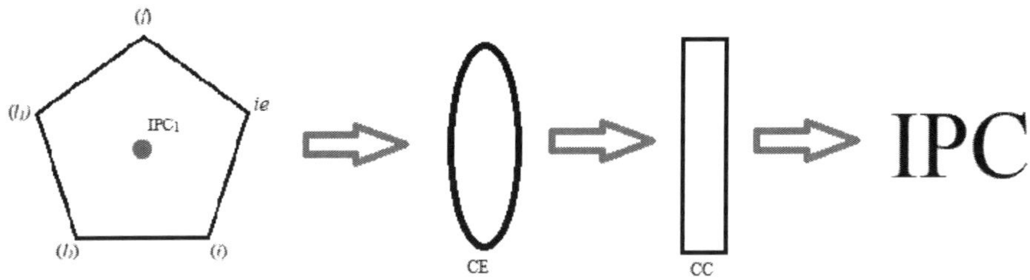


Das conclusões até aqui amealhadas, é possível apontar elementos mínimos que devem constar na decisão administrativa que invoca o interesse público como causa justificadora. Da mesma forma, o controle externo, judicial, ou legislativo, pode aferir tais elementos quando con-

[460] No original, "the engine room of the Constitution". *In*: GARGARELLA, Roberto. *Latin american constitutionalism, 1810-2010: the engine room of the Constitution*. Oxford: Oxford University Press, 2013.

frontados com a análise de uma ação estatal. Pode, ainda, o Poder Judiciário utilizá-lo quando decidir nas chamadas *decisões estruturantes*.[461]

Conforme amplamente discutido, o interesse público é uma expressão com ampla significação semântica e doutrinária. Dentre os diversos conceitos possíveis, o que deve ser perseguido pela Administração Pública é o interesse público *constitucional*, esse de base semântica e axiológica mais limitada e densificada, pois restrita aos mandamentos constitucionais e inseridas no sistema de direitos fundamentais, conforme debatido por todo este trabalho.

Assim, quando invocado o interesse público, devendo este ser o *interesse público constitucional* (IPC) – pois se referindo àquele conjunto de valores eleitos pela Constituição – como causa justificadora para a tomada de decisão, a interpretação da norma em tese deve ser produto da harmonização entre os direitos fundamentais de liberdade individual ($l_1$), liberdade política ($l_2$), *igualdade* ($i$) e *fraternidade* ($f$), e o interesse do Erário ($ie$), formatado pelo contexto estrutural (CE) e levando em consideração as peculiaridades do caso concreto (CC).

Ou seja, o intérprete deve, por meio da técnica argumentativa, demonstrar que a solução em tese encontrada harmoniza, no sentido de reduzir o mínimo possível e ampliar o máximo possível, as distintas classes dos direitos fundamentais e o interesse do Erário, que o contexto estrutural o leva a dar ênfase formal a um ou mais desses elementos a fim de criar uma *harmonização material* entre eles, e necessariamente apontar em que as características do caso concreto podem formatar aquele conjunto interpretativo com o fito de que melhor se atenda aos critérios de justiça e aos valores constitucionais. Em uma fórmula básica,[462] poderíamos assim ilustrar essa teoria:

$$\mathrm{IPC} = \overline{\mathrm{X}}\ (l_1 + l_2 + i + f + ie) + \mathrm{CE} + \mathrm{CC}$$

Ou, de modo mais próximo ao operador do direito, podemos aplicar essa fórmula em fases. Na primeira fase, o intérprete deve demonstrar a harmonização entre os direitos fundamentais de liberdade individual ($l_1$), liberdade política ($l_2$), *igualdade* ($i$) e *fraternidade* ($f$), e o interesse do Erário ($ie$) ao interpretar um enunciado legal que remete

---

[461] Para o conceito e análise dos elementos e critérios processuais de uma decisão estruturante, recomendamos a leitura do seguinte artigo científico: FACHIN, Melina Girardi. SCHINEMANN, Caio Cesar Bueno. Decisões estruturantes na jurisdição constitucional brasileira: critérios processuais da tutela jurisdicional de direitos prestacionais. *Revista Estudos Institucionais*, Vol. 4, 1, 2018.

[462] O símbolo "$\overline{\mathrm{X}}$" significa "média", aqui no sentido de que deve haver a harmonização dos valores representados entre parênteses.

ao interesse público ou aplicar diretamente o conceito de interesse público.

Na segunda fase, o intérprete deve situar o resultado da primeira fase no contexto histórico, social e cultural daquela sociedade, além do contexto *jurídico* (tentando se desviar dos problemas da "sala de máquinas"). Na terceira fase, o intérprete situa o produto da segunda fase e os conforma às peculiaridades do caso concreto. O resultado dessas três fases é o interesse público constitucional.

Esse "roteiro de aplicação" de busca da solução que substancia o interesse público contornado pelos valores constitucionais – e por isso interesse público constitucional – é assim, conforme já exposto, inspirado principalmente nos métodos hermenêutico-concretizador e jurídico normativo-estruturante, e francamente instrumentalizado pela teoria do discurso. Mas há um elemento qualitativo adicional a esse "roteiro", que é a imposição da sua *direção.*

O termo *roteiro* remete à ideia de itinerário. E o roteiro do interesse público constitucional convida o intérprete a iniciar tal itinerário a partir do texto normativo em consonância com os valores constitucionais, tendo como meio do caminho o contexto estrutural, passando por fim ao contexto do caso concreto para somente então o intérprete se deparar com a solução que substancia o interesse público naquele caso. É um roteiro que vai do sistema jurídico para a solução do caso concreto, e não o contrário.

Esse itinerário, se não previne, ao menos dificulta bastante o que Lenio Streck chama de "realismo predatório" dos intérpretes que "primeiro decidem e depois fundamentam", em que a "própria Constituição passa a ser secundária diante dos *fact-responsives*" e que, segundo o autor, seria "a destruição ou a confissão da inutilidade da doutrina jurídica". Denuncia Streck que o realismo jurídico, que já fora denunciado por muitos autores "que vão de Dworkin a Bernd Rüthers, que mostram a revolução secreta (na expressão de Rüthers, *die heimliche Revolution*) que esse fenômeno acarreta à legislação. No realismo, juízes, em vez se *rule-responsives* (leis, Constituição) preferem o *fact-responsives*".[463]

Fachin já apontava que "os princípios e cláusulas abertas possibilitam uma aplicação mediada pelo caso concreto", observando, todavia, que "quando os princípios são utilizados como fundamentos de soluções práticas, há incerteza e dissonância jurisprudencial". O autor fez importante análise em relação ao Código Civil de 2002: "O legisla-

[463] STRECK, Lenio Luiz. Como defender a jurisdição (constitucional) do realismo predatório? *Revista Consultor Jurídico*. Disponível em: <https://www.conjur.com.br/2021-abr-17/observatorio-constitucional-defender-jurisdicao-constitucional-realismo-predatorio>. Acesso em: 17 abr 2021.

dor pecou ao não corporificar de modo mais denso essas normas. Isso não significa retirar-lhes seu caráter mais aberto, mas apenas auferir maior grau de segurança em sua aplicação".[464]

As observações de Fachin a respeito do Código Civil podem ser referenciadas também aos conceitos jurídicos indeterminados do direito administrativo. O vocábulo "indeterminável" pode esconder um conceito "indeterminável" (pela sua restrita densidade semântica, na qual cabe qualquer tipo de interpretação), "determinável" (com maior densidade semântica), o oposto "determinado" (com densidade semântica bastante delimitada). À doutrina, assim como à jurisprudência dos tribunais superiores, resta a missão de tornar *determinável* os conceitos jurídicos indeterminados e as cláusulas abertas.

Dessa forma, um roteiro para a aplicação no caso concreto do conceito de interesse público atende a uma demanda doutrinária na medida em que substantiva, densifica o conteúdo semântico e jurídico do conceito, mantendo parte do seu caráter *genérico* para se amoldar ao caso concreto.

O interesse público constitucional (IPC) se revela, portanto, como um relevante roteiro de aplicação para a busca do interesse público delineado pela Constituição e pela sistemática de direitos fundamentais no caso concreto. É uma proposta que impõe ao intérprete uma argumentação que contemple necessariamente os elementos tidos como essenciais para a verificação do interesse público na sistemática constitucional. No próximo Capítulo, serão enumeradas outras vantagens da sua aplicação na atividade interpretativa bem como exemplificada a sua utilização em comparação com o clássico princípio da supremacia do interesse público sobre o particular e com as teorias individualistas.

[464] FACHIN, Luiz Edson. *Código Civil Brasileiro: entre Avanços e Retrocessos = Das brasilianische Zivilgesetzbuch zwischen Fortschritten und Rückschritten*. In: MEYER, Cord; SCHMIDT, Jan Peter; WOLF, Burkard J. (coord.). O Código Civil Brasileiro de 2002 e a lei imobiliária: contribuições para a XXXIII Reunião anual da DBJV de 20 a 23 de novembro de 2014 em Hannover = *Das brasilianische Zivilgesetzbuch von 2002 und die Realitäten des Grundstücksrechts: beiträge zur XXXIII Jahrestagung der DBJV* vom 20 bis 23 November 2014 in Hannover. Aachen: Shaker Verlag, 2016. p.5-54. (Escritos da Associação Alemão-Brasileira de Advogados = *Schriften der Deutsch-Brasilianischen Juristenvereinigung*).

# 4. Interesse público constitucional: a superação dialética dos princípios da supremacia e da indisponibilidade do interesse público

## 4.1. A dialética: ponto de partida e de chegada

A dialética, cujas origens remonta à Grécia antiga, era conhecida como "a arte do diálogo", passando aos poucos a ser "a arte de, no diálogo, demonstrar uma tese por meio de uma argumentação capaz de definir e distinguir claramente os conceitos envolvidos na discussão".[465] É claro que a dialética se modificou e se transformou ao longo da história, mas é importante desde já dissociá-la da ideia de "uma técnica falaciosa, mero direito à tagarelice e ao palavrório", ou mesmo de um "jogo vazio de palavras, arremedo do espírito de contradição não organizado e disfarçado da mais aguda ciência das coisas".[466]

Modernamente, a dialética pode ser entendida como "o modo de pensarmos as contradições da realidade, o modo de compreendermos a realidade como essencialmente contraditória e em permanente transformação".[467] Há quem afirme que "a dialética prescinde de apresentação, pois só a entende quem ouve imediatamente, de modo familiar, como se se falasse ao ouvido nos termos de seus sussurros".[468] É uma forma pouco didática, porém instigante, de declarar que a melhor maneira de compreender a dialética é através do acompanhamento da utilização do próprio método dialético, que "convida o interlocutor para o interior de seu discurso".[469]

[465] KONDER, Leandro. *O que é dialética*. São Paulo: Brasiliense, 2014, p. 7.

[466] CARRASCO, Alexandre de Oliveira Torres. *A dialética*. São Paulo: WMF Martins Fontes, 2016, p. 10.

[467] KONDER, Leandro. *O que é dialética*. São Paulo: Brasiliense, 2014, p. 7.

[468] CARRASCO, *op. cit.*, p. 14.

[469] Ibidem.

Esse exercício foi realizado desde o início deste livro, ao se estabelecer a contraposição e o diálogo das diversas posições doutrinárias sobre o interesse público, de modo que o leitor não terá agora dificuldade de compreender a significação da dialética, a fim de avançar para as necessárias conclusões desta obra. É importante, contudo, breve e resumida incursão – que não é propriamente uma incursão histórica, mas o rápido vislumbre dos principais pontos para se compreender a base da dialética hegeliana – necessária para melhor identificar a superação dialética pela qual passaram os princípios da supremacia e da indisponibilidade do interesse público.

O mais notável pensador da dialética da Grécia antiga foi Heráclito de Éfeso (aprox. 540-480 a.C.), que a explicava por meio do famoso argumento de que um homem não se pode banhar duas vezes no mesmo rio, pois "da segunda vez não será o mesmo homem e nem estará se banhando no mesmo rio (ambos terão mudado)".[470] Importante destacar um outro elemento essencial da dialética heraclitiana: "os opostos não se sucedem, e sim coabitam, convergem em divergência, se dão no mesmo homem e no mesmo fato".[471]

Em posição oposta à dialética, a metafísica ensinada por Parmênides (aprox. 530-460 a.C.) defendia, em síntese, que "a essência profunda do ser é imutável e dizia que o movimento (a mudança) era um fenômeno da superfície".[472] Essa era a oposição "de corte cosmológico e ontológico" em que Heráclito defendia "a multiplicidade e a unidade do ser que decorreria dos contrários, da sua própria contradição", de "um sistema de relações governado pela lei da unidade dos contrários" e Parmênides sustentava "a unicidade e univocidade do ser".[473]

Importante destacar que, em que pese Parmênides faça oposição a Heráclito, o contrário não se depreende verdadeiro. Heráclito, pois, não se opõe a Parmênides porque "advoga um 'ser das coisas' cuja multiplicidade (não exatamente de sentidos, pois o problema não é meramente discursivo, mas ontológico e cosmológico), desdobrada em uma relação de contrários em contradição (o movimento dos contrários) não nega o 'ser'", mas justamente "o afirma, à maneira de um sistema de contrários que produzem unidade".[474]

De modo geral, a metafísica obteve certa hegemonia ao longo da história. Segundo Leandro Konder, porque "correspondia, nas socieda-

[470] KONDER, Leandro. *O que é dialética*. São Paulo: Brasiliense, 2014, p. 8.

[471] CARRASCO, Alexandre de Oliveira Torres. *A dialética*. São Paulo: WMF Martins Fontes, 2016, p. 26.

[472] KONDER, Leandro. *O que é dialética*. São Paulo: Brasiliense, 2014, p. 8.

[473] CARRASCO, *op. cit.*, p. 32-33.

[474] Idem, p. 34.

des divididas em classes, aos interesses das classes dominantes, sempre preocupadas em organizar duradouramente o que já está funcionando", que estariam "sempre interessadas em 'amarrar' bem tanto os valores e conceitos como as instituições existentes, para impedir que os homens cedam à tentação de querer mudar o regime social vigente".[475]

A filosofia de Platão e Aristóteles – e pós-socrática em geral – foi "herdeira dessa tradição e desse debate" notando a necessidade de um "ajuste que se deve fazer diante da própria exigência do pensamento". Não se podia apenas "optar entre as duas tradições cosmológicas e ontológicas", pois se devia atentar a "um duplo aspecto" e "um duplo ajuste", pois de um lado "foi necessário considerar que a variação e a multiplicidade mesma das coisas, ainda que em termos contraditórios na aparência comum: o quente se torna frio; o seco, úmido; o dia, noite".[476]

De outro lado, porém, "a radicalização da multiplicidade e da variação de tudo punha em risco um operador-chave para a 'ciência' ou conhecimento das coisas", que é "a identidade dos entes, ou, de modo mais simples, a simples identidade das coisas permanece em meio à mudança e é o que permite conhecê-las". Carrasco emprega o exemplo do pedaço de cera que, mesmo tendo alterado o seu estado de sólido para líquido ou vice-versa não perderia nesse processo a sua característica e a sua identidade de "ser" cera. Em resumo do pensamento platônico, a "contradição passa a ser a variação a que se permite a substância, numa ordem que não lhe atinge o ser".[477]

Platão acaba por "matar" Parmênides "dando razão a Heráclito ao admitir que a contradição existe". No entanto, acaba também "matando" Heráclito ao "reservar a contradição ao plano aparente ou sensível das coisas, defendendo que o plano intelectual é marcado pela não contradição ou a permanência", ao passo que acaba optando por uma "filosofia da identidade", abrindo-se "uma terceira via que sustenta tanto a oposição dos contrários como a possibilidade da predicação".[478]

No pensamento hegeliano, entretanto, a dialética "não é, como era antes dele, um procedimento adotado pelo intelecto humano como forma de desvendar um conflito que estava aparente entre dois conceitos opostos". Hegel inova exatamente por sustentar que "o conflito entre tese e antítese, entre os opostos, é um conflito *real*", sendo a síntese a "*superação* desses conflitos". Essa *superação* não é "a correção de impropriedades no que diz respeito às afirmações da tese e da antítese, mas

[475] KONDER, Leandro. *O que é dialética*. São Paulo: Brasiliense, 2014, p. 8-9.

[476] CARRASCO, Alexandre de Oliveira Torres. *A dialética*. São Paulo: WMF Martins Fontes, 2016, p. 35.

[477] Idem, p. 35-37.

[478] Idem, p. 40-42.

tem a ver com um momento outro, que faz por transformar a própria conflituação".[479]

A dialética exprime, por isso, uma "troca de patamares", em que a síntese é "a negação da negação da tese", algo "novo, portanto, surgido na história". De forma bastante didática, Mascaro resume a *síntese*, segundo o pensamento hegeliano: "Não é algo já dado previamente e ao qual só basta operar procedimentos ideias para descobri-lo, nem é a escolha de um dos dois lados do conflito. É superação original. Nessa superação original, de negação da negação, perfaz-se o processo histórico".[480]

Essa *superação dialética* apontada por Hegel era expressa pela palavra alemã *aufheben*, verbo que significa *suspender*, tendo, contudo, três sentidos distintos. O verbo pode ter o sentido de "negar, anular, cancelar", como no caso em que um passeio é *suspenso* em razão do mau tempo ou um aluno é *suspenso* de ir à escola pelo seu mau comportamento. Tem um segundo sentido de "erguer alguma coisa e mantê-la erguida para protegê-la". Em um terceiro sentido, o verbo pode significar "elevar a qualidade, promover a passagem de alguma coisa para o plano superior".[481]

Hegel utiliza o verbo *aufheben* com os três sentidos ao mesmo tempo. Pois, para ele, "a superação dialética é simultaneamente a negação de uma determinada realidade, a conservação de algo de essencial que existe nessa realidade negada e a elevação dela a um nível superior".[482]

Nesse diapasão – adiantamos desde já –, o interesse público constitucional representa a negação dos aspectos da supremacia do interesse público sobre o particular que se tornaram incompatíveis com o sistema constitucional de direitos fundamentais; a conservação da necessidade da existência de uma teoria e de um princípio jurídico que vislumbre o bem comum frente a teorias individualistas exacerbadas; e a sua elevação, pois, à conformação à Constituição e ao referido sistema de direitos fundamentais.

## 4.2. Superação dialética: da supremacia do interesse público ao interesse público constitucional

Ao longo desta obra, o princípio da supremacia do interesse público sobre o particular foi escrutinado tanto em relação a seus

[479] MASCARO, Alysson Leandro. *Filosofia do direito*. 4ª ed. São Paulo: Atlas, 2014, p. 244.
[480] Idem, p. 244.
[481] KONDER, Leandro. *O que é dialética*. São Paulo: Brasiliense, 2014, p. 25.
[482] Idem, p. 25.

aspectos internos (tópico 1.2) quanto externos (subtópico 2.1.1). A partir do embate dialético com a sua antítese – teorias individualistas que, no limite, pregam a supremacia do interesse privado sobre o público –, foi possível separar o "trigo" daquilo que se tornou "joio", ou seja, cindir os seus elementos que devem "sobreviver" daqueles que não se coadunam com o atual sistema constitucional de direitos fundamentais.

Nesse sentido, concluiu-se que o princípio da supremacia apresenta elementos primordiais à concretização dos valores constitucionais. É uma teoria que enaltece o "bem comum", que protege os interesses da coletividade face a poderosos interesses privados. Viabiliza, também, a existência e o funcionamento do Estado, ao lhe atribuir poderes de atuação em face do chamado interesse público primário (interesse público *real*) e do chamado interesse público secundário (interesse do Estado ou da Administração Pública).

Todavia, elementos da supremacia do interesse público que faziam sentido jurídico e axiologicamente em outros contextos não o fazem nos dias hodiernos. Algumas das críticas da escola individualista colacionadas na antítese do princípio da supremacia, como vimos, encontram amparo no atual ordenamento jurídico.

Dentre essas críticas, merece atenção o apontamento quanto à indeterminabilidade do conceito do interesse público. Essa afirmação tem um duplo aspecto, conforme observamos no tópico 1.2. Por um lado, a convivência com conceitos indeterminados é algo corriqueiro no direito moderno, de modo que a sua indeterminabilidade não é *prima facie*, um problema. Sustentamos, inclusive, que pode ser um fato até positivo, pois, repita-se, "a flexibilidade conceitual do interesse público é uma hipótese vital para a existência de uma sociedade plural. Sua indeterminabilidade é típica de uma república democrática".[483]

Sem embargo, sob outro ângulo, observa-se que o modo de "manuseio" do conceito indeterminado do interesse público por intermédio do princípio da supremacia do interesse público sobre o particular o torna *demasiadamente* indeterminado, a ponto de ser possível que o aplicador do princípio facilmente o utilize para justificar toda sorte de ações arbitrárias. Isso porque a teoria não fornece mais elementos mínimos para delimitar *o que pode ser* objeto dessa supremacia, tendo em vista que a principal amarra do intérprete nesse sentido – o princípio da legalidade – fora substituída por teoria de menor densidade semântica – princípio da juridicidade.

[483] GABARDO, Emerson. O princípio da supremacia do interesse público sobre o interesse privado como fundamento do direito administrativo social. *Revista de Investigações Constitucionais*, v. 4, n. 2, p. 95–130, 2017.

Por outro lado, os conceitos de interesse público primário e secundário se tornaram deonticamente insuficientes. A lógica positivista era mais simples: havia o interesse público primário – que, teoricamente, seria assim declarado pela lei –, o interesse público secundário – interesse do Estado –, e o interesse privado. Numa análise simplista, o interesse privado seria atendido se não contrariasse os dois primeiros. Ocorre que o pós-positivismo alargou a possibilidade de se justificar – de modo adequado – o que é de interesse coletivo, e a sistemática constitucional não permite uma primazia pura e simples dos interesses do Estado frente ao interesse privado.

Disso deriva outra grande fragilidade no princípio da supremacia do interesse público: sua "engenhosidade" não oferece obstáculo algum para que os direitos individuais sejam indevidamente restringidos pelo Estado. Ao contrário, estabelece tal restrição como regra hermenêutica sem impor ao intérprete dever de fundamentação *específico* em relação à limitação – apesar de o dever de fundamentação *geral* ser premissa da decisão administrativa.

Essa oposição já havia sido apontada por Sundfeld: "teóricos mais jovens lançaram, com ampla aceitação, uma forte contestação a um dos princípios científicos que, há muitos anos, o autor defendia como fundamental ao direito administrativo: o princípio da supremacia do interesse público sobre o privado", que, continua o autor, é "visto agora pelos críticos não só como vazio, mas também como instrumento, mesmo involuntário, do autoritarismo". Conclui Sundfeld que "vive-se um período de transição na literatura do direito administrativo brasileiro, que ainda não encontrou seu novo livro de referência".[484]

É bem verdade que os autores da escola individualista obtiveram mais êxito em *desconstruir* o princípio da supremacia do interesse público do que propriamente em *construir* uma teoria. Alguns deles defenderam, como observado no Capítulo 1, uma *primazia* ou *supremacia* do interesse particular sobre o público, mas, ao contrário da *desconstrução* mencionada, essa *construção* não fez muitos adeptos.

É perceptível, também, como demonstrado ao longo deste livro, que diversos autores se alinharam a algumas críticas da escola individualista, mas não à teoria em si. Acreditamos, contudo, que a teoria individualista foi importante como *antítese* para construção da *síntese* que aqui se pretende demonstrar. Este trabalho, portanto, tem o condão de servir de paradigma para uma *nova* fase do direito administrativo brasileiro, fase essa de *reencontro* com os seus antigos valores e *encontro* com novos valores.

---

[484] SUNDFELD, Carlos Ari. *Direito administrativo para céticos*. São Paulo: Malheiros, 2017, p. 53.

Nesse contexto, o princípio do interesse público constitucional (IPC) mantém as qualidades do princípio da supremacia livrando-se das suas incongruências e agregando elementos novos. Cumprindo assim os três sentidos da superação dialética expressa por Hegel com o verbo *aufheben*: "a negação de uma determinada realidade, a conservação de algo de essencial que existe nessa realidade negada e a elevação dela a um nível superior".[485]

A negação ao princípio da supremacia do interesse público sobre o particular se dá por diversos aspectos, dos quais é possível destacar: a maior determinabilidade sobre *o que é* interesse público; substituição do conceito de interesse público secundário pela ponderação do interesse do Erário com direitos fundamentais; recusa de uma precedência *prima facie* do interesse coletivo sem se analisar o contexto estrutural; recusa de uma suposta "resposta literal da lei" que poderia excepcionar a prevalência do interesse privado sobre o coletivo sem a análise do caso concreto; dentre outros.

A maior determinabilidade sobre *o que é* interesse público é nítida no princípio do interesse público constitucional (IPC), que considera que o alcance do interesse público deve ser produto da harmonização entre os direitos fundamentais de liberdade individual ($l_1$), liberdade política ($l_2$), *igualdade* (*i*) e *fraternidade* (*f*), e o interesse do Erário (*ie*).

A teoria aponta também a substituição do conceito de interesse público secundário pela ponderação do interesse do Erário com direitos fundamentais. Conforme já exposto nos capítulos anteriores, segundo a tradicional doutrina administrativista, interesse público secundário seria o interesse "da pessoa jurídica de direito público que seja parte em determinada relação jurídica [...]. Em ampla medida, pode ser identificado como interesse do erário, que é o de maximizar a arrecadação e minimizar as despesas".[486]

Esse aspecto se bifurca em duas configurações. A primeira é de caráter conceitualmente restritivo: o interesse do Erário é conjunto que está contido, teoricamente, em um conjunto maior denominado interesse da Administração. Ao se utilizar o interesse do Erário como critério para a busca do interesse público, estão sendo deixandos de fora outros interesses que porventura pudessem ser alegados ser da Administração Pública e que não repercutiriam no Erário.

Isso porque o objetivo da Administração deve ser a concretização de direitos fundamentais, e estes já estão contemplados na fórmula do interesse público constitucional. Desse modo, além destes, é de interesse

[485] KONDER, Leandro. *O que é dialética*. São Paulo: Brasiliense, 2014, p. 25.

[486] BARROSO, Luis Roberto. *Curso de direito constitucional contemporâneo*: os conceitos fundamentais e a construção do novo modelo. 5ª ed. São Paulo: Saraiva. 2015, p. 94.

público a saúde do Erário para que o Estado tenha musculatura para cumprir suas funções. Além desses valores (direitos fundamentais e manutenção do Erário), não se vislumbra outros interesses da Administração que teriam carga axiológica suficiente para serem considerados.

A segunda configuração é que o interesse do Erário – e não mais interesse da Administração – passa a necessitar ser conjugado em conjunto com outros valores – as classes de direitos fundamentais. Isso impede que o interesse do Erário detenha uma preponderância prática sobre os direitos fundamentais, pois este – isoladamente – detinha o "*status*" de interesse público secundário.

Há, ainda, a recusa de uma precedência *prima facie* do interesse coletivo sem se analisar o contexto estrutural. Com a conjugação dos direitos fundamentais de liberdade individual ($l_1$), liberdade política ($l_2$), *igualdade* (*i*) e *fraternidade* (*f*), e o interesse do Erário (*ie*), todas as classes de direitos fundamentais são consideradas.

É claro que na segunda fase de aplicação do princípio – a consideração do contexto estrutural (CE) – pode ser comum – principalmente em países como o Brasil – a prevalência formal do interesse coletivo para que haja um equilíbrio material com os demais direitos fundamentais, mas isso será resultado de uma construção argumentativa baseada em elementos objetivos. E ainda haverá, na terceira fase, a análise das peculiaridades do caso concreto.

O princípio do interesse público constitucional (IPC) recusa, ainda, a existência apriorística de uma suposta "resposta literal da lei" que poderia excepcionar a prevalência do interesse privado sobre o coletivo sem a análise do caso concreto. A lei há de ser interpretada na ótica do interesse público constitucional, ou seja, dos direitos fundamentais de liberdade individual ($l_1$), liberdade política ($l_2$), *igualdade* (*i*) e *fraternidade* (*f*), e o interesse do Erário (*ie*), do contexto estrutural (CE) e do caso concreto (CC). Isso afasta os problemas da interpretação irracional ou destituída de análise axiológica – ou de sua utilização arbitrária, sem necessidade de justificativa –, assunto abordado no Capítulo 3.

Em outra perspectiva, o princípio do interesse público constitucional (IPC) implica a "conservação de algo de essencial que existe nessa realidade negada",[487] ao manter elementos do princípio da supremacia do interesse público sobre o particular que simbolizam a sua essência e têm como consectário a defesa do Estado Social Democrático e mesmo de Direito. Dentre os vários elementos preservados está a possibilidade de dotar o Estado de capacidade jurídica para fazer frente ao poderio econômico que – na natural relação de poderes – tenta firmar-se sobre

[487] KONDER, Leandro. *O que é dialética*. São Paulo: Brasiliense, 2014, p. 25.

direitos da coletividade, e mesmo sobre direitos sociais e mesmo individuais daqueles cidadãos que detêm menor peso na correlação de poder.

O princípio do interesse público constitucional (IPC) também mantém a relevância da proteção ao Erário e da musculatura estatal. Ao equiparar o interesse do Erário (IE) aos direitos fundamentais, a teoria reconhece que: sem o Estado somente sobra a barbárie; a quase inexistência do Estado equivale à quase-barbárie; a preponderância irrestrita do interesse do Estado dissociada da concretização de direitos fundamentais – inclusive os individuais – é a barbárie cujos mais fortes são os detentores do poder político-administrativo. O Estado deve existir e ter força suficiente e necessária para a concretização de todas as classes de direitos fundamentais.

Mas o princípio do interesse público constitucional (IPC) também é "a elevação dela [determinada realidade, no caso, o princípio da supremacia do interesse público sobre o particular] a um nível superior".[488] Além da já mencionada maior densificação do conceito de interesse público – sob os parâmetros constitucionais –, a teoria demonstra a necessidade de consideração e concretização harmônica de todas as classes de direitos fundamentais.

Soma-se a isso a imposição ao intérprete da consideração do contexto estrutural (CE), que consiste na análise do contexto histórico, cultural, jurídico e de assentamento e estruturação da dinâmica de poder para se verificar *o que é* o interesse público. Além disso, as especificidades do caso concreto (CC) passam a ser elemento integrante da própria teoria – e, portanto, de análise incontornável.

O interesse público constitucional (IPC) também opera a imposição de ônus argumentativo ao intérprete para a utilização do interesse público como elemento justificador da sua decisão, pois o manuseio da teoria entrega ao intérprete o labor argumentativo em toda a sua estrutura. Outro importante aspecto é o impulso à superação do princípio da legalidade para o princípio da juridicidade como consectário óbvio da aplicação da teoria.

Desse modo, o princípio do interesse público constitucional (IPC) representa a tripla suspensão, a superação dialética do princípio da supremacia do interesse público sobre o particular. É o novo retrato da intercambialidade da dinâmica sociojurídica sob os novos contornos constitucionais. E aqui cabe importante reflexão de Michel de Montaigne:

> Visto assim que todas as coisas estão sujeitas a passar de uma mudança para outra, a razão que aí busca uma subsistência real, se encontra desapontada, não podendo

[488] KONDER, Leandro. *O que é dialética*. São Paulo: Brasiliense, 2014, p. 25.

apreender nada subsistente e permanente: porque tudo ou vem a ser, ou ainda não é em absoluto, ou começa a morrer antes de ter sido.[489]

Mas, na esteira do pensamento de Hegel, a síntese também é a "negação da negação da tese".[490] Na nossa aplicação jurídica da dialética hegeliana, isso quer dizer que a antítese apresentada em resposta à tese, em que pese conter elementos válidos, não é adequada – do ponto de vista jurídico, mas também axiológico, sociológico, político – para substituí-la. Equivale a dizer que as teorias individualistas – notadamente aquela que sustenta uma supremacia do interesse privado sobre o público – apesar de trazerem à discussão elementos válidos de crítica à supremacia do interesse público, não detêm adequação jurídico-axiológico-constitucional para substituí-la.

Implica observar que o sistema jurídico – sobretudo o sistema constitucional de direitos fundamentais – não dá guarida às teses individualistas. Para tanto, se faz necessária breve incursão no texto constitucional. No seu preâmbulo, a Constituição já expressa os valores sob os quais é promulgada, e o trinômio liberdade-igualdade-fraternidade: institui um "Estado Democrático" que está "destinado a assegurar o exercício dos direitos sociais e individuais, a liberdade, a segurança, o bem-estar, o desenvolvimento, a igualdade e a justiça como valores supremos de uma sociedade fraterna, pluralista e sem preconceitos".[491]

No seu art. 1°, que estabelece os princípios fundamentais da República, faz escolhas claras ao elevar como seus fundamentos a "soberania"; a "cidadania"; a "dignidade da pessoa humana"; os "valores do trabalho e da livre iniciativa"; e o "pluralismo político". Seu art. 2°, constitui como objetivos fundamentais da República "construir uma sociedade livre, justa e solidária"; "garantir o desenvolvimento nacional"; "erradicar a pobreza e a marginalização e reduzir as desigualdades sociais e regionais"; "promover o bem de todos, sem preconceitos de origem, raça, sexo, cor, idade e quaisquer outras formas de discriminação".[492] [493]

Tais princípios e objetivos fundamentais detêm densidade suficiente para traçar limites a discussões sobre o tamanho e a atuação

[489] Tradução nossa. No original: "Ainsi veu que toutes choses sont subjectes à passer d'un changement en autre, la raison qui y cherche une reelle subsistance, se trouve deceuë, ne pouvant rien apprehender de subsistant et permanant: par ce que tout ou vient en estre, et n'est pas encore du tout, ou commence à mourir avant qu'il soit nay". MONTAIGNE, Michel de. *Les Essais – Livre II*, p. 157. Disponível em: <http://www.dominiopublico.gov.br/download/texto/ph000353.pdf>. Acesso em: 26 abr 2021.

[490] MASCARO, Alysson Leandro. *Filosofia do direito*. 4ª ed. São Paulo: Atlas, 2014, p. 244.

[491] BRASIL. Constituição (1988). *Constituição da República Federativa do Brasil*. Disponível em: <http://www.planalto.gov.br/ccivil_03/constituicao/constituicao.htm> Acesso em: 28 nov 2020.

[492] Ibidem.

[493] Ibidem.

do Estado. Permite concluir que a Constituição recusa o *"laissez-faire, laissez-passer"*, assim como também recusa a economia planificada do socialismo. Garante, promete e impõe a atuação estatal para a concretização dos direitos fundamentais, dando especial ênfase em um Estado Social – não estabelecendo uma superioridade dos direitos sociais enquanto valor, mas reconhecendo que são sociais os maiores desafios a serem enfrentados pela República.

O art. 5° da Constituição enumera uma série de direitos individuais que limitam o poderio do Estado. Seu art. 6° promete direitos sociais. Os arts. 7°, 8° e 9° da Constituição, ao garantir direitos trabalhistas, de associação sindical e o direito de greve, impõem importante limitação ao poder econômico. Os arts. 14 e seguintes tratam dos direitos políticos, e os arts. 150 e seguintes impõem limitações ao poder de tributar do Estado.

Mas é particularmente importante para essa discussão o teor do art. 170 da Constituição. Este dispõe que: "A ordem econômica, fundada na valorização do trabalho humano e na livre iniciativa, tem por fim assegurar a todos existência digna, conforme os ditames da justiça social". Sua leitura, de *per si*, já é suficiente para ilustrar o que se sustentou. Afirma que a ordem econômica é fundada "na valorização do trabalho humano", mas também "na livre iniciativa". Aponta a essa mesma ordem econômica apenas uma finalidade "assegurar a todos existência digna, conforme os ditames da justiça social".[494]

O art. 170 determina, para a perseguição dessa finalidade, a observância dentre outros, dos seguintes princípios: "propriedade privada"; "função social da propriedade",[495] "livre concorrência"; "defesa do meio ambiente"; "redução das desigualdades regionais e sociais", e "busca do pleno emprego". Toda ideologia política, econômica ou jurídica que ultrapasse essas linhas demarcatórias são, portanto, inconstitucionais.[496]

[494] BRASIL. Constituição (1988). *Constituição da República Federativa do Brasil.* Disponível em: <http://www.planalto.gov.br/ccivil_03/constituicao/constituicao.htm> Acesso em: 28 nov 2020.

[495] Fredie Didier faz interessante distinção entre a função social da propriedade com as restrições ao uso e gozo de bens próprios. Segundo o autor: "No campo constitucional, o prestígio do instituto da função social da propriedade está ligado à Constituição de Weimar [...]. Tratase de imposição de um dever positivo, dever de dar ao objeto da propriedade fim específico, que, no caso, corresponde ao interesse coletivo e não ao interesse do próprio dono – embora, nada impeça que possam conviver harmonicamente. Não se confunde com as restrições ao uso e gozo de bens próprios, típicas de normas de vizinhança ou administrativas, as quais se coadunam, respectivamente, com os interesses do proprietário/indivíduo ou do Poder Público, sem uma preocupação mais efetiva com o interesse público. Ao revés, determinase ao proprietário o que ele deve fazer". *In*: DIDIER JR., Fredie. *A função social da propriedade e a tutela processual da posse.* Disponível em: <https://direito.mppr.mp.br/arquivos/File/Politica_Agraria/3diderjrfuncaosocial.pdf>. Acesso em: 25 jun 2021.

[496] BRASIL. Constituição (1988). *Constituição da República Federativa do Brasil.* Disponível em: <http://www.planalto.gov.br/ccivil_03/constituicao/constituicao.htm> Acesso em: 28 nov 2020.

É possível, então, perquirir quais estratégias políticas e econômicas o Estado pode empregar, e – o que nos interessa – quais teorias jurídicas o direito administrativo brasileiro pode agasalhar. A resposta é simples: todas e qualquer uma delas dentro dos limites estabelecidos pela Constituição. O que ultrapassa esses limites é – repita-se – inconstitucional.

Importante destacar, ainda, que a Constituição reserva um amplo Título VIII para tratar da Ordem Social, como várias disposições sobre a saúde, previdência social, assistência social, educação, cultura, desporto, ciência, tecnologia e inovação, meio ambiente, dentre outros.

Já houve, pois, "um Estado liberal que fundou a concepção moderna da liberdade e assentou o primado da personalidade humana, em bases individualistas", cujo "esquema de contenção do Estado [...] inspirou a idéia dos direitos fundamentais e da divisão de poderes". Houve "doutrinas que reinterpretaram a liberdade, abrindo caminho para o Estado social".[497]

Mas foi o Estado Social, que "não se confunde com o Estado socialista", que foi consagrado pela Constituição Federal. Esse "Estado social da democracia distingue-se, em suma, do Estado social dos sistemas totalitários por oferecer, concomitantemente, na sua feição jurídico-constitucional, a garantia tutelar dos direitos de personalidade".[498]

Essa "desconstrução da supremacia do interesse público, portanto, tanto pode servir a um *discurso ultraliberal*, no sentido de restaurar a noção de liberdade incondicionada do particular em buscar os meios e fins de sua conduta sem a 'indevida' intervenção estatal", como para o "*discurso neoliberal*, que objetiva impor restrições ao intervencionismo estatal na economia, limitando-o a setores tidos como 'imprescindíveis', no intuito de restaurar um projeto de Estado mínimo".[499] Conforme exposto, não foram essas as opções feitas pela Constituição.

Esse arcabouço de normas constitucionais permite concluir que as teorias individualistas não encontram amparo no sistema jurídico brasileiro. Di Pietro já assinalava que essa "doutrina inovadora compõe o chamado *direito administrativo econômico*, que se formou e vem crescendo na mesma proporção em que cresce a proteção do interesse econômico em detrimento de outros igualmente protegidos pelo

---

497 BONAVIDES, Paulo. *Do Estado liberal ao Estado social*. 7ª ed. São Paulo: Malheiros, 2001, p. 202-203.

498 Idem, p. 204.

499 NOHARA, Irene Patrícia. Reflexões críticas acerca da tentativa de desconstrução do sentido da supremacia do interesse público no direito administrativo. *In*: DI PIETRO, Maria Sylvia Zanella; RIBEIRO, Carlos Vinícius Alves (Orgs.). *Supremacia do interesse público e outros temas relevantes do direito administrativo*. São Paulo: Atlas, 2010, p. 141.

ordenamento jurídico brasileiro".[500] A autora observa, inclusive, que tal doutrina "caminha na contramão de direção, quando se considera também que no próprio âmbito do direito privado (de origem individualista), é crescente a influência do direito público a preocupação com o *social*, em detrimento do individual".[501]

Apesar disso, há críticas da escola individualista que estão em consonâncias com a Constituição, e que por isso foram integradas ao princípio do interesse público constitucional, conforme já demonstrado.

Esse trabalho ao utilizar a expressão "interesse público constitucional" – cunhada em artigo de nossa autoria[502] – não está propriamente criando o princípio, mas sistematizando, retratando e nomeando esse fenômeno de superação dialética que já era observado em elementos esparsos na doutrina, na jurisprudência, na Administração Pública e, inclusive, na legislação. Exemplo disso é a novo diploma de licitações e contratos administrativos – Lei nº 14.133/2021 – que, no seu art. 5º, determina que seja observado na aplicação daquela Lei, dentre outros o princípio do interesse público, sem qualquer referência à *supremacia*.[503]

O princípio recebe o adjetivo *constitucional* por três motivos principais: para diferenciá-lo do sentido *vulgar* de interesse público, entendido como interesse coletivo *lato sensu*; para uma demarcação semântica, axiológica e dogmática de submissão aos valores constitucionais, aos direitos fundamentais e à existência de um Estado de tamanho e pujança *necessários* para concretizar direitos fundamentais; e, por fim, para particularizá-lo como princípio e roteiro de aplicação nos termos propostos por este trabalho.

É chamado de *interesse público* constitucional porque busca, através de critérios oriundos da própria Constituição, apontar qual decisão substancia, no caso concreto, o interesse público, sendo, pois, o seu elemento justificador. Além disso, delimita semântica e juridicamente o conceito jurídico indeterminado "interesse público".

É um princípio jurídico, ou uma norma-princípio, porque está contido naquele grupo de "normas que ordenam que algo seja reali-

[500] DI PIETRO, Maria Sylvia Zanella. O princípio da Supremacia do Interesse Público: sobrevivência diante dos ideais do neoliberalismo. *In*: DI PIETRO, Maria Sylvia Zanella; RIBEIRO, Carlos Vinícius Alves (Orgs.). *Supremacia do interesse público e outros temas relevantes do direito administrativo.* São Paulo: Atlas, 2010, p. 101.

[501] Ibidem.

[502] BARBOSA, Jandeson da Costa. Interesse público constitucional, harmonização de direitos fundamentais e transformação da sociedade. *Revista do TCU.* Edição n. 146 (2020), p. 120-132. Disponível em: <https://revista.tcu.gov.br/ojs/index.php/RTCU/article/view/1678>. Acesso em 24 mar 2021.

[503] BRASIL. *Lei de Licitações e Contratos Administrativos.* Lei nº 14.133, de 1º de abril de 2021. <Disponível em: <http://www.planalto.gov.br/ccivil_03/_ato2019-2022/2021/lei/L14133.htm>. Acesso em: 26 abr 2021.

zado na maior medida possível dentro das possibilidades jurídicas e fáticas existentes",[504] fazendo, portanto, parte do gênero *normas*, que têm como requisito poder "ser formulados por meio das expressões deônticas básicas do dever, da permissão e da proibição".[505] Constitui-se, também, de um critério ou roteiro de aplicação do Direito, tal qual os princípios da proporcionalidade, razoabilidade, ou mesmo o princípio da supremacia do interesse público sobre o particular, na medida em que entrega ao intérprete um *modus interpretativo*.

Desse modo, este trabalho apresentou a tese – supremacia do interesse público sobre o particular. Analisou, também, a sua antítese – teorias individualistas, em especial uma suposta "supremacia do interesse privado sobre o público". Por fim, o trabalho demonstrou a construção de uma síntese – o interesse público constitucional. Com a finalidade de demonstrar aspectos práticos das três teorias, será analisado exemplo de situação-problema e a mais provável solução encontrada adotando cada uma delas. O exemplo utiliza as teorias de maneira bastante elementar e fiel à base do seu conteúdo, para que o intérprete não seja colocado no grupo daqueles que "primeiro decidem e depois fundamentam".[506]

A situação-problema é copiada de obra de Daniel Sarmento, na qual o autor já aponta quais as soluções provavelmente adotadas a partir da supremacia do interesse público e da teoria individualista: "um caso em a Administração Pública quisesse proibir a realização de uma manifestação no centro de uma metrópole, sob o argumento de que ela comprometeria gravemente o trânsito de vias importantes, invocando, para tal, fim, a supremacia do interesse público".[507]

A solução a ser adotada, seguindo a lógica do princípio da supremacia do interesse público sobre o particular, parece ser, de fato, aquela apontada pelo autor. Sarmento aponta também qual a solução adota pela teoria individualista, da qual é um dos expoentes: "decerto, a leitura mais adequada do interesse público seria aquela que prestigiasse em primeiro lugar não as conveniências do trânsito de veículos, mas

---

[504] ALEXY, Robert. *Teoria dos direitos fundamentais*. Trad. de Virgílio Afonso da Silva da 5ª ed. alemã *Theorie der Grundrechte*. 2ª ed. São Paulo: Malheiros, 2011, p. 90.

[505] Idem, p. 87.

[506] STRECK, Lenio Luiz. Como defender a jurisdição (constitucional) do realismo predatório? *Revista Consultor Jurídico*. Disponível em: <https://www.conjur.com.br/2021-abr-17/observatorio-constitucional-defender-jurisdicao-constitucional-realismo-predatorio>. Acesso em: 17 abr 2021.

[507] SARMENTO, Daniel. Interesses Públicos *vs*. Interesses Privados na Perspectiva da Teoria e da Filosofia Constitucional. *In*: SARMENTO, Daniel (Org.). *Interesses Públicos versus Interesses Privados*: Desconstruindo o Princípio de Supremacia do Interesse Público. Rio de Janeiro: Lumen Juris, 2007, p. 81-82.

sim a relevância da liberdade de reunião para o bom funcionamento de uma sociedade democrática".[508]

A solução adotada pela teoria individualista seria, pois, a permissão para um grupo de manifestantes interditasse as principais vias da cidade – o autor cita o centro de uma metrópole – a fim de prestigiar o direito individual de liberdade de manifestação. Essa solução seria adotada, por exemplo, caso esse grupo resolvesse se manter interditando a via pública por dias a fio – a fim de melhor exercer seu direito de manifestação.

É possível que os teóricos da escola individualista poderiam recorrer ao princípio da proporcionalidade para justificar que nesse caso não seria justificada a interdição. É certo que o princípio da proporcionalidade é importante instrumento de lógica do sistema jurídico, mas é também verdade que este princípio é a primeira saída a ser *rapidamente* manejada em uma discussão teorética quando uma teoria não se sustenta jurídica e logicamente.

Vejamos, então, qual seria a solução adotado pelo princípio do interesse público constitucional (IPC), seguindo a lógica da teoria. A primeira fase prevê a harmonização entre os direitos fundamentais de liberdade individual ($l_1$), liberdade política ($l_2$), *igualdade* ($i$) e *fraternidade* ($f$), e o interesse do Erário ($ie$) ao aplicar diretamente o conceito de interesse público. Na segunda fase, o intérprete deve situar o resultado da primeira fase no contexto histórico, social e cultural daquela sociedade, além do contexto *jurídico*. E, por fim, na terceira fase há a conformação com as peculiaridades do caso concreto.

No caso em análise, temos o direito de liberdade de pensamento ($l_1$) e manifestação ($l_2$) daqueles que pretendem interditar a via pública. Mas há também o direito de ir e vir ($l_1$) de todos aqueles que pretendem trafegar na via, serviços públicos como saúde e educação ($i$) que terão prejuízos com a interdição, por impedir o tráfego de ambulâncias, ônibus escolares, etc. Os direitos de fraternidade e solidariedade ($f$) da sociedade podem também, no limite, ser afetados a depender do grau de imobilidade urbana alcançado. A harmonização de todos esses direitos fundamentais leva a crer, a princípio, que o interesse público constitucional preliminar ($IP_1$) dispõe pela impossibilidade de interdição da via para a manifestação. Não há, nesse caso, a afetação direta ao Erário ($ie$).

[508] SARMENTO, Daniel. Interesses Públicos *vs.* Interesses Privados na Perspectiva da Teoria e da Filosofia Constitucional. *In*: SARMENTO, Daniel (Org.). *Interesses Públicos versus Interesses Privados: Desconstruindo o Princípio de Supremacia do Interesse Público*. Rio de Janeiro: Lumen Juris, 2007, p. 82.

Prosseguindo, a análise do contexto estrutural (CE), formado pelo contexto histórico, social, cultural e jurídico da nossa sociedade demonstra que, em que pese termos passado por tempos em que a liberdade de manifestação fora violentamente cerceada, o contexto atual é de relativa tranquilidade nesse sentido, razão pela qual não se justificaria uma sobrevalorização desse direito no cotejamento com os demais direitos fundamentais.

Os elementos do caso concreto (CC) fornecidos advogam contra a interdição da via, pois esta está localizada no centro de uma metrópole. Nesse caso, de acordo com os elementos fornecidos pelo autor, substancia o interesse público constitucional (IPC) a não permissão da interdição da via para realização da manifestação, podendo, no entanto, em atenção à máxima concretização possível de cada direito fundamental, a manifestação ser realizada em um canteiro próximo à via ou mesmo em uma faixa desta, a depender dos demais elementos do caso concretos não fornecidos – como o número de manifestantes, a existência de canteiros ou espaços abertos próximo à via, etc.

Outra poderia ser a decisão de interdição da via se os elementos do caso concreto (CC) indicassem que a manifestação é realizada em uma via numa região em que há caminhos alternativos para o fluxo do trânsito, é realizada, por exemplo, no fim de semana, e o quantitativo de participantes somente é suportado com a ocupação da via.

Em resumo, a "contradição move o processo histórico de tal forma que sua manifestação sintética, que supera os conflitos, faz por tomar a razão e a realidade momentos absolutos, em que a consciência definitivamente concilia e identifica o racional com o real". Nesse movimento, percebe-se que "Na contradição, razão e realidade estão afastadas, contrastando-se", enquanto "Na síntese, razão e realidade estão conciliadas".[509]

Tal qual a natureza e o processo histórico e social, o pensamento jurídico está nesse *movimento dialético*. Este trabalho apresentou a tese que sustenta uma supremacia do interesse público sobre o particular, bem como a sua antítese, que por fim denominamos de teoria *individualista*, que, no limite, advoga por uma *supremacia* ou *primazia* do interesse particular sobre o público. Durante todo o trabalho, procurou-se demonstrar na doutrina o nascimento da síntese dessas duas teorias retratada da evolução do pensamento jurídico.

Essa síntese, fortemente influenciada pelo sistema de direitos fundamentais e demais mandamentos e valores constitucionais, representa a superação dialética da supremacia do interesse público, bem como

---

509 MASCARO, Alysson Leandro. *Filosofia do direito*. 4ª ed. São Paulo: Atlas, 2014, p. 246.

a recusa do ordenamento jurídico a uma teoria individualista. Nasce, assim, a fotografia de um fenômeno jurídico em pleno curso, a síntese da tese e antítese apresentadas, o princípio do interesse público constitucional (IPC).

### 4.3. Superação dialética: a inconveniência de um princípio da indisponibilidade do interesse público – entre a tautologia e o arcaísmo interpretativo

Conforme a revisão bibliográfica realizada no Capítulo 1, não é exagero observar que: "Todo o direito administrativo é construído sobre dois pilares básicos: a supremacia do interesse público sobre o interesse privado e a indisponibilidade do interesse público".[510] Como já exposto, a defesa de uma "supremacia" de um "interesse público" indeterminado pode servir como argumento legitimador para que grupos autoritários utilizem a máquina estatal em benefício próprio e com motivos não republicanos, razões axiomaticamente bem distantes do conceito de "bem comum".

Também se verificou que, a pretexto de combater "autoritarismos" do instituto da supremacia do interesse público, uma leitura liberal e utilitarista dos direitos fundamentais, interpretados em uma ótica por vezes restrita aos direitos individuais, acabam por legitimar, de outro lado, interesses de grupos econômicos em nome da liberdade, que de tão formal em países latino-americanos converte-se em argumento ilusório, pois não tem liberdade de fato aquele que não tem possibilidades.

É oportuno mais uma vez salientar que ambas as escolas de pensamento sobre o interesse público possuem seus méritos e fundamentos legítimos para defesa de seus argumentos. De um lado, pretende-se privilegiar o bem da comunidade em detrimento de interesses particulares, e do outro tentam-se proteger os direitos individuais frente ao Estado ou à coletividade. Ocorre que a realidade acaba sendo outra, e "o mundo está cheio de coisas óbvias que ninguém jamais observa".[511]

O trabalho concluiu até aqui que houve uma superação dialética do princípio da supremacia do interesse público sobre o particular que, sendo superado, conservou sua essência, e a recusa da teoria individualista que, sendo repelida, contribuiu para a síntese de ambos, o princípio do interesse público constitucional (IPC).

---

510 BORGES, Alice Gonzalez. Interesse Público: Um Conceito a Determinar. *Revista de Direito Administrativo*, v. 205, p. 109–116, 1996.

511 DOYLE, Arthur Conan. *O cão dos Basckerville*. Tradução de: Maria Luiza X. de A. Borges. Rio de Janeiro: Zahar, 2013, p. 34.

O mesmo paradoxo atinge o princípio da indisponibilidade do interesse público, convertendo-o em um conceito a homenagear a irracionalidade, ou a dar munição argumentativa à sobreposição de interesses individuais de poucos frente a massa excluída da sociedade, ou, na melhor das hipóteses, tornando-o uma tautologia desnecessária.

Vejamos, então, como o instituto é conceituado na doutrina pátria. Celso Antônio Bandeira de Mello assevera que a "indisponibilidade dos interesses públicos, sendo interesses qualificados como próprios da coletividade – internos ao setor público – não se encontram à livre disposição de quem quer que seja, por inapropriáveis".[512] Defende o administrativista que, tendo em vista que a atividade administrativa é subordinada à lei, ela está submetida, dentre outros, ao princípio da inalienabilidade dos direitos concernentes a interesses públicos.[513]

Com visão semelhante, Maria Sylvia Zanella Di Pietro assegura que: "Precisamente por não poder dispor de interesses públicos cuja guarda lhes é atribuída por lei, os poderes atribuídos à Administração têm o caráter de poder-dever; são poderes que ela não pode deixar de exercer sob pena de responder por omissão".[514]

E de maneira ainda mais incisiva, utilizando-se de uma série de adjetivos, afirma Edmir Netto Araújo que a "consequência imediata da indisponibilidade é que os direitos concernentes a interesses públicos são em princípio inalienáveis, impenhoráveis, intransigíveis, intransferíveis a particulares, ou em uma palavra: indisponíveis".[515]

Como demonstrado, a indisponibilidade do interesse público tem íntima relação com o princípio da legalidade. Nessa visão, sendo o titular do interesse público, o Estado o exercita através da sua vontade consagrada em lei.[516] Destarte, teria a lei a função de veicular a vontade do Estado, que representaria, pois, o interesse público. É a clássica visão juspositivista.

Hely Lopes Meirelles foi quem melhor sintetizou, na visão clássica, a relação entre indisponibilidade do interesse público e princípio da legalidade em sua célebre frase: "Enquanto na administração particular é lícito fazer tudo que a lei não proíbe, na Administração Pública só é permitido fazer o que a lei autoriza".[517]

---

[512] MELLO, Celso Antônio Bandeira de. *Curso de Direito Administrativo*. 30ª ed. São Paulo: Malheiros Editores, 2013, p. 76.

[513] Idem, p. 77.

[514] DI PIETRO, Maria Sylvia Zanella. *Direito Administrativo*. São Paulo: Atlas, 2008, p. 63-65.

[515] ARAÚJO, Edmir Netto de. *Curso de Direito Administrativo*. São Paulo: Saraiva, 2007, p. 52.

[516] MELLO, *op. cit.*, p. 77.

[517] MEIRELLES. Hely Lopes. *Direito Administrativo Brasileiro*. 38ª ed. São Paulo: Malheiros, 2012, p. 89.

Reza a doutrina clássica que caberia ao administrador observar as circunstâncias do caso concreto para então decidir com base nesses elementos apenas nos atos discricionários, enquanto nos atos ditos vinculados o administrador deveria seguir minuciosamente a literalidade do texto legal. Segundo essa doutrina, há vinculação "quando ocorre *objetiva* subsunção entre a hipótese prevista na lei e o caso concreto".[518]

Ocorre que, no dia a dia da atividade administrativa, a solução apresentada no texto literal da lei para o caso concreto, quando diante de outros elementos os quais não pudera prever o legislador, nem sempre é capaz de atender ao interesse público numa concepção axiológica, e muito menos ao princípio do interesse público constitucional (IPC).

No Capítulo 3, foi demonstrado que no método lógico-dedutivo o intérprete entende que as normas-regras detêm resposta para todos os problemas concretos, bastando a este identificar a regra aplicável ao caso e adotá-la à situação-problema. No âmbito da Administração Pública, parece ser o método literal de interpretação o vetor interpretativo preferido dos gestores públicos, seja pela simplicidade da sua aplicação, seja pela segurança jurídica que ele proporciona. Entre duas interpretações possíveis, ainda sob a literalidade de um dispositivo legal, por vezes se dá preferência àquela que enseje menor risco aos agentes públicos em eventual ação de controle.

Essa prática "engessa" a atuação do gestor público, diminui a capacidade de gestão, e não raras as vezes representa afronta à eficiência da Administração Pública e causa dispêndio financeiro desnecessário dos sempre escassos recursos públicos. É o que as instâncias de controle já denominaram de "apagão da caneta", tudo em nome de uma "indisponibilidade do interesse público".

Pode-se observar na Administração Pública, por vezes, não apenas a preferência pelo elemento literal, mas até de uma interpretação que podemos chamar de "ultraliteral". No clássico "O Mercador de Veneza",[519] o personagem Antonio tem a sua vida salva por esse *modus*

---

[518] MELLO, Celso Antônio Bandeira de. *Curso de Direito Administrativo*. 30ª ed. São Paulo: Malheiros, 2013, p. 80.

[519] Resumindo essa célebre e polêmica obra shakesperiana: Bassanio precisa de dinheiro para oferecer como dote pela mão de sua amada Portia. Na esperança de se casar com sua amada, ele pede a quantia emprestada ao seu amigo Antonio, um rico comerciante. Ocorre que dona a fortuna de Antonio está investida em sua frota naval, e este então pede o valor em empréstimo a Shylock um comerciante judeu que se ressente de Antonio. Shylock concorda com o empréstimo, estipulando que, caso Antonio não pague a dívida no prazo, Shylock poderá retirar-lhe uma libra de carne. Para infortúnio de Antonio, seus navios não retornam a tempo de saldar a dívida, e Shylock, então, lhe cobra a libra de carne. Na última hora, o advogado Balthazar (Portia disfarçada) reconhece que de fato Shylock tem direito a uma libra de carne de Antonio. Contudo, como o contrato em nada se referia a uma gota de sangue que fosse, se o sangue de Antonio fosse derramado, Shylock deveria pagar com a vida. Assim, Antonio acabou por se livrar da morte (a tira de carne a ser re-

interpretativo. Na Administração Pública do século XXI, recursos financeiros e de pessoal são desperdiçados por conta da ultraliteralidade interpretativa.

Em síntese, a concepção tradicional da indisponibilidade do interesse público somada à ideia de que o interesse público é unicamente, nos atos ditos vinculados, aquele dito minuciosamente pelo Estado-Legislador em uma norma abstrata, tem como produto óbvio a ineficiência da Administração Pública. Desconsidera-se, pois, uma análise axiológica e racional do administrador, que nessa ótica, deve obedecer à literalidade de uma norma estática.

Em outras palavras, em nome de uma suposta "indisponibilidade" de um conceito estático e desprovido de análise valorativa do caso concreto de interesse público são tomadas decisões no âmbito da Administração Pública que afrontam a um conceito axiológico de interesse público e causam o sucateamento da sua própria máquina administrativa. Juntamente com as deficiências de política remuneratória,[520] o legalismo estrito aliado ao conceito de indisponibilidade do interesse público parece ser o grande fator que contribui para a ineficiência da Administração Pública.

E não faltam exemplos de como essa ligação entre indisponibilidade do interesse público e legalismo estrito podem ser danosos à Administração Pública e à coletividade. São vários os casos de procedimentos que, além de serem ineficientes e dispendiosos, não trazem à gestão pública e à sociedade nenhum benefício, não garantem direitos fundamentais nem implementam políticas públicas ou sequer auxiliam no controle.[521]

Também se pode mencionar a problemática em torno da possibilidade de conciliação tributária,[522] administrativa,[523] negociação em

---

tirada seria mais próxima quanto possível do coração). *In*: SHAKESPEARE, William. *The Complete Works of William Shakespeare*. London: Wordsworth Library Collection, 2007.

[520] Para maior aprofundamento sobre o tema, ler: BUERGUE, Sandro Trescastro. *Gestão da Remuneração em Organizações Públicas*: Limites e Possibilidades para a Assimilação de Modelos do Setor Privado. Disponível em <http://www.anpad.org.br/admin/pdf/ENGPR210.pdf>. Acesso em: 20 abr 2021.

[521] BARBOSA, Jandeson da Costa. *A possibilidade de prorrogação de contratos administrativos por apostilamento*. Conteudo Juridico, Brasilia-DF: 21 abr 2021. Disponivel em: <https://conteudojuridico.com.br/consulta/artigos/53469/a-possibilidade-de-prorrogao-de-contratos-administrativos-por-apostilamento>. Acesso em: 21 abr 2021.

[522] Ver: SIMINI, Danilo Garnica; ARAÚJO, Lucas Pereira; BORGES, Diego Mota. Análise da conciliação em matéria tributária à luz da indisponibilidade do interesse público. *Nucleus*, v. 12, n. 1, p. 241-252, 2015.

[523] Ver: PEREIRA, Ana Lucia Pretto; GIOVANINI, Ana Elisa Pretto Pereira. Arbitragem na administração pública brasileira e indisponibilidade do interesse público. *Revista Quaestio Iuris*, v. 10, n. 2, p. 1.146-1.161, 2017.

contratos administrativos,[524] dentre outros, que sempre esbarram no conceito de indisponibilidade do interesse público. E como, em várias situações, a aplicação de um desses institutos é a única maneira de a Administração Pública ver a efetivação de ao menos parte dos seus pleitos, ela acaba por dispor da muitas vezes única forma de atingimento do interesse público em nome da indisponibilidade do interesse público.

Fredie Didier aponta o alinhamento entre o *real* interesse público e os institutos mencionados: "transigir não significa, necessariamente, abrir mão do interesse público, mas, em determinadas hipóteses, buscá-lo de forma mais eficiente, proporcional e razoável, não havendo nenhum a incompatibilidade, em princípio, entre ambos".[525]

Portanto, são vários os exemplos que demonstram a prejudicialidade da aplicação literal de uma indisponibilidade do interesse público e do legalismo estrito em si para a Administração Pública, que se transforma em prejuízo à sociedade, tendo em vista que a ineficiência e o dispêndio de recursos da Administração resultam em menor capacidade de concretização de direitos fundamentais e políticas públicas. Desse modo, há prejuízo ao que se convencionou chamar, respectivamente, de interesse público primário e secundário.[526]

Existe, ainda, o prejuízo direto à concretização de direitos fundamentais, sobretudo no âmbito de direitos individuais e sociais, dos cidadãos.[527] Não são raras as vezes em que o cidadão tem que ir ao Poder Judiciário para que o Juiz faça uma interpretação até óbvia e conceda o direito pleiteado.

Em resumo, o conceito de indisponibilidade do interesse público, aliado ao legalismo estrito que teima em não evoluir do juspositivismo e permitir a constitucionalização (e racionalização) do direito administrativo acaba por tecer loas à irracionalidade, afora os já discutidos prejuízos advindos da utilização autoritária de uma "supremacia" do

[524] Ver: SCHIEFLER, Gustavo Henrique Carvalho. *A Possibilidade de Negociação em Caso de Descumprimento do Contrato Administrativo e a Questão da Indisponibilidade do Interesse Público*. Artigo eletrônico, 2016. Disponível em: <https://schiefler.adv.br/wp-content/uploads/a%20possibilidade%20de%20negocia%c3%87%c3%83o%20em%20caso%20de%20descumprimento%20do%20contrato%20administrativo%20e%20a%20quest%c3%83o%20da%20indisponibilidade%20do%20interesse%20p%c3%9ablico.pdf>. Acesso em: 27 abr 2021.

[525] DIDIER JR., Fredie. *Curso de Direito Processual Civil*. 17ª ed. Salvador: Juspodivm, 2015, v. 1, p. 625.

[526] MELLO, Celso Antônio Bandeira de. *Curso de Direito Administrativo*. 30ª ed. São Paulo: Malheiros, 2013, p. 73.

[527] Citamos aqui o jocoso caso de um aposentado que fizera a "prova de vida" em 2020, para manter o pagamento de sua aposentadoria, e depois fora informado de que teria que retornar à empresa pública para fazer a "prova de vida" referente a 2019. Disponível em: <https://extra.globo.com/noticias/economia/ao-fazer-prova-de-vida-aposentado-informado-de-que-precisa-provar-que-estava-vivo-tambem-em-2019-24290538.html> Acesso em 21 abr 2021.

interesse público. O princípio da indisponibilidade do interesse público, da forma que é vivenciado no dia a dia da Administração Pública, acaba por sucatear a máquina administrativa e restringir desnecessariamente direitos fundamentais.

Por outro lado, sustentar a utilização racional do princípio da indisponibilidade do interesse público – ou a indisponibilidade do interesse público constitucional (IPC) – parece ser a construção de um raciocínio tautológico, pois, sendo o interesse público o produto da harmonização de diversos valores constitucionais, este é indisponível pela própria natureza de resultado da conjugação de diversos valores, que não são propriamente indisponíveis pois cedem lugar axiologicamente para a sua harmonização.

Em síntese, argumentar a manutenção do princípio da indisponibilidade do interesse público na atual sistemática constitucional de direitos fundamentais consiste em ficar entre o arcaísmo interpretativo e a tautologia. Desse modo, a superação dialética do princípio da supremacia do interesse público sobre o particular atinge também o seu princípio-irmão indisponibilidade do interesse público, sendo ambos substituídos pelo princípio do interesse público constitucional (IPC).

# Conclusão

A presente pesquisa está inserida na temática do alcance do conteúdo semântico-axiológico-jurídico-hermenêutico do "interesse público" presente na própria Constituição e substanciado através da decisão estatal, seja ela do Executivo, do Judiciário ou do Legislativo. O trabalho demonstrou que o conceito de *interesse público* abriga uma controvérsia mais profunda e com mais repercussões do que aparenta *prima facie*. Exibiu suas raízes profundas, demonstrou que essa discussão recebe e envia *inputs* de campos outros para além da ciência jurídica. E para além da academia e da dogmática.

O problema de pesquisa principal apresentado foi substantivado no questionamento de sob quais parâmetros mínimos o interesse público pode ser utilizado como fundamento jurídico-axiológico para a tomada de decisão no âmbito administrativo, legislativo ou judicial em face da atual sistemática constitucional de direitos fundamentais.

A doutrina administrativista brasileira oferece duas soluções diametralmente opostas para o problema. Boa parte dos autores se alinham, em maior ou menor medida, a duas correntes de pensamento classificadas por nós como "escola clássica" e "escola individualista" do interesse público.[528]

Do problema de pesquisa foram testadas três hipóteses. A primeira delas é a de que o princípio da supremacia do interesse público sobre o particular responde adequadamente a essa pergunta. A segunda hipótese é se a teoria individualista – termo cunhado neste trabalho para descrever construções teóricas que pregam uma primazia do interesse privado sobre o público – responde de modo adequado ao mesmo questionamento.

Em não se obtendo uma resposta positiva a nenhuma das testagens das hipóteses anteriores, a pesquisa propôs uma ousada terceira hipótese que deveria ser construída no decorrer do trabalho: "sob quais

[528] Essa classificação foi utilizada pela primeira vez em: BARBOSA, Jandeson da Costa. Interesse público constitucional, harmonização de direitos fundamentais e transformação da sociedade. *Revista do TCU*. Edição n. 146 (2020), p. 120-132. Disponível em: <https://revista.tcu.gov.br/ojs/index.php/RTCU/article/view/1678>. Acesso em 24 mar 2021.

parâmetros?". A obtenção de uma resposta através da terceira hipótese tem no seu bojo a testagem de uma *pré-hipótese*: a de que *é possível* a indicação de tais parâmetros mínimos, além de esquadrinhar a doutrina em busca dos elementos necessários para apontar uma teoria que faça frente ao problema de pesquisa. E assim se desenvolveu o trabalho.

O Capítulo 1 tratou, então, de iniciar o enfrentamento dialético entre a escola clássica e a escola individualista do interesse público sob o título de "Interesse público, um conceito entre duas supremacias".[529] O tópico 1.1 serviu de prelúdio a todo o trabalho ao tratar da ideia de *bem comum* e da problemática da indeterminação do conceito de "interesse público". Foi ultimada a conclusão de que *bem comum* e *interesse público* pertencem ao mesmo campo semântico e de que "Noção afim à de bem comum é a de interesse público. Ao princípio ético do bem comum corresponde o princípio jurídico do interesse público".[530]

Foi entendido por "oportuno referir o bem comum como 'o interesse público na Teoria do Estado', e o interesse público como o 'bem comum no Direito do Estado'".[531] Concluindo que o "interesse público, considerado sob o aspecto jurídico, reveste-se de um aspecto ideológico e passa a confundir-se com a ideia de *bem comum*".[532] Por todos esses aspectos, considerou-se que uma maior determinação conceitual do termo "bem comum" em relação ao "interesse público" não é argumento idôneo para afastar a identidade ontológica entre ambos.

O tópico tratou também da problemática da conceituação do interesse público, entendido por muitos como "o mais indeterminado dos conceitos".[533] O trabalho realizou uma delimitação *negativa – o que não pode ser* entendido como interesse público – e concluiu que não equivalem ao interesse público o interesse do Estado, da Administração Pública ou do agente público.

---

529 A ideia foi apresentada por Martín Haeberlin ao nomear um capítulo de uma de suas obras como "Interesse público entre duas supremacias: a construção teórica da relação entre interesses público e privados". *In:* HAEBERLIN, Mártin. *Uma teoria do interesse público*: fundamentos do Estado meritocrático de direito, Porto Alegre: Livraria do Advogado, 2017.

530 MARTINS-FILHO, Ives Gandra. O Princípio Ético Do Bem Comum E a Concepção Jurídica Do Interesse Público. *Revista Jurídica Virtual*, v. 2, n. 13, p. 1–10, 2000. Disponível em: <http://www.planalto.gov.br/ccivil_03/revista/Rev_13/princ-etico.htm>. Acesso em: 17 nov 2020.

531 HAEBERLIN, Mártin. *Uma teoria do interesse público*: fundamentos do Estado meritocrático de direito. Porto Alegre: Livraria do Advogado, 2017, p. 39.

532 DI PIETRO, Maria Sylvia Zanella. O princípio da Supremacia do Interesse Público: sobrevivência diante dos ideais do neoliberalismo. *In*: DI PIETRO, Maria Sylvia Zanella; RIBEIRO, Carlos Vinícius Alves (Orgs.). *Supremacia do interesse público e outros temas relevantes do direito administrativo*. São Paulo: Atlas, 2010, p. 85–102.

533 BORGES, Alice Gonzalez. *Supremacia do interesse público: desconstrução ou reconstrução. Revista de Direito do Estado*, n. 15, p. 1–26, 2007. Disponível em: <http://www.direitopublico.com.br/pdf_seguro/Supremacia do Interesse P?blico – Alice Gonzalez Borges.pdf>.

Em relação à classificação de influência italiana do interesse público como *primário* e *secundário*, concluiu-se que, em que pese haver pontos positivos, tal classificação acaba por ensejar a compreensão errônea de que interesse público e interesse da Administração Pública se confundem. Apesar de haver a necessidade de fortalecimento do Estado e da Administração Pública para a busca do bem comum, suposta equivalência entre os conceitos levaria o intérprete equivocadamente a desconsiderar outros elementos imprescindíveis na demonstração do interesse público *real*.

No tópico, concluiu-se pela necessidade de perquirir a delimitação *positiva* do campo semântico de interesse público em conjunto com a discussão acerca da supremacia do interesse público sobre o particular e seu antínomo, a teoria individualista, o que se ultimou nos tópicos seguintes.

Assim, os tópicos 1.2 e 1.3 trataram, respectivamente, de apresentar embate dialético entre o princípio da supremacia do interesse público sobre o particular e sobre a teoria individualista, confrontando as posições da escola clássica e da escola individualista do interesse público.

No tópico 1.2, verificou-se que a escola clássica defende que o "princípio da supremacia do interesse público sobre o interesse privado é princípio geral de Direito inerente a qualquer sociedade",[534] e que, com base no referido princípio, em "havendo colisão de interesses, deve prevalecer a vontade geral legítima sobre a vontade egoisticamente considerada".[535] A partir daí, a escola individualista tece diversas críticas ao princípio.

A primeira das críticas analisadas foi a de que "a indeterminabilidade empírica [do princípio da supremacia do interesse público] vai de encontro ao postulado da explicitude das premissas, decorrente da própria segurança jurídica".[536] Todavia, segundo a análise realizada, o argumento não prosperou, pois o caráter indeterminado do conceito não inviabiliza o seu conteúdo jurídico. Eis que "a flexibilidade conceitual do interesse público é uma hipótese vital para a existência de uma sociedade plural. Sua indeterminabilidade é típica de uma república

[534] MELLO, Celso Antônio Bandeira de. *Curso de Direito Administrativo*. 30ª ed. São Paulo: Malheiros, 2013, p. 99.

[535] TOURINHO, Rita. A Principiologia Jurídica e o Controle Jurisdicional da Discricionariedade Administrativa. *In*: GARCIA, Emerson. *Discricionariedade administrativa*. Belo Horizonte: Arraes Editores, 2013, p. 136.

[536] ÁVILA, Humberto. Repensando o "princípio da supremacia do interesse público sobre o particular". *Revista Eletrônica sobre a Reforma do Estado*, n. 11, p. 1–30, 2007.

democrática".[537] Além disso, o fato de um termo não poder receber um conceito hermeticamente fechado não retira dele o seu caráter *delimitador* de conteúdo, conforme se verificará adiante.

Outra crítica recorrente apontada foi a de a supremacia do interesse público não poderia ser classificado como uma norma-princípio. Concluiu-se que o seu nível de abstração não é empecilho para tal, nem há óbice para que haja uma *ponderação* com outros princípios. Ao classificá-la como norma-princípio, a escola clássica acaba por relativizá-lo e submetê-lo aos mesmos procedimentos hermenêuticos das demais normas-princípios. Ou seja, *conceitualmente*, é adequada a sua classificação como norma-princípio.

Outra grande crítica ao princípio é a possível incompatibilidade semântica entre os vocábulos "supremacia" e "proporcionalidade". Apesar de não ser verdadeiro o argumento de que o princípio da supremacia estabelece uma condição *absoluta* de prevalência do interesse público, não há como negar que a nova dinâmica social e jurídica não dá espaço para uma regra tão cartesiana como a prevalência apriorística simplesmente. Assim, a referida incompatibilidade semântica e axiológica entre "supremacia" e "proporcionalidade", inclusive, resta evidente. Eis, portanto, a primeira crítica da escola individualista que merece prosperar.

Outra crítica apontada pela escola individualista foi a de que a supremacia do interesse público sobre particular é utilizada como justificativa para ações autoritárias dos agentes públicos. Em que pese haver outros elementos do direito administrativo que amenizem tal afirmativa, ela detém importância quando verificado o novo paradigma jurídico: o pós-positivismo. Eis que o "direito-enquanto-sistema-de-regras, fenômeno que (somente) se torna possível a partir de algo novo introduzido no discurso constitucional: os *princípios*, que passam a representar a efetiva possibilidade de resgate do mundo prático (faticidade) até então negado pelo positivismo".[538]

Essa mudança paradigmática do positivismo jurídico para o pós-positivismo acabou por tornar mais fácil na prática a justificação para atos do poder público, que não necessitam remeter seu fundamento necessariamente ao texto legal. Isso faz com que uma preferência *a priori* dos interesses coletivos sem apontar quais outros elementos deixem de

---

[537] GABARDO, Emerson. O princípio da supremacia do interesse público sobre o interesse privado como fundamento do direito administrativo social. *Revista de Investigações Constitucionais*, v. 4, n. 2, p. 95–130, 2017.

[538] STRECK, Lenio Luiz. *Hermenêutica, neoconstitucionalismo e "o problema da discricionariedade dos juízes"*, Anima, v. 1, p. 4. Disponível em: <http://anima-opet.com.br/pdf/anima1/artigo_Lenio_Luiz_Streck_hermeneutica.pdf>. Acesso em: 12 jan 2021.

ser obrigatoriamente observados ensejem a possibilidade de desmedida restrição de direitos individuais.

Portanto, "o conceito clássico de supremacia do interesse público [...] ao sobreviver em pleno Estado Democrático de Direito, passa a padecer de incompatibilidades no âmbito constitucional e de defesa dos direitos fundamentais, sobretudo os direitos individuais", e que "essa crítica deve ser abrandada com o mesmo fundamento que lhe dá subsistência: os direitos fundamentais".[539]

A análise empreendida demonstrou os méritos e virtudes da supremacia do interesse público sobre o particular. Contudo, é forçoso reconhecer que a defesa da permanência de tal princípio no sistema jurídico atual encontra fragilidades. Desse modo, em que pese o texto reconhecer que o princípio da supremacia do interesse público adquiriu nova feição nas últimas décadas, oriunda principalmente do Estado Social que limita direitos individuais em busca do "bem-estar coletivo",[540] concluiu-se que o princípio merece ser remodelado ou transformado em outro postulado jurídico que explique melhor as referidas falhas de modo que melhor se amolde ao atual sistema jurídico e constitucional de direitos fundamentais.

Em outro giro, o tópico 1.3 apresentou os principais apontamentos da escola individualista que, além de tecer severas críticas ao princípio da supremacia do interesse público sobre o particular, acabou esboçando – por alguns de seus autores – a ideia de que haveria uma verdadeira supremacia apriorística do interesse privado sobre o público – denominada neste trabalho de *teoria individualista*.

A contraposição ao princípio da supremacia do interesse público sustenta primeiramente uma igualdade deste com o interesse particular, mas se desenvolve até concluir que "se fosse deduzível do direito positivo uma norma-princípio de prevalência, seria possível a dedução de uma norma-princípio antinômica à debatida, assecuratória dos interesses privados garantidos aqui-e-acolá na Constituição".[541] Paradoxalmente, argumentam que: "Interesses públicos e privados não

---

[539] BARBOSA, Jandeson da Costa. A obrigatoriedade (ou não) de realocação de populações tradicionais em unidades de proteção integral à luz do interesse público. In: LEUZINGER, Márcia Dieguez; SANTANA, Paulo Campanha; SOUZA, Lorene Raquel de. *Os 20 Anos da Lei Do Sistema Nacional de Unidades de Conservação.* Brasília: UniCEUB: ICPD, 2020, p. 266.

[540] DI PIETRO, Maria Sylvia Zanella. O princípio da Supremacia do Interesse Público: sobrevivência diante dos ideais do neoliberalismo. *In*: DI PIETRO, Maria Sylvia Zanella; RIBEIRO, Carlos Vinícius Alves (Orgs.). *Supremacia do interesse público e outros temas relevantes do direito administrativo.* São Paulo: Atlas, 2010, p. 85–102.

[541] ÁVILA, Humberto. Repensando o "princípio da supremacia do interesse público sobre o particular". *Revista Eletrônica sobre a Reforma do Estado*, n. 11, p. 1–30, 2007.

se contradizem, não se negam, não se excluem. [...]. Devem ser vistas como excepcionais as situações de exclusão mútua".[542]

A discussão da maior ou menor ocorrência de contraposição entre interesse público e privado, além de descabida, é inócua, pois o cerne do debate é encontrar um critério que estabeleça um parâmetro de julgamento para *quando* essa contraposição ocorrer. A conclusão se deu no sentido de que tal teoria estranhamente padece das mesmas supostas contradições apontadas pela escola individualista de prevalência *prima facie* do princípio da supremacia. Ademais, o conjunto jurídico-axiológico da Constituição, como se verá, nem de longe estatui tal premissa.

Esse ponto do trabalho esboça especial contradição entre "as duas supremacias" e o sistema de direitos fundamentais. Se de um lado não é possível confundir o interesse da Administração Pública com o interesse público, também é inadequado simplesmente aniquilar o interesse do Erário toda vez que se estiver diante de um conflito com um direito fundamental. Caso contrário, o Estado ficaria em um absoluto nível de insolvência financeira.

É evidente que a higidez do Erário é pressuposto para um Estado concretizador de direitos fundamentais. Assim, o trabalho concluiu que o interesse do Erário deve ser "equiparado" às outras classes de direitos fundamentais na montagem da teoria que estava por vir, com todas as observações realizadas.

Por fim, a escola clássica faz importante crítica às ideias da escola individualista, apontando-as como "ideias e práticas neoliberais típicas da década de 90 e que vêm se reinventando, [que] têm como ponto nuclear a proposta de flexibilização do regime jurídico administrativo a partir de uma postura reducionista com relação aos fins do Estado".[543] Nessa toada, conclui o tópico que não se depreende do sistema jurídico a preponderância de interesses privados frente ao interesse público.

No Capítulo 2, em especial, no tópico 2.1, é apontada a necessidade de se estabelecer limites aos detentores do poder político-administrativo e do poder econômico através do conceito de interesse público. Demonstrou-se que o princípio da supremacia do interesse público sobre o particular não oferece instrumental necessário para limitar o poder estatal ante à facilidade de justificação da ação em um vago *interesse público*.

Já a teoria individualista seria especialmente danosa à sociedade por representar a absoluta retirada de limites ao poder econômico, que

[542] SCHIER, Paulo. Ensaio sobre a supremacia do interesse público sobre o privado e o regime jurídico dos direitos fundamentais. Pensar – *Revista de Ciências Jurídicas*, v. 12, p. 162–172, 2007.

[543] GABARDO, Emerson. O conceito de interesse público no direito administrativo brasileiro. *Revista Brasileira de Estudos Políticos*, v. 115, p. 267–318, 2017.

encontra como barreira quase que exclusiva na atuação estatal. Nesse diapasão, concluiu-se que o interesse público "não se constrói a partir da impossibilidade técnica de os particulares satisfazerem determinados interesses individuais, mas pela afirmação da impossibilidade ética de deixar de atendê-los".[544] Portanto, é forçoso arrematar que não é apenas o poder político que sempre se excede quando não é limitado, mas qualquer tipo de poder, inclusive – e principalmente – o poder econômico.

O subtópico 2.1.3 apresentou o conceito de como "a *sala de máquinas* da Constituição", cunhado por Roberto Gargarella. Segundo essa teoria, um pacto conservador-liberal, em que pese permitir que as constituições latino-americanas declarassem textualmente os direitos sociais e outros para além dos direitos de liberdade, anuíram que estas o fizessem apenas *formalmente*, ao garantir que a montagem da estrutura do Estado – a "*sala de máquinas* da Constituição" – obstaculize a concreta realização desses direitos.[545]

Além disso, o texto apontou a construção paulatina de "puxadinhos" da sala de máquinas por meio de reformas constitucionais – ou mesmo legais – que consistem na criação de outras amarras de diversas ordens à concretização de direitos sociais. O que levou à conclusão de que um critério interpretativo ou princípio jurídico baseado no interesse público deve limitar os poderes político-administrativos e econômicos quando estes se opuserem desmedidamente à concretização de direitos fundamentais, bem como deve neutralizar ações da "sala de máquinas" da Constituição e dos "puxadinhos" construídos no sistema jurídico.

O tópico 2.2 buscou analisar, exemplificativamente, a jurisprudência a partir dos seguintes recortes jurisprudenciais: julgados do Supremo Tribunal Federal (STF), do tipo acórdãos, apenas do seu órgão Pleno, prolatados com reconhecimento de repercussão geral, julgados entre 1°/1/2019 e 31/12/2020, contendo a expressão "interesse público". A pesquisa no sítio eletrônico do STF retornou o resultado de 11 acórdãos, nos quais não se encontrou expressamente a formulação de um conceito de interesse público, tendo um acórdão ressaltado o seu caráter de conceito juridicamente indeterminado.[546]

---

[544] GABARDO, Emerson. O conceito de interesse público no direito administrativo brasileiro. *Revista Brasileira de Estudos Políticos*, v. 115, p. 267–318, 2017.

[545] GARGARELLA, Roberto. *Latin american constitutionalism, 1810-2010: the engine room of the Constitution*. Oxford: Oxford University Press, 2013.

[546] BRASIL. Supremo Tribunal Federal. RE 706103, Relator: Luiz Fux, Tribunal Pleno, Julgado Em 27/04/2020, Processo Eletrônico Repercussão Geral – Mérito Dje-119 Divulg 13-05-2020 Public 14-05-2020. Disponível em: <https://jurisprudencia.stf.jus.br/pages/search/repercussao-geral11262/false> Acesso em 17 mar 2021.

Concluiu-se também que – na amostra analisada – por vezes o interesse público é utilizado como justificativa para a restrição de direitos fundamentais, e em vários deles o julgado aponta que tal interesse público se consubstancia na proteção de direitos fundamentais de uma quantidade indeterminada de pessoas. O tópico apontou, ainda, que não foram encontradas aplicações do conceito de interesse público com o fito específico de restringir poderes estatais ou econômicos.

O tópico 2.3 se ocupou com a investigação do conteúdo axiológico e jurídico do interesse público no contexto do sistema constitucional de direitos fundamentais, investigando a possibilidade conceitual da sua instrumentalização para a concretização de tais direitos. Concluiu-se pela existência no sistema constitucional de um *interesse público constitucional* teórico e preliminar que é *formado* exatamente por todas as classes de direitos fundamentais.

Ultimou-se a conclusão de que no sistema constitucional de direitos fundamentais o interesse público deve ser entendido, em um conceito teórico preliminar ($IP_1$), como resultado da harmonização de direitos fundamentais de liberdade individual ($l_1$), liberdade política ($l_2$), *igualdade* ($i$) e *fraternidade* ($f$). Tais classes compõem um todo monolítico que é a sistemática constitucional de direitos fundamentais, cujo ponto central harmônico entre todos esses direitos é o interesse público.

O Capítulo 3 tratou do tema "Constituição, hermenêutica e interesse público". O tópico 3.1 concluiu pelo atual entendimento da força normativa da Constituição e do lento mas necessário processo de constitucionalização do direito administrativo. Essa necessidade já era amplamente apontada pela escola individualista – o que não é a mesma coisa de afirmar que a teoria individualista induz à constitucionalização do direito administrativo. Em verdade, a escola individualista contribuiu de sobremaneira para *alavancar* o debate.

Prosseguindo, o tópico 3.2 teve como título "A superação do positivismo jurídico e o retorno da moral e da razão ao direito: interpretação como construção", dividindo-se em três subtópicos, dos quais o primeiro se preocupou em apresentar a transição do modelo juspositivista para o princípio da juridicidade administrativa, o segundo apontou as limitações dos métodos interpretativos tradicionais, e o terceiro trabalhou a ideia de "interpretação como construção".

Assim, o subtópico 3.2.1 esquadrinhou a obsolescência do paradigma juspositivista em face das transformações histórico-sociais da sociedade e jurídicas propriamente ditas, bem como as repercussões atuais desse modelo no âmbito do direito administrativo e da Administração Pública. Isso porque "a modernidade também ensejou a perda da autoridade, aquelas 'experiências autênticas e incontestes comuns a todos', que está relacionada à quebra da tradição trazida com as novas formas de pensar e fazer política".[547]

Com o declínio do positivismo jurídico, "o princípio da juridicidade administrativa dos atos decisionais se apresenta no cenário jurídico-normativo, para a concreção da lei na ideal medida de justiça almejada pelo Estado Democrático de Direito".[548] E assim prossegue a transição para o novo paradigma – com o compasso próprio do direito administrativo, cuja implementação também segue o compasso próprio da Administração Pública.

O subtópico 3.2.2 apresentou as limitações dos métodos interpretativos tradicionais frente aos desafios do direito administrativo e da Administração Pública. São analisados os métodos de intepretação gramatical, histórica, sistemática e teleológica. Já o subtópico 3.2.3 se ocupou do novo paradigma interpretativo em que a interpretação é um processo de construção do intérprete de se inicia no texto legal – chamado de *norma-dado* – e termina na aplicação acabada no caso concreto – denominada *norma-produto*.[549]

No tópico 3.3, foram inicialmente trabalhadas as diferenças entre hermenêutica, interpretação e aplicação. Em seguida, foram utilizadas todas as conclusões amealhadas deste o início da pesquisa para apresentar o instrumento interpretativo e o roteiro de aplicação do *interesse público constitucional*, com o fito de identificar os elementos e parâmetros mínimos necessários para que o intérprete identifique, no caso concreto, qual a decisão que atende ao interesse público – não *qualquer* conceito de interesse público, mas aquele cuja significação está restrito e obediente aos mandamentos constitucionais e ao sistema de direitos fundamentais.

É no tópico 3.3 que se conclui *sob quais parâmetros* a instrumentalização do interesse público pode ser causa justificadora para a tomada de decisão, sendo esse conjunto de parâmetros nomeado de *interesse público constitucional* (IPC) – por se referir ao conjunto de valores eleitos pela Constituição. Estabeleceu-se um *roteiro de aplicação* no qual o IPC é produto da harmonização entre os direitos fundamentais de liberdade individual ($l_1$), liberdade política ($l_2$), *igualdade* (*i*) e *fraternidade* (*f*), e o interesse do Erário (*ie*), formatado pelo contexto estrutural (CE) e levando em consideração as peculiaridades do caso concreto (CC).

---

547 FACHIN, Luiz Edson. GONÇALVES, Fernanda Bernardo. *Um significado para a política*: notas sobre a teoria política em Hannah Arendt. No prelo.

548 DEZAN, Sandro Lúcio; CARMONA, Paulo Afonso Cavichioli. A juridicidade administrativa contrária a direitos fundamentais no processo administrativo sancionador: uma relativização inconstitucional do princípio da legalidade. *Revista da AGU*, v. 15, n. 03, p. 245-268, jul./set. 2016.

549 PEREIRA, Jane Reis Gonçalves. *Interpretação Constitucional e Direitos Fundamentais*. São Paulo: Saraiva, 2018, p. 62-64.

O contexto estrutural (CE) é formado pelos aspectos histórico, sociológico, cultural e jurídico daquela sociedade, funcionando como uma *lente corretiva* que busca harmonizar *materialmente* – mas ainda em tese – a aplicação preliminar do interesse público constitucional teórico ao adaptá-lo a esse amplo contexto. O IPC foi resumido em uma fórmula básica[550] assim ilustrada:

$$IPC = \overline{X}\ (l_1 + l_2 + i + f + ie) + CE + CC$$

O referido tópico foi, dessa forma, o ponto alto do trabalho. Se os Capítulos I e II demonstraram que o princípio da supremacia do interesse público sobre o particular e a teoria individualista não respondem adequadamente ao problema de pesquisa, o tópico 3.3 não só demonstra a possibilidade de se estabelecer uma resposta adequada, como apresenta o critério interpretativo e o roteiro de apresentação para tanto.

Respondeu-se, desse modo, o questionamento de "sob quais parâmetros mínimos" o interesse público como ser utilizado como fundamento jurídico-axiológico para a tomada de decisão no âmbito administrativo, legislativo ou judicial em face da atual sistemática constitucional de direitos fundamentais através do *interesse público constitucional* (IPC).

Desse ponto alto, o trabalho prosseguiu ao Capítulo 4 com o intuito de verificar quais as repercussões do interesse público constitucional (IPC) sobre os princípios da supremacia e da indisponibilidade do interesse público e sobre a teoria individualista. O tópico 4.1 demonstrou que o trabalho percorreu os caminhos da *dialética* e se ocupou de explicar o conceito de *superação dialética*, entendida como uma "troca de patamares", em que a síntese é "a negação da negação da tese", algo "novo, portanto, surgido na história".[551]

Concluiu que a síntese: "Não é algo já dado previamente e ao qual só basta operar procedimentos ideias para descobri-lo, nem é a escolha de um dos dois lados do conflito. É superação original. Nessa superação original, de negação da negação, perfaz-se o processo histórico".[552] A superação dialética, representada por Hegel pela palavra alemã *aufheben*, verbo que significa *suspender*, tem três sentidos distintos: "negar, anular, cancelar; "erguer alguma coisa e mantê-la erguida para

[550] O símbolo "$\overline{X}$" significa "média", aqui no sentido de que deve haver a harmonização dos valores representados entre parênteses.

[551] MASCARO, Alysson Leandro. Filosofia do direito. 4ª ed. São Paulo: Atlas, 2014, p. 244.

[552] Ibidem.

protegê-la"; e "elevar a qualidade, promover a passagem de alguma coisa para o plano superior".[553]

Sendo a superação dialética "simultaneamente a negação de uma determinada realidade, a conservação de algo de essencial que existe nessa realidade negada e a elevação dela a um nível superior",[554] concluiu-se que o interesse público constitucional representa a *negação* dos aspectos da *supremacia do interesse público sobre o particular* que se tornaram incompatíveis com o sistema constitucional de direitos fundamentais; a *conservação* da necessidade da existência de uma teoria e de um princípio jurídico que vislumbre o *bem comum*; e a sua *elevação* ao *conformá-lo* à Constituição e ao sistema de direitos fundamentais.

Ultimou-se essa conclusão por entendermos que o instrumental do princípio da supremacia do interesse público sobre o particular o torna *demasiadamente* indeterminado, a ponto de ser possível que o aplicador do princípio facilmente o utilize para justificar toda sorte de ações arbitrárias. Eis que o princípio não fornece mais elementos mínimos para delimitar *o que pode ser* objeto dessa supremacia, entendo em vista a mudança para o paradigma pós-positivista. Além disso, os conceitos de interesse público primário e secundário se tornaram deonticamente insuficientes.

O interesse público constitucional (IPC) apresenta, portanto, as seguintes características em relação ao princípio da supremacia: a maior determinabilidade sobre *o que é* interesse público; substituição do conceito de interesse público secundário pela ponderação do interesse do Erário com direitos fundamentais; recusa de uma precedência *prima facie* do interesse coletivo sem se analisar o contexto estrutural; recusa de uma suposta "resposta literal da lei" que poderia excepcionar a prevalência do interesse privado sobre o coletivo sem a análise do caso concreto; imposição de ônus argumentativo ao intérprete para a utilização do interesse público como elemento justificador da sua decisão; dentre outros.

Concluiu-se, ainda, que essa síntese, que também é a "negação da negação da tese",[555] demonstra que a teoria individualista, em que pese conter críticas válidas, não é adequada do ponto de vista jurídico, mas também axiológico, sociológico, político para responder ao problema de pesquisa.

As teorias da escola individualista – notadamente aquela que sustenta uma supremacia do interesse privado sobre o público – tanto

---

[553] KONDER, Leandro. *O que é dialética*. São Paulo: Brasiliense, 2014, p. 25.

[554] Ibidem.

[555] MASCARO, Alysson Leandro. *Filosofia do direito*. 4ª ed. São Paulo: Atlas, 2014, p. 244.

pode servir a um *discurso ultraliberal*, no sentido de restaurar a noção de liberdade incondicionada do particular em buscar os meios e fins de sua conduta sem a 'indevida' intervenção estatal", como para o "*discurso neoliberal*, que objetiva impor restrições ao intervencionismo estatal na economia, limitando-o a setores tidos como 'imprescindíveis', no intuito de restaurar um projeto de Estado mínimo".[556] O trabalho concluiu que estas não foram as opções feitas pela Constituição.

Em relação ao princípio da indisponibilidade do interesse público, ultimou-se a conclusão de que este, aliado ao legalismo estrito, acaba por fomentar à irracionalidade, pois, da forma que é utilizado no dia a dia da Administração Pública, acaba por sucatear a máquina administrativa e restringir desnecessariamente direitos fundamentais.

Ademais, sustentar a utilização racional do princípio da indisponibilidade do interesse público – ou a indisponibilidade do interesse público constitucional (IPC) – é um raciocínio tautológico, pois, sendo o interesse público o produto da harmonização de diversos valores constitucionais, este é indisponível pela própria natureza de resultado da conjugação de diversos valores, que não são propriamente indisponíveis pois cedem lugar axiologicamente para a sua harmonização. Destarte, a superação dialética do princípio da supremacia do interesse público sobre o particular atinge também o princípio da indisponibilidade do interesse público, sendo ambos substituídos pelo princípio do interesse público constitucional (IPC).

Por fim, concluiu-se que o interesse público constitucional (IPC) é um princípio jurídico, ou uma norma-princípio, pois está contido no grupo de "normas que ordenam que algo seja realizado na maior medida possível dentro das possibilidades jurídicas e fáticas existentes",[557] fazendo parte do gênero *normas*, que têm como requisito poder "ser formulados por meio das expressões deônticas básicas do dever, da permissão e da proibição".[558] É, também, um critério ou roteiro de aplicação do Direito, tal qual os princípios da proporcionalidade, razoabilidade, ou mesmo o princípio da supremacia do interesse público sobre o particular, na medida em que entrega ao intérprete um *modus interpretativo*.

Desse modo, o princípio do interesse público constitucional (IPC) entrega os parâmetros mínimos para que o interesse público possa ser

---

[556] NOHARA, Irene Patrícia. Reflexões críticas acerca da tentativa de desconstrução do sentido da supremacia do interesse público no direito administrativo. In: DI PIETRO, Maria Sylvia Zanella; RIBEIRO, Carlos Vinícius Alves (Orgs.). *Supremacia do interesse público e outros temas relevantes do direito administrativo*. São Paulo: Atlas, 2010, p. 141.

[557] ALEXY, Robert. *Teoria dos direitos fundamentais*. Trad. de Virgílio Afonso da Silva da 5ª ed. alemã *Theorie der Grundrechte*. 2ª ed. São Paulo: Malheiros, 2011, p. 90.

[558] Idem, p. 87.

utilizado como fundamento jurídico-axiológico para a tomada de decisão no âmbito administrativo, legislativo ou judicial em face da atual sistemática constitucional de direitos fundamentais. É, ainda, a superação dialética do princípio da supremacia do interesse público sobre o particular e a recusa da teoria individualista e outros valores que sobrevalorizem os direitos privados em dissonância com a amplitude da teoria constitucional de direitos fundamentais.

Abre-se, assim, enorme campo de pesquisa para se verificar os desdobramentos do princípio do interesse público constitucional (IPC) nos mais diversos institutos do direito administrativo brasileiro, bem como o melhor esquadrinhamento do próprio princípio. Como síntese que é, o interesse público constitucional (IPC) guarda no seu bojo o que há de melhor – e mais constitucional no atual contexto jurídico – do princípio da supremacia do interesse público sobre o particular e da teoria individualista. O novo paradigma do interesse público, corretamente, carrega no próprio *nome* a Constituição.

# Referências


ALEXY, Robert. A defense of Radbruch's formula. In: FREEMAN. M. D. A. (org.). *Lloyd's Introduction to Jurisprudence*. 8. ed. London: Sweet & Maxwell and Thomson Reuters, 2008.

——. *Formal principles: Some replies to critics. International Journal of Constitutional Law*, Volume 12, Issue 3, July 2014, Pages 511–524. Disponível em: <https://doi.org/10.1093/icon/mou051>. Acesso em: 31 mar 2021.

——. *Teoria dos direitos fundamentais*. Trad. de Virgílio Afonso da Silva da 5ª ed. alemã Theorie der Grundrechte. São Paulo: Malheiros, 2ª ed., 2011.

——. The dual nature of law. *Ratio Juris*, 23, 167-182, 2010.

AMARAL, Francisco. Racionalidade e Sistema do Direito Civil Brasileiro. *Revista de Direito Civil*, São Paulo, n. 63, p. 45-56, 1994.

ARAÚJO, Edmir Netto de. *Curso de Direito Administrativo*. São Paulo: Saraiva, 2007.

ARAUJO, Luiz Alberto David; NUNES JÚNIOR, Vidal Serrano. *Curso de Direito Constitucional*. São Paulo: 9ª ed. Saraiva, 2005, p. 116.

ARENDT, Hannah. *A condição humana*. 10ª ed. Rio de Janeiro: Forense Universitária, 2007.

ARISTÓTELES (384-322 a.C.). *Ética a Eudemo*. Tradução, textos adicionais e notas de Edson Bini – São Paulo: EDIPRO, 2015.

ATIENZA, Manuel. *As razões do direito: Teorias da Argumentação Jurídica*. Tradução de: Maria Cristina Guimarães Cupertino. São Paulo: Landy, 2000.

ÁVILA, Humberto. *Repensando o "princípio da supremacia do interesse público sobre o particular"*. Revista Eletrônica sobre a Reforma do Estado, n. 11, p. 1–30, 2007.

——. *Teoria da Segurança Jurídica*. 4ª ed. São Paulo: Malheiros, 2011.

AZEVEDO, Plauto Faraco. *Neoliberalismo: desmonte do Estado Social*. Porto Alegre: Libretos, 2018.

BARBOSA, Jandeson da Costa. A obrigatoriedade (ou não) de realocação de populações tradicionais em unidades de proteção integral à luz do interesse público. *In*: LEUZINGER, Márcia Dieguez. SANTANA, Paulo Campanha. SOUZA, Lorene Raquel de. *Os 20 Anos da Lei Do Sistema Nacional de Unidades de Conservação*. Brasília: UniCEUB: ICPD, 2020.

——. *A possibilidade de prorrogação de contratos administrativos por apostilamento*. Boletim Conteúdo Jurídico, v. 925, p. 299–318, 2019. Disponível em: <https://conteudojuridico.com.br/consulta/Boletim Conteúdo Jurídico – ISSN – 1984-0454/53486/boletim-contedo-jurdico-n-925-de-28-09-2019-ano-xi-issn-1984-0454.>.

——. Constitucionalismo em rede: a Argentina e o meio ambiente. *In*: VASCONCELOS, Adaylson Wagner Sousa de (Org.). *Direito*: Ramificações, Interpretações e Ambiguidades 3. Ponta Grossa-PR: Atena, 2021, p. 77-93.

——. Interesse público constitucional, harmonização de direitos fundamentais e transformação da sociedade. *Revista do TCU*. Edição n. 146 (2020), p. 120-132. Disponível em: < https://revista.tcu.gov.br/ojs/index.php/RTCU/article/view/1678>. Acesso em: 24 mar 2021.

——. Uma teoria hermenêutica para a gestão pública do século XXI. *In*: DEZAN, Sandro Lúcio; CARMONA, Paulo Afonso Cavichioli; GUEDES, Jefferson Carlos Carús (orgs.). *Hermenêutica do Direito e processo administrativo*: fundamentos do processo administrativo contemporâneo. Curitiba: CRV, 2021, p. 20.

BARROS, Sérgio Resende de. *Atualidade Hermenêutica*. Disponível em: <http://www.srbarros.com.br/pt/atualidade-hermeneutica.cont#:~:text=O%20choque%20entre%20regras%20jur%C3%ADdicas,derroga%20a%20lei%20geral)%20e>. Acesso em: 13 abr 2021.

BARROSO, Luis Roberto. A constitucionalização do direito e suas repercussões no âmbito administrativo. *In*: ARAGÃO, Alexandre Santos de; MARQUES NETO, Floriano de Azevedo (Coords.). *Direito administrativo e seus novos paradigmas*. Belo Horizonte: Fórum, 2008.

——. *Curso de direito constitucional contemporâneo*: os conceitos fundamentais e a construção do novo modelo. 5ª ed. São Paulo: Saraiva. 2015.

——. *Interpretação e aplicação da Constituição*: fundamentos de uma dogmática constitucional transformadora. 7ª ed. São Paulo: Saraiva, 2009.

——. *O novo direito constitucional brasileiro*: contribuições para a construção teórica e prática da jurisdição constitucional no Brasil. Belo Horizonte: Fórum. 2018.

BIAGI, Cláudia Perotto. *A garantia do conteúdo essencial dos direitos fundamentais na jurisprudência constitucional brasileira*. Porto Alegre: Sergio Antonio Fabris Editor, 2005.

BÍBLIA, N. T. I Coríntios, 13, 10. *In*: BÍBLIA. Português. *Bíblia Sagrada*. Edição Ave-Maria: Antigo e Novo Testamentos – Edição Claretiana. Tradução dos originais hebraico e grego feita pelos Monges de Maredsous (Bélgica). Santa Cecília-SP: Editora Ave-Maria, 2004. p. 1477.

BINENBOJM, Gustavo. Da supremacia do interesse público ao dever de proporcionalidade: um novo paradigma para o direito administrativo. *Revista de Direito Administrativo*, v. 239, p. 1, 2015.

——. *Liberdade igual: o que é e por que importa*. Rio de Janeiro: História Real, 2020.

——. *Uma teoria do direito administrativo*: direitos fundamentais, democracia e constitucionalização. 3ª ed. rev. Rio de Janeiro: Renovar, 2014.

BOBBIO, Norberto. *A era dos direitos*. Tradução Carlos Nelson Coutinho. Rio de Janeiro: Elsevier, 2004, p. 15-16.

——. *State, Government and Society*: Elements for a General Theory of Politics. London: Polity Press, 1995.

BOFF, Leonardo. *A águia e a galinha*. 51ª ed. Petrópolis-RJ: Vozes, 2013.

BONAVIDES, Paulo. *Do Estado liberal ao Estado social*. 7ª ed. São Paulo: Malheiros, 2001.

BORGES, Alice Gonzalez. Supremacia do interesse público: desconstrução ou reconstrução. *Revista de Direito do Estado*, n. 15, p. 1–26, 2007. Disponível em: <http://www.direitopublico.com.br/pdf_seguro/Supremacia do Interesse P?blico – Alice Gonzalez Borges.pdf>.

——. Interesse Público: Um Conceito a Determinar. *Revista de Direito Administrativo*, v. 205, p. 109–116, 1996.

BOURDIEU, Pierre. *Contre-feux*: propôs pour servir à la résistance contre l'invasion néo-libérale. Tradução de Lucy Magalhães. Rio de Janeiro: Jorge Zahar Ed., 1998.

BOZEMAN, Barry. *All Organizations Are Public*: Bridging Public and Private Organizational Theories. San Francisco: Jossey-Bass, 1987.

BUERGUE, Sandro Trescastro. *Gestão da Remuneração em Organizações Públicas*: Limites e Possibilidades para a Assimilação de Modelos do Setor Privado. Disponível em <http://www.anpad.org.br/admin/pdf/ENGPR210.pdf>. Acesso em 31 mar 2021.

BUGARIN, Paulo Soares. *O princípio constitucional da economicidade na jurisprudência do Tribunal de Contas da União*. 2ª ed. Belo Horizonte: Fórum, 2011.

BRASIL. Constituição (1988). *Constituição da República Federativa do Brasil*. Disponível em: <http://www.planalto.gov.br/ccivil_03/constituicao/constituicao.htm> Acesso em: 28 nov 2020.

——. *Lei de Introdução às normas do Direito Brasileiro*. Decreto-Lei nº 4.657, de 4 de setembro de 1942. <Disponível em: <http://www.planalto.gov.br/ccivil_03/decreto-lei/del4657compilado.htm>. Acesso em: 13 abr 2021.

——. *Lei de Licitações e Contratos Administrativos*. Lei nº 14.133, de 1º de abril de 2021. <Disponível em: <http://www.planalto.gov.br/ccivil_03/_ato2019-2022/2021/lei/L14133.htm>. Acesso em: 26 abr 2021.

——. Supremo Tribunal Federal. ADPF 130/DF, Rel. Min. Ayres Britto. DJe, 6 nov 2009.

——. ——. RE 1054110, Relator: Roberto Barroso, Tribunal Pleno, Julgado em 09/05/2019, Processo Eletrônico Repercussão Geral – Mérito Dje-194 Divulg 05-09-2019 Public 06-09-2019. Disponível em: <https://jurisprudencia.stf.jus.br/pages/search/sjur410190/false> Acesso em 17 mar 2021.

——. ——. RE 663696, Relator(A): Luiz Fux, Tribunal Pleno, Julgado em 28/02/2019, Processo Eletrônico Repercussão Geral – Mérito Dje-183 Divulg 21-08-2019 Public 22-08-2019. Disponível em: <https://jurisprudencia.stf.jus.br/pages/search/sjur408947/false> Acesso em 17 mar 2021.

——. ——. RE 590871, Relator: Edson Fachin, Tribunal Pleno, julgado em 11/11/2019, Acórdão Eletrônico Repercussão Geral – Mérito DJe-260 Divulg 27-11-2019 Public 28-11-2019. Disponível em: <https://jurisprudencia.stf.jus.br/pages/search/sjur415863/false> Acesso em: 17 mar 2021.

——. ——. RE 1030732 RG, Relator: Luiz Fux, Tribunal Pleno, Julgado em 05/03/2020, Processo Eletrônico Dje-053 Divulg 11-03-2020 Public 12-03-2020. Disponível em: <https://jurisprudencia.stf.jus.br/pages/search/repercussao-geral11262/false> Acesso em 17 mar 2021.

——. ——. RE 607107, Relator(a): Roberto Barroso, Tribunal Pleno, Julgado em 12/02/2020, Processo Eletrônico Repercussão Geral – Mérito Dje-088 Divulg 13-04-2020 Public 14-04-2020. Disponível em: <https://jurisprudencia.stf.jus.br/pages/search/sjur422056/false> Acesso em 17 mar 2021.

——. ——. RE 685493, Relator(a): Marco Aurélio, Tribunal Pleno, Julgado em 22/05/2020, Acórdão Eletrônico Repercussão Geral – Mérito Dje-204 Divulg 14-08-2020 Public 17-08-2020. Disponível em: <https://jurisprudencia.stf.jus.br/pages/search/sjur429401/false> Acesso em 17 mar 2021.

——. ——. RE 748543, Relator: Marco Aurélio, Relator P/ Acórdão: Alexandre De Moraes, Tribunal Pleno, Julgado em 05/08/2020, Processo Eletrônico Repercussão Geral – Mérito Dje-224 Divulg 09-09-2020 Public 10-09-2020. Disponível em: <https://jurisprudencia.stf.jus.br/pages/search/sjur431224/false> Acesso em 17 mar 2021.

——. ——. RE 706103, Relator: Luiz Fux, Tribunal Pleno, Julgado em 27/04/2020, Processo Eletrônico Repercussão Geral – Mérito Dje-119 Divulg 13-05-2020 Public 14-05-2020. Disponível em: <https://jurisprudencia.stf.jus.br/pages/search/repercussao-geral11262/false> Acesso em 17 mar 2021.

——. ——. RE 1066677, Relator(a): MARCO AURÉLIO, Relator(a) p/ Acórdão: Alexandre de Moraes, Tribunal Pleno, Julgado em 22/05/2020, Processo Eletrônico Repercussão Geral – Mérito Dje-165 Divulg 30-06-2020 Public 01-07-2020. Disponível em: <https://jurisprudencia.stf.jus.br/pages/search/sjur427651/false>. Acesso em 17 mar 2021.

——. ——. RE 1263641, Relator(a): MARCO AURÉLIO, Relator(a) p/ Acórdão: ALEXANDRE DE MORAES, Tribunal Pleno, julgado em 13/10/2020, PROCESSO ELETRÔNICO REPERCUSSÃO GERAL – MÉRITO DJe-259 DIVULG 27-10-2020 PUBLIC 28-10-2020. Disponível em: <https://jurisprudencia.stf.jus.br/pages/search/sjur434949/false> Acesso em 17 mar 2021.

——. ——. RE 1026923, Relator(a): Marco Aurélio, Relator(A) p/ Acórdão: Alexandre De Moraes, Tribunal Pleno, Julgado em 16/11/2020, Processo Eletrônico Repercussão Geral – Mérito Dje-034 Divulg 23-02-2021 Public 24-02-2021. Disponível em: <https://jurisprudencia.stf.jus.br/pages/search/sjur440941/false> Acesso em 17 mar 2021.

BUERGUE, Sandro Trescastro. *Gestão da Remuneração em Organizações Públicas*: Limites e Possibilidades para a Assimilação de Modelos do Setor Privado. Disponível em <http://www.anpad.org.br/admin/pdf/ENGPR210.pdf>. Acesso em: 20 abr 2021.

BUGARIN, Paulo Soares. *O princípio constitucional da economicidade na jurisprudência do Tribunal de Contas da União*. 2ª ed. Belo Horizonte: Fórum, 2011.

CADEMARTORI, Luiz Henrique Urquhart; OLIVEIRA, Vitória Cristina. Constitucionalização do direito administrativo e a sindicabilidade do ato discricionário. *REI – Revista Estudos Institucionais*, [S.l.], v. 2, n. 1, p. 168-191, jul. 2016. ISSN 2447-5467. Disponível em: <https://www.estudosinstitucionais.com/REI/article/view/38/48>. Acesso em: 03 maio 2021.

CAETANO, Marcelo. *Princípios fundamentais do direito administrativo*. Rio de Janeiro: Forense, 1977, p. 476.

CANOTILHO, J. J. Gomes. *Direito constitucional e teoria da constituição*. 7ª ed. Coimbra: Almedina, 2003.

CARRASCO, Alexandre de Oliveira Torres. *A dialética*. São Paulo: WMF Martins Fontes, 2016.

CARVALHO, José Murilo de. *Cidadania no Brasil*: o longo caminho. Rio de Janeiro: Civilização Brasileira, 2017.

CARVALHO FILHO, José dos Santos. *Manual de direito administrativo*. José dos Santos Carvalho Filho. 28ª ed. rev., ampl. e atual. até 31-12-2014. São Paulo: Atlas, 2015.

——. Interesse Público: Verdades e Sofismas. *In*: DI PIETRO, Maria Sylvia Zanella; RIBEIRO, Carlos Vinícius Alves (Coords.). *Supremacia do interesse público e outros temas relevantes do direito administrativo*. São Paulo: Atlas, 2010.

CHEVALIER, Jacques. *O Estado pós-moderno*. Trad. Marçal Justen Filho. Belo Horizonte: Fórum, 2009.

CHICOSKI, Davi. A legalidade administrativa e a crise do positivismo jurídico. *Revista Digital de Direito Administrativo*, vol. 3, n. 1, p. 254-283, 2016.

CÍCERO, Marco Túlio. *Da República*. Brasília: Senado Federal, Conselho Editorial, 2019.

COMPARATO, Fábio Konder. *A afirmação histórica dos direitos humanos*. 3ª ed. 2ª tir. São Paulo: Saraiva, 2003.

CRISTÓVAM, José Sergio da Silva. Sobre a noção de bem comum no pensamento político ocidental: entre becos e encruzilhadas da dimensão ancestral do moderno conceito de interesse público. *Revista de Investigações Constitucionais, Curitiba*, vol. 6, n. 1, p. 107-134, jan./abr. 2019.

DALLARI, Dalmo de Abreu. *Elementos da Teoria Geral do Estado*. 19ª ed. São Paulo. Saraiva, 1995.

DEZAN, Sandro Lúcio. *Fenomenologia e hermenêutica do direito administrativo*: para uma teoria da decisão administrativa. Curitiba: Juruá, 2019.

——; CARMONA, Paulo Afonso Cavichioli. A juridicidade administrativa contrária a direitos fundamentais no processo administrativo sancionador: uma relativização inconstitucional do princípio da legalidade. *Revista da AGU*, v. 15, n. 03, p. 245-268, jul./set. 2016.

——; HERKENHOFF, Henrique Geaquinto; GUIMARÃES, Jader Ferreira. *A administração pública concretista de direitos fundamentais*: um olhar para além do positivismo jurídico. Belo Horizonte: Arraes Editores, 2019.

DICKENS, Charles. *Oliver Twist*. Tradução de João Sette Câmara. Jandira-SP: Ciranda Cultural, 2019.

——. *Um cântico de Natal e outras histórias*. Tradução de Roberto Leal Ferreira. São Paulo: Martins Claret, 2015.

DIDIER JR., Fredie. *A função social da propriedade e a tutela processual da posse*. Disponível em: <https://direito.mppr.mp.br/arquivos/File/Politica_Agraria/3diderjrfuncaosocial.pdf>. Acesso em: 25 jun 2021.

——. *Curso de Direito Processual Civil*. 17ª ed. Salvador: Juspodivm, 2015, v. 1, p. 625.

DI PIETRO, Maria Sylva Zanella. *Direito Administrativo*. São Paulo: Atlas, 2008.

——. O princípio da Supremacia do Interesse Público: sobrevivência diante dos ideais do neoliberalismo. In: DI PIETRO, Maria Sylvia Zanella; RIBEIRO, Carlos Vinícius Alves (Orgs.). *Supremacia do interesse público e outros temas relevantes do direito administrativo*. São Paulo: Atlas, 2010, p. 85–102.

DOYLE, Arthur Conan. *O cão dos Basckerville*. Tradução de: Maria Luiza X. de A. Borges. Rio de Janeiro: Zahar, 2013.

FACHIN, Luiz Edson; MACHADO FILHO, Roberto Dalledone. Direito comum da humanidade. In: TOFFOLI, José Antonio Dias (Org.). *30 anos da Constituição brasileira*: democracia, direitos fundamentais e instituições. Rio de Janeiro: Forense, 2018, p. 571-588.

——. *Limites e possibilidades do ensino e da pesquisa jurídica: repensando paradigmas*. Argumenta Journal Law, Jacarezinho – PR, n. 1, p. 25-34, jan. 2013. ISSN 2317-3882. Disponível em: <http://seer.uenp.edu.br/index.php/argumenta/article/view/2>. Acesso em: 08 fev. 2021. doi:http://dx.doi.org/10.35356/argumenta.v1i1.2.

——. Código Civil Brasileiro: entre Avanços e Retrocessos = Das brasilianische Zivilgesetzbuch zwischen Fortschritten und Rückschritten. *In*: MEYER, Cord; SCHMIDT, Jan Peter; WOLF, Burkard J. (coords.). *O Código Civil Brasileiro de 2002 e a lei imobiliária*: contribuições para a XXXIII Reunião anual da DBJV de 20 a 23 de novembro de 2014 em Hannover = Das brasilianische Zivilgesetzbuch von 2002 und die Realitäten des Grundstücksrechts: beiträge zur XXXIII Jahrestagung der DBJV vom 20 bis 23 November 2014 in Hannover. Aachen: Shaker Verlag, 2016. p.5-54. (Escritos da Associação Alemão-Brasileira de Advogados = Schriften der Deutsch-Brasilianischen Juristenvereinigung).

——. GONÇALVES, Fernanda Bernardo. *Um significado para a política*: notas sobre a teoria política em Hannah Arendt. No prelo.

FACHIN, Melina Girardi; SCHINEMANN, Caio Cesar Bueno. Decisões estruturantes na jurisdição constitucional brasileira: critérios processuais da tutela jurisdicional de direitos prestacionais. *Revista Estudos Institucionais*, Vol. 4, 1, 2018.

FEFERBAUM, Marina; QUEIROZ, Rafael Mabei Rabelo. *Metodologia da pesquisa em direito*: técnicas e abordagens para elaboração de monografias, dissertações e teses. 2ª ed. São Paulo: Saraiva, 2019.

FERREIRA, Hamanda Rafaela Leite. *O Estado como titular de direitos fundamentais*: (im)possibilidade e consequências da atribuição de direitos fundamentais às pessoas jurídicas de direito público. Dissertação de Mestrado da Universidade de Brasília, 2014. Disponível em: <https://repositorio.unb.br/bitstream/10482/16106/3/2014_HamandaRafaelaLeiteFerreira.pdf> Acesso em: 17 mar 2021.

FREITAS, Juarez. *A interpretação sistemática do direito*. São Paulo: Malheiros, 1995.

GABARDO, Emerson. O conceito de interesse público no direito administrativo brasileiro. *Revista Brasileira de Estudos Políticos*, v. 115, p. 267–318, 2017.

——. O princípio da supremacia do interesse público sobre o interesse privado como fundamento do direito administrativo social. *Revista de Investigações Constitucionais*, v. 4, n. 2, p. 95–130, 2017.

GARGARELLA, Roberto. *As teorias da justiça depois de Raws*: um breve manual de filosofia política. Tradução: Alonso Reis Freire. São Paulo: WMF Martins Fontes, 2008.

——. Constitucionalismo latino-americano: direitos sociais e a "sala de máquinas" da Constituição. Tradução de Thiago Pádua e Jefferson Guedes. *Revista Universitas Jus*, v. 27, n. 2 (2016), p. 33-41.

——. *Latin american constitutionalism, 1810-2010*: the engine room of the Constitution. Oxford: Oxford University Press, 2013.

GASPARINI, Diógenes. *Direito administrativo*. 17ª ed. atualizada por Fabrício Motta. São Paulo: Saraiva, 2012.

HABERMAS, Jürgen. A crise do estado de bem-estar social e o esgotamento das energias utópicas. *Novos estudos CEBRAP*, v. 18, 1987.

HAEBERLIN, Mártin. *Uma teoria do interesse público*: fundamentos do Estado meritocrático de direito. Porto Alegre: Livraria do Advogado, 2017.

HART, H. L. A. *O conceito de direito*. Tradução de Antônio de Oliveira Sette-Câmara. São Paulo: Editora WMF Martins Fontes, 2009.

HEGEL, Georg Wilhelm Friedrich. *Sobre as maneiras científicas de tratar o direito natural*: seu lugar na filosofia prática e sua relação com as ciências positivas do direito. Tradução e apresentação de: Agemir Bavaresco e Sérgio B. Christino. São Paulo: Loyola, 2007.

HESSE, Konrad. *A força normativa da Constituição*. Tradução de Gilmar Ferreira Mendes. Porto Alegre: Sergio Antonio Fabris Editor, 1991.

HUGO, Victor-Marie. *Annales de droit de Louvain*: Volume 58 – página 5, Association des diplômés en droit de l'Université de Louvain – J. Goemaere, Association des diplômés en droit de l'Université catholique de Louvain, 1998.

——. *Os Miseráveis*. Tradução de Francisco Ferreira da Silva Vieira. Centaur Editions, 2013.

JUSTEN FILHO, Marçal. Conceito de interesse público e a "personalização" do direito administrativo. *Revista Trimestral de Direito Público*, v. 26, p. 115–136, 1999, p. 115-116.

——. *Curso de Direito Administrativo*. São Paulo: Saraiva, 2005.

——. *Curso de Direito Administrativo*. São Paulo: Saraiva, 2019.

JUSTINIANO. *Institutas*. *apud* BARROSO, Luis Roberto. *Curso de direito constitucional contemporâneo*: os conceitos fundamentais e a construção do novo modelo. 5ª ed. São Paulo: Saraiva. 2015.

KELSEN, Hans. *Teoria Pura do Direito*. Tradução de João Baptista Machado, 8ª ed. São Paulo: WMF Martins Fontes, 2009.

KENICKE, Pedro Henrique Galloti, e outros. A nova Lei de Introdução às Normas do Direito Brasileiro (LINDB) e a efetivação dos direitos e garantias fundamentais. *In*: VALIATI, Thiago Priess, e outros. *A Lei de Introdução e o direito administrativo brasileiro*. Rio de Janeiro: Lumen Juris, 2019.

KERSTENETZKY, Célia Lessa. *O estado do bem-estar social na idade da razão*: a reinvenção do estado social no mundo contemporâneo. Elsevier, 2012.

KEYNES, J. M. *Teoria geral do emprego, do juro e da moeda*. São Paulo: Nova Cultural,1996.

KONDER, Leandro. *O que é dialética*. São Paulo: Brasiliense, 2014.

LEWANDOWSKI, Enrique Ricardo (coord.). ASSIS, Luiz Gustavo Bambini de (colaborador). *A influência de Dalmo Dallari nas decisões dos tribunais*. São Paulo: Saraiva, 2011.

——. Reflexões em torno do princípio republicano. *Revista da Faculdade de Direito da Universidade de São Paulo*. v. 100, p. 189-200, jan./dez. 2005.

LIMA, George Marmelstein. Alexy à brasileira ou a Teoria da Katchanga. *Revista Jus Navigandi*, ISSN 1518-4862, Teresina, ano 17, n. 3222, 27 abr. 2012. Disponível em: https://jus.com.br/artigos/21646. Acesso em: 6 abr. 2021.

LOEWENSTEIN, Karl. *Teoría de la Constituición*. Barcelona: Editorial Ariel, 1979.

LOPES, Alexandre dos Santos. *Precedentes judiciais e Administração Pública*: constitucionalização, processo e litigiosidade. Belo Horizonte: Arraes Editores, 2019.

LOUBET, Wilson Vieira. *O princípio da indisponibilidade do interesse público e a administração consensual*. Brasília: Consulex, 2009.

LUÑO, Antonio Enrique Pérez. *Perspectivas e tendências atuais do Estado Constitucional*. Tradução de: José Luis Bolzan de Morais e Valéria Ribas do Nascimento. Porto Alegre: Livraria do Advogado, 2012, p. 18.

MARX, Karl. *Le capital*. Librarie du Progres, 1875.

MAQUIAVEL, Nicolau. *O Príncipe*. Trad. Maria Goldwasser. São Paulo: Martin Fontes, 2008.

MARTINS-FILHO, Ives Gandra. O Princípio Ético Do Bem Comum E a Concepção Jurídica Do Interesse Público. *Revista Jurídica Virtual*, v. 2, n. 13, p. 1–10, 2000. Disponível em: <http://www.planalto.gov.br/ccivil_03/revista/Rev_13/princ-etico.htm>. Acesso em: 17 nov 2020.

MASCARO, Alysson Leandro. *Filosofia do direito*. 4ª ed. São Paulo: Atlas, 2014.

MAURER, Hartmut. *Elementos de direito administrativo alemão (Vinculação à Lei, Poder Discricionário e Conceitos Jurídicos Indeterminados)*. São Paulo: Sergio Antonio Fabris Editor, 2000.

MAXIMILIANO, Carlos. *Hermenêutica e aplicação do direito*. 20ª ed. Rio de Janeiro: Forense, 2011.

MEDAUAR, Odete. *Direito Administrativo moderno*. 21ª ed. Belo Horizonte : Fórum, 2018.

MEIRELLES. Hely Lopes. *Direito Administrativo Brasileiro*. 38ª ed. São Paulo: Malheiros, 2012.

——. *Direito administrativo brasileiro*. Hely Lopes Meirelles, José Emmanuel Burle Filho. – 42. ed. atual. até a Emenda Constitucional 90, de 15.9.2015. São Paulo: Malheiros, 2016.

MELLO, Celso Antônio Bandeira de. *Curso de Direito Administrativo*. 30ª ed. São Paulo: Malheiros, 2013.

——. *Discricionariedade e controle jurisdicional*. 2ª edi. São Paulo: Malheiros, 2000.

——. *Grandes Temas do Direito Administrativo*. São Paulo: Malheiros, 2009.

——. O conteúdo do regime jurídico-administrativo e seu valor metodológico. *Revista de Direito Público*, v. 2, p. 44–61, 1967.

MELLO, Patrícia Perrone Campos. *Nos bastidores do STF*. Rio de Janeiro: Forense, 2015.

MENDES, Gilmar Ferreira; COELHO, Inocêncio Mártires; BRANCO, Paulo Gustavo Gonet. *Curso de Direito Constitucional*. 4ª ed. São Paulo: Saraiva, 2009.

——; BRANCO, Paulo Gustavo Gonet. *Curso de Direito Constitucional*. 9ª ed. São Paulo: Saraiva, 2014.

MENDONÇA, Paulo Roberto Soares. *A argumentação nas decisões judiciais*. 2ª ed. Rio de Janeiro: Renovar, 2000.

MESSNER, Johannes. *Ética social (o direito natural no mundo moderno)*. São Paulo: Editora Quadrante, Editora da Universidade de São Paulo, 1960.

MEZZAROBA, Orides; STRAPAZZON, Carlos Luiz. *Direitos fundamentais e a dogmática do bem comum constitucional*. Sequência (Florianópolis), Florianópolis, n. 64, p. 335-372, July 2012. Disponível em: <http://www.scielo.br/scielo.php?script=sci_arttext&pid=S2177-70552012000100014&lng=en&nrm=iso>. Acesso em: 08 fev 2021.

MINAS GERAIS. *Lei estadual nº 10.254/1990*. Disponível em: <https://www.almg.gov.br/consulte/legislacao/completa/completa.html?num=10254&ano=1990&tipo=LEI>. Acesso em: 19 mar 2021.

MIRANDA, Jorge; MENEZES, Fernando Antônio Dias; SILVEIRA, João José Custódio da (coords.). *Justiça constitucional*. São Paulo: Almedina, 2018.

MONTAIGNE, Michel de. *Les Essais – Livre II*, p. 157. Disponível em: <http://www.dominiopublico.gov.br/download/texto/ph000353.pdf>. Acesso em: 26 abr 2021.

MORAES, Guilherme Peña de. *Direito Constitucional*: Teoria da Constituição. Rio de Janeiro: Lumen Juris, 2004.

MORAES FILHO, José Filomeno de. *Congresso Constituinte, constituição dirigente e estado de bem-estar*. 2009. Tese de Doutorado. Universidade de São Paulo.

MOREIRA NETO, Diogo de Figueiredo. *O Direito Administrativo no século XXI*. Belo Horizonte: Fórum, 2018.

MYRDAL, Gunnar. *Political Element in the Development of Economic theory*. Transaction Publishers, 1990.

NINO, Carlos Santiago. *Introdução à análise do direito*. Tradução de: Elza Maria Gasparotto. São Paulo: WMF Martins Fontes, 2010.

——. *Fundamentos de derecho constitucional*: análisis filosófico, jurídico y politológico de la práctica constitucional. Buenos Aires: Editorial Astrea, 2013.

NOHARA, Irene Patrícia. Reflexões críticas acerca da tentativa de desconstrução do sentido da supremacia do interesse público no direito administrativo. In: DI PIETRO, Maria Sylvia Zanella; RIBEIRO, Carlos Vinícius Alves (Orgs.). *Supremacia do interesse público e outros temas relevantes do direito administrativo*. São Paulo: Atlas, 2010.

NUNES, José Horta. *Enciclopédia Discursiva da Cidade*. Disponível em: <https://www.labeurb.unicamp.br/endici/index.php?r=verbete%2Fview&id=250> Acesso em: 15 mar 2021.

OSÓRIO, Fábio Medina. Existe uma supremacia do interesse público sobre o privado no direito administrativo brasileiro? *Revista de Direito Administrativo*, v. 220, p. 69–107, 2000.

OTERO, Paulo. *Legalidade e administração pública*: o sentido da vinculação administrativa à juridicidade. Coimbra: Almedina, 2011.

PEREIRA, Américo. *Da ontologia da "polis" em Platão*. Covilhã: 2011. LusoSofia – Biblioteca Online de Filosofia e Cultura. Disponível em: <http://pt.scribd.com/doc/56971910/Pereira-Americo-Ontologia-Da-Polis-Em-Platao>. Acesso em: 09 fev 2021.

PEREIRA, Ana Lucia Pretto; GIOVANINI, Ana Elisa Pretto Pereira. Arbitragem na administração pública brasileira e indisponibilidade do interesse público. *Revista Quaestio Iuris*, v. 10, n. 2, p. 1146-1161, 2017.

PEREIRA, Jane Reis Gonçalves. *Interpretação Constitucional e Direitos Fundamentais*. São Paulo: Saraiva, 2018.

PERELMAN, Chaïm. *Ética e Direito*. São Paulo: Martins Fontes, 1996.

PEREZ, Marcos Augusto. *O Controle Jurisdicional da Discricionariedade Administrativa*: métodos para uma jurisdição ampla das decisões administrativas. São Paulo: Universidade de São Paulo, 2018.

PIEROTH, Bodo; SCHLINK, Bernhard. *Direitos fundamentais*. Tradução de António Francisco de Sousa e António Franco. 2ª ed. São Paulo: Saraiva, 2019, p. 50-51.

RAMIRES, Maurício. O papel do diálogo judicial internacional para a legitimação e independência da jurisdição constitucional. In: MIRANDA, Jorge, e outros (coord.). *Jurisdição constitucional*. São Paulo: Almedina, 2018.

RIBEIRO, Carlos Vinícius Alves. Interesse Público: um conceito jurídico indeterminável. *In: DI PIETRO*, Maria Sylvia Zanella; RIBEIRO, Carlos Vinícius Alves (Orgs.). *Supremacia do interesse público e outros temas relevantes do direito administrativo*. São Paulo: Atlas, 2010, p. 103–119.

ROSA, Adriana Isabel Varela. *Sistema de recompensas*: estudo de um caso. Diss. Escola Superior de Ciências Empresariais, 2013. Disponível em: <https://comum.rcaap.pt/handle/10400.26/4646>. Acesso em: 31 mar 2021.

ROUSSEAU, Jean-Jacques. *O contrato social – Princípios do direito político*. Tradução de Antonio de Pádua Danesi. 3ª ed. 3ª tir. São Paulo: Martins Fontes, 1999.

SANDEL, Michael J. *A tirania do mérito: o que aconteceu com o bem comum?* Tradução de: Bhuvi Libanio. 2ª ed. Rio de Janeiro: Civilização Brasileira, 2020.

SANTO AGOSTINHO. *A Cidade de Deus*. Vol. I (Livro I a VIII). Tradução de J. Dias Pereira. 5ª ed. Lisboa: Fundação Calouste Gulbenkian, 2016.

——. *A Cidade de Deus*. Vol. II (Livro IX a XV). Tradução de J. Dias Pereira. 5ª ed. Lisboa: Fundação Calouste Gulbenkian, 2016.

SARLET, Ingo Wolfgang. *A eficácia dos direitos fundamentais*. Porto Alegre: Livraria do Advogado, 1998.

SARMENTO, Daniel. Interesses Públicos vs. Interesses Privados na Perspectiva da Teoria e da Filosofia Constitucional. In: SARMENTO, Daniel (Org.). *Interesses Públicos versus Interesses Privados*: Desconstruindo o Princípio de Supremacia do Interesse Público. Rio de Janeiro: Lumen Juris, 2007.

SCHIEFLER, Gustavo Henrique Carvalho. A Possibilidade de Negociação em Caso de Descumprimento do Contrato Administrativo e a Questão da Indisponibilidade do Interesse Público. Artigo eletrônico, 2016. Disponível em: <https://schiefler.adv.br/wp-content/uploads/a%20possibilidade%20de%20negocia%c3%87%c3%83o%20em%20caso%20de%20descumprimento%20do%20contrato%20administrativo%20e%20a%20quest%c3%83o%20da%20indisponibilidade%20do%20interesse%20p%c3%9ablico.pdf>. Acesso em: 27 abr 2021.

SCHIER, Paulo. Ensaio sobre a supremacia do interesse público sobre o privado e o regime jurídico dos direitos fundamentais. Pensar – *Revista de Ciências Jurídicas*, v. 12, p. 162–172, 2007.

SHAKESPEARE, William. *The Complete Works of William Shakespeare*. London: Wordsworth Library Collection, 2007.

SILVA, Virgílio Afonso da. Princípios e regras: mitos e equívocos acerca de uma distinção. *Revista Latino-Americana de Estudos Constitucionais* nº 01. Jan/Jun, 2003.

SIMINI, Danilo Garnica; ARAÚJO, Lucas Pereira; BORGES, Diego Mota. Análise da conciliação em matéria tributária à luz da indisponibilidade do interesse público. *Nucleus*, v. 12, n. 1, p. 241-252, 2015.

SMITH, Adam. *A mão invisível*. Companhia das Letras, 2013.

SOARES, Ricardo Maurício Freire. *Hermenêutica e interpretação jurídica*. 4ª ed. São Paulo: Saraiva, 2019.

SOUZA NETO, Cláudio Pereira de; SARMENTO, Daniel. *Direito constitucional*: teoria, história e métodos de trabalho. Belo Horizonte: Fórum, 2012.

SPARAPANI, Priscila. O modelo de estado brasileiro contemporâneo: um enfoque crítico. *Revista Argumentum-Argumentum Journal of Law*, v. 12, p. 279-300, 2019.

STRECK, Lenio Luiz. Como defender a jurisdição (constitucional) do realismo predatório? *Revista Consultor Jurídico*. Disponível em: <https://www.conjur.com.br/2021-abr-17/observatorio-constitucional-defender-jurisdicao-constitucional-realismo-predatorio>. Acesso em: 17 abr 2021.

——. Hermenêutica, neoconstitucionalismo e "o problema da discricionariedade dos juízes", *Anima*, v. 1, p. 4. Disponível em: <http://anima-opet.com.br/pdf/anima1/artigo_Lenio_Luiz_Streck_hermeneutica.pdf>. Acesso em: 12 jan 2021.

——. MATOS, Daniel Ortiz. Mitos sobre o positivismo jurídico: uma leitura para além do senso comum teórico. *Revista UNIFESO – Humanas e Sociais*. Vol. 1, n. 1, 2014, pp. 120-140.

SUNDFELD, Carlos Ari. *Direito administrativo para céticos*. São Paulo: Malheiros, 2017.

TOURINHO, Rita. A Principiologia Jurídica e o Controle Jurisdicional da Discricionariedade Administrativa. In: GARCIA, Emerson. *Discricionariedade administrativa*. Belo Horizonte: Arraes Editores, 2013.

VON HAYEK, Friedrich August. 1973. *Law, Legislation and Liberty*: A New Statement of the Liberal Principles of Justice and Political Economy. Vol. 1: "Rules and Order." London: Routledge.

VON MISES, Ludwig. *Ação Humana*. São Paulo: Instituto Ludwuig von Mises Brasil, 2010.